KB073852

노숙인의 거주상실 체험에 대한 현상학적 탐구

지식과교양

노숙인의 거주상실 체험에 대한
현상학적 탐구

본 연구는 노숙인의 거주상실 체험을 현상학적으로 탐구함으로써 거주의 근원적인 의미를 밝히는데 목적이 있다. 즉 노숙을 체험한 참여자들은 자신들이 거주하는 세계를 어떻게 이해하고 있으며, 거주지의 상실체험을 통해 드러난 거주의 본질적 의미는 무엇인지를 현상학적으로 탐구하는 것이다. 이에 따라 노숙인의 체험세계를 보다 심층적으로 파악하기 위해 연구자는 인간의 생활세계를 구성하고 있는 네 가지 실존범주(Life-world Existentials)- 몸, 타자, 공간, 시간 -를 중심으로 노숙체험의 본질의미를 탐구하였다.

이러한 목적을 달성하기 위해 본 연구는 노숙체험 당사자 8명에 대한 생애사적 내러티브를 통해 얻어진 녹취록과 노숙인들이 직접 작성한 시, 수필, 수기 등을 담은 기록물을 토대로 네 가지 실존범주에 고유한 체험의 의미를 분석하였고, 각각의 범주에서 도출된 주제들을 공통된 실존의 체험으로 다시 유형화시켜 세 편의 이야기로 재구성하였다. 이때 각각의 이야기는 참여자들의 실존적 시간의식을 따라 가면서 기억을 통해 반성적으로 해석한 체험의 의미를 포착하여 하나의 줄거리로 엮어졌고, 최종적으로 집 없는 삶의 체험을 통하여 '거주'의 존재론적 의미를 밝혀보았다. 이에 대한 연구결과는 다음과 같다.

첫째, 세상 밖에 벌거벗겨진 노숙인의 몸의 본질은 '그때마다 던져진 세계 속에서 스스로 변형되는 몸 자신의 이중적인 지향성'을 통해 드러냈다. 연구 참여자들의 몸은 기존 세계로부터 '추방됨'과 동시에 '해방'과 '예속'의 갈림길 사이에 머물고 있었다. 우선 세상 밖에 '벌거벗겨진' 몸은 불가항력의 세계에 대한 당혹감과 섬뜩한 공포 속에서 한없이 '움츠러들었고', 낯선 세계에서 자신의 존재를 확인하는 순간은 바로 밀려오는 '배고픔'이었다. 이때 '배고픔'은 생물학적인 결핍에 대한 본능욕구 이전에 몸 자신의 세계를 지각하고, 그 세계와 소통하기 위한 몸의 존재방식이다. 더구나 연구 참여자들에게 배고픔은 아무리 뱃속을 가득 채워도 결코 채워질 수 없는 실존의 '허기짐'과 관련되어 있었다. 다시 말해 이미 세계 속에 내던져진 참여자들의 몸은 주로 '배고픔', '상처', '버려짐', '움츠러듦' 등과 같이 타인과 세상으로부터 '내쳐지고 버림받는' 결핍의 체험들과 관련이 있었다.

그런데 낯선 세계에 대한 섬뜩한 공포 속에 움츠러 있던 몸은 스스로 현상학적 환원을 거치면서 무기력 속에 거부하던 자신의 존재 가능성을 인수하고, 세계를 향해 능동적인 지향활동을 펼쳐나갔다. 즉 버림받고 움츠러든 몸을 스스로 '떠맡음'으로써 '찾아 나섬', '호소함', '맞서 싸움', '이타성의 자기화' 등과 같이 세계와 타인을 향해 나아가는 몸의 적극적인 지향활동을 겨냥하고 있었다. 그런데 이러한 능동적인 몸의 지향활동에서 주목할 점은 이미 헐벗고 벌거벗겨진 몸이 필연적으로 타인에게 예속될 수밖에 없음에도 불구하고, 그렇게 예속화된 세계에서 몸 스스로 자신의 기획을 성취하는데 적극적으로 참여하고 있었다. 낯선 거리세계에서 굶주림을 채우게 되면서, 참여자들의 몸은 자신만의 '잠자리-은신처'를 찾아다녔다. 이때 '잠자리'는 역시 다양한 물리적 공간들-지하도, 역사, 공원 등-에 대한 점유방식을 넘어서 실존적인 차원에서 이해된 근원적인 '장소성'을 내포하고 있었다. 즉 근원적 장소성으로서 '잠자리'의 본질은 거리세계에서 그때마다 자신을 '내맡기는' 몸의 장소적 성격을 밝혀주고 있었다.

둘째, 노숙인들이 거리세계에서 타인들과 맺는 관계의 본질 구조는 그때마다 '우리-로서-거리 좁히기'와 '그들-로서-거리두기'의 태도를 취하면서 '서로 차이지우는 동시에 같아지려는' 성격을 드러냈다. 우선 참여자들은 그때마다 자신의 이해가능성 속에 함께 머물고 있는 '친숙한' 타자들을 '우리'로서, 우리와는 동떨어진 '이질적인' 타자들을 '그들'로서 구별짓는 가운데, 자신의 정체성을 변형시키고 있었다. 더구나 참여자들은 그때마다 도처에서 만나는 다양한 행인들의 시선과 몸짓을 스스로 '내면화시킴'으로써 어느새 '자기 자신'을 '타자'로서 대면하고 있었다. 즉 자신의 의지와는 상관없이 행인들이 던지는 눈길 하나 하나에 수동적으로 연루되어 '도처에 머물고 있지만, 어디에도 머물 수 없는 존재'로서 '이방인'의 얼굴을 자신의 의식 속에 깊숙이 각인시키고 있었다. 타인들의 호기심과 시선에 의해 해석되어 스스로에게조차 낯선 존재자로 자기 자신을 마주대한 노숙인들은 일상세계의 익명적 존재로 떠도는 세상 사람들의 변양된 모습으로 행인들과 더불어 일상세계 머물고 있었다. 한편 노숙인들에게 사회적 보호망이 구현되는 방식을 살펴본 결과, 그 본질 구조는 합법적인 권력을 동원해 노숙인들을 끊임없이 '예속화'시키는 '배제와 포섭'의 성격이었다. 이러한 배제와 포섭의 궁극적인 목적은 사회적 규범체계에 적응하지 못하고 끊임없이 탈주를 감행하는 노숙인들을 시민사회의 규범과 가치체계에 적합한 존재가 되도록 '길들이는' 것이었다. 하지만 그 결과는 아이러니하게도 참여자들로 하여금 자신들의 생존방식에 대한 '비참함'과 함께 사회적 보호체계를 향한 '불만'을 더욱 키우는 결과를 초래하였다.

셋째, 노숙인들이 머무는 거주공간의 본질 구조는 '세계의 닫힘과 열림 사이에서 변주하는' 거주의 이중적 성격을 드러내고 있었다. 우선 연구 참여자들에게 거주공간은 따뜻한 관심이 부재하는 '텅 빈' 공간이거나 악몽 같은 공포의 기억과 함께 늘 감시와 통제가 뒤따르는 '닫힌' 공간이었다. 더구나 고향을 등지고 떠나온 도시공간은 남들처럼 반복되는 일상에 매달려 살아가는 '권태로운' 공간이거나 한순간 쓸모없는 폐기물로 '버려지는' 냉혹한 공간이었다. 하지만 어느 날 갑자기 친숙한 일상세계로부터 낯선 거리노숙으로 '내몰린' 참여자들에게 하룻밤 잠자리에 불과하던 거주공간은 소박하게 '되살아나기' 시작했다. 일상의 거주지를 상실한 노숙인들은 추위와 밤의 위협으로부터 자신을 보호하기 위해 주위에 버려진 박스, 신문, 옷가지 등을 구해와 '손수 집을 짓기' 시작했다. 엉성하고 빈약한 종이 박스집을 지어 그 속에 몸을 눕힐 때, 그곳은 '유일무이한 안식처'가 되었다. 최소한 그들이 머무는 곳엔 물리적 공간에 대한 탐욕은 존재하지 않았다. 조금만 발 빠르게 움직이고 눈치껏 사람들의 비위를 맞추면 주위세계는 그 어떤 곳과도 비교할 수 없는 '풍족하고' '편안한' 공간으로 열어 밝혀져 있었다. 때로는 '자유롭고 안락한 휴식처'로써, 때로는 규율과 감시의 시선이 도사리는 삭막한 도시감옥으로써 끊임없이 변주하는 일상 공간 사이에 작은 균열과 틈새를 만들어냄으로써 참여자들은 그 '사이-공간' 속에서 '기생하는' 법을 터득하였다. 도시공간에 뒤엉켜 붙어있던 욕망의 껍데기들이 떨어져 나간 바로 그 순간, 참여자들에게 거주공간의 의미는 새롭게 열어 밝혀지고 있었다.

넷째, 연구 참여자들에게 체험된 시간의 본질은 '친숙한 일상의 권태로움과 무의미성 앞에 불현 듯 피어오르는 불안 속에서 자신의 존재가능성을 염려하는' 시간의 '순환적 성격'을 보이고 있었다. 특히 노숙인의 시간은 그때마다 각자 처해진 세계 내에서 자신의 존재가능성을 염려할 때 불현듯 피어오르는 특정한 '기분'을 통해서 그 의미를 포착할 수 있었다. 세상 어디에도 체류하거나 정박하지 못하는 삶을 지배하는 노숙인의 기분은 다름 아닌 '권태로움', 즉 '일상의 무의미성'이었다. 물론 권태는 누구나 일상 속에서 느끼는 기분이다. 차이가 있다면 세상 사람으로 느끼는 권태는 욕망의 과잉된 충족 속에 피어오르는 지루함에 좀 더 근접해 있었고, 거주지를 상실한 참여자들에게 그것은 애초부터 채워지지 않는 '존재의 허기(虛氣)'와 쌍을 이루고 있었다. 참여자들은 이미 정주의 삶을 포기하고, 매순간 새로운 거주지를 찾아 끝도 없이 떠돌고 있었다. 이렇게 오랜 세월 유랑의 습벽 속에서 드문드문 내비치는 정주에 대한 두려움이 생의 순간마다 '세계의 무의미성'과 마주치는 사태를 통해 드러나는 시간의 본질은 결국 '죽음에 대한 불안'이었다. 물론 불안이 싹트는 거리는 배려거리를 위해 몰입하고 타인들과 더불어 살아가는 '일상세계'였다. 반복되는 일상의 지루함과 따분함이 땅거미처럼 밀려올 때면 노심초사 공들여온 세계는 온통 '무의미성 속으로' 가라앉았다. 친숙하게 머물던 세계는 더 이상 아무 것도 할 수 없는 낯설고 두려운 세계로 탈바꿈하였고, 갑자기 피어오른 '불안' 속에서 존재의 짐스러움을 발견한 이들은 믿어 의심치 않았던 친숙한 세계로부터 안주할 수 있는 거주지를 모두 상실해버렸다. 불안은 타인들과 더불어 친숙하게 배려해온 세계를 '내려놓게 만드는' 동시에 그 사이 망각했던 자기 자신을 '되찾는' 순간이기도 하였다. 하지만 생존의 절박함 앞에 불안은 순식간에 사라지고, 참여자들은 낯선 거리의 생존방식에 적응해가며 새로운 일상에 빠져들었다. 결국 일상적인 거주세계이건, 낯설고 위협적인 거리세계이건, 일상 속에 자리 잡은 순간부터 참여자들의 시간은 고유한 자기 자신을 망각하고, 또 다시 세상 사람으로 던져지고 말았다. 이와 같이 참여자들은 '이미 세계를 떠도는 운명에 던져져 도처에 도사리는 위협가능성과 죽음의 공포로부터 도망쳐 일상의 것들을 끊임없이 기대하는 시간' 속에 머물고 있었다.

본 연구 결과가 지닌 함의는 사회복지 지식과 실천에 의해 생산되는 정상화 담론에 밀려 정작 자신들의 목소리를 생산하지 못한 사회적 약자들의 내러티브를 세상 밖으로 드러냄으로써 규격화된 사회복지 관리체계와 일상화된 실천가들의 행위와 태도가 노숙인들에게 어떤 결과를 불러오는지 드러내고, 궁극적으로 고통 받는 타인들을 향한 사회복지의 근원적인 가치로부터 우리 스스로가 얼마나 멀어지고 있는지를 성찰할 기회가 될 것이다. 그것은 바로 사회복지의 진정한 의미가 고통 받는 타인에 대한 '보살핌'과 진정한 '소통'의 회복에 있음을 드러내 주었다. 즉 보살핌과 소통이야말로 사회복지의 근원적인 본질을 담고 있는 심급의 언어라는 소박한 진실을 다시금 확인할 수 있었다.

:: **CONTENTS** ::

제4장 │ 현상학적 글쓰기

제5장 │ 결 론

표 차례

제1장

서 론

노숙인의 거주상실 체험에 대한
현상학적 탐구

제1장

서 론

　인간은 집¹⁾을 통해 세상과 만난다. 애초에 집은 우리 자신이 뿌리박고 있는 최초의 세계이다. 하지만 그 어느 때보다 안전하고 쾌적한 주거공간에 대한 관심과 열망이 넘쳐나는 시대에 우리는 역설적으로 '거주의 위기'에 직면하고 있다. 이때 거주의 위기는 단지 주택의 부족이나 열악한 거주환경과 같은 물리적인 차원의 주거(housing) 상실을 넘어서 인간의 '거주의미 상실'이라는 실존적 곤경을 함축하고 있다. 과학기술과 문명이 발전하고 있는 현대사회에서 도리어 알 수 없는 불안과 상실감을 느껴야 하는 인간에게 집은 더 이상 거주의 근원적 의미를 잃어버린 채, 각자의 욕구충족을 위한 '기능적 도구'이거

---

1. 인간에게 '집'은 단지 물리적인 '주거'(house)의 차원들을 넘어서 언제나 인간이 세계에 존재하는 존재방식으로서 '거주'(dwelling)의 근원적 의미를 함축하는 실존론적인 개념이다. 따라서 본 연구에서 '집'이라는 개념은 언제나 실존론적 장소성을 전제로 한 물리적 공간을 뜻한다.

나 세계와 타인과 단절된 고독한 존재자들의 '공허한 공간'으로 대면되고 있다.

비약적인 경제발전과 고도성장을 이루어낸 우리사회도 지난 외환위기 사태를 거치면서 그동안 은폐되어 있었던 거주의 위기와 곤경을 극단적으로 드러내보였다. 한편에선 삶의 불안과 상실감을 대리만족시켜줄 물리적 거처에 대한 과도한 집착에 빠져 집은 재산 증식수단으로 전락해 버린 반면에, 또 다른 편에선 생존을 위한 최소한의 거주공간조차 유지하기 어려운 주거 빈곤자들의 열악한 삶에서 거주의 위기는 더욱 깊어지고 있다. 더구나 1인당 국민소득 2만 달러, 주택보급률 100% 시대라는 말이 무색할 만큼, 최근 들어 집 없이 거리세계에서 살아가는 노숙인[2]들은 감소는커녕 오히려 증가하는 추세에 있다. 특히 외환위기의 여파로 정부차원의 노숙인 보호체계가 구축되고 다양한 주거지원 대책들이 제공되어 왔지만, 노숙인들은 대체로 이러한 사회적 안전망에 편입되기보다는 여전히 거리세계에서 위험한 잠자리를 감행하고 있으며 어느 순간부터 그들 나름의 거주방식을 구축해 살아가고 있다. 그동안 정부와 민간 차원의 다양한 제도적 노력에도 불구하고, 노숙인들의 거주방식이 주로 '물리적 거처'가 아닌 도심의 '거리'를 중심으로 이루어지고 있는 현실을 볼 때, 우리는 거주의 위기에 내몰린 노숙인의 거주방식에 대해 보다 근원적인 물음을 던질 수밖에 없다. 즉 그들은 왜 안전한 물리적 공간을 마다하고, 헐벗고

---

2. 2004년에 거리노숙자의 인권이 유린되는 사건들이 발생하면서 사회적 소수자에 대한 인권문제가 본격적으로 논의되었다. 이러한 논의는 이전의 장애자 담론과 마찬가지로 현재 '노숙인'이라는 용어에도 그대로 적용되는 양상을 보인다(전실노협 실무자와의 인터뷰, 2004; 국가인권위, 2006). 그러나 연구자는 이 용어가 기존의 '부랑인', '행려자', '노숙자', '거지' 등의 개념들과 함께 물리적 주거의 상실, 사회심리학적, 구조적 배경요인들에 따라 범주화시키는 기존의 타자적 설명방식에서 벗어나 이들을 모두 세계 내 존재하는 인간의 실존방식으로 이해하고자 한다.

추운 거리세계에서 살아가고 있는 것일까? 노숙인들에게 거주공간은 어떤 의미를 구성하고 있으며 이들이 거리의 삶에서 찾고 있는 거주의 의미는 과연 무엇인지에 대한 의문을 갖게 된다.

그런데 지금까지 우리사회에서 노숙인에 대한 접근은 대체로 사회문제론적 시각[3]에 입각하여 노숙의 발생 원인을 규명하고, 그에 대한 제도적, 실천적 해결방안을 구축하는데 주력해왔다. 서구의 경우와 마찬가지로 우리사회도 노숙문제에 접근하는 방식은 노숙의 원인론[4]을 놓고 그 다양한 스펙트럼 가운데 노숙현상의 근거와 정당성을 부여하는 입장을 취해 왔다. 특히 외환위기 이전에는 사회질서에 혼란을 조장하는 우범자로 취급되어 각종 비행과 범인성을 내재한 처벌과 격리의 대상(김현옥, 1999)으로 인식되어오다, 1997년 외환위기 사태를 겪으면서 노숙문제는 빈곤과 실업문제의 지표로써 사회적 관심을 환기시켰다(남기철, 2000). 불과 얼마 전까지만 해도 격리수용의 대상으로 여겨지던 노숙인 집단은 사회복지 실천의 주된 개입대상으로 떠오르면서 그 어느 때보다도 이해 가능한 사회구성원의 자격을 부여받게 되었고, 일자리와 각종 자립지원을 통해 충분히 사회복귀가 가능한 인구집단으로 인식된 것이다. 이처럼 경제위기 사태 속에서 거리로 내몰린 노숙인들에 대한 사회적 관심이 급증하면서 정부와 학

3. 사회 문제론적 접근이란 사회문제에 대한 과학적 연구를 목적으로, 그 이론적인 접근방법에 따라 각기 다른 원인을 상정하고, 그 사회의 지배적인 가치 및 규범에 위배되는 현상들에 대한 사회적 개입/처방을 표방하고 있는 일체의 이론들을 포함한다(최일섭 외, 1995).
4. Wright와 동료들(1998)은 노숙의 원인을 크게 세 가지 차원-선택적 노숙론, 부적절한 서비스에 의한 손상론, 사회구조론-으로 분류하고, 주로 사회구조적인 관점에 무게를 둔 반면에, Leach(1979)는 외생적 노숙자와 내생적 노숙자로 분류하여 각 집단의 특성을 강조하였다. Shinn과 Weitzman(1990)은 보다 포괄적인 관점을 강조하여 개인적 수준, 사회적 수준, 사회경제적 수준에 연관된 요인들간의 상호작용에서 노숙문제를 이해하고자 한다(남기철, 2000; 13~14, 재인용).

계, 민간단체를 중심으로 구체적인 실태조사와 노숙문제를 해결하기
위한 다양한 논의와 연구들이 활발하게 이루어짐으로써 거리 노숙을
게으름, 부랑, 음주, 부도덕 등과 같은 개개인의 병리적 현상으로만 취
급하던 접근방식에서 탈피하여 우리 주위에 평범한 사람들도 사회경
제적인 변동 속에서 누구나 노숙인이 될 수 있다는 위기의식을 불러
일으켰다. 이러한 사회적 위기의식이 저변에 확산되는 과정에서 노숙
문제는 더 이상 개인의 책임을 넘어서 정부와 사회적 차원에서 해결
해야 할 시급한 과제로 주목받게 된 것이다.

　그러나 안타깝게도 노숙인에 관한 기존의 연구들은 다음과 같은
한계를 안고 있다. 우선 노숙현상을 다루는 방식이 대개 연구자나 사
회의 지배적인 시각, 즉 외부자적 관점을 견지하고 있기 때문에 특정
한 지식체계와 주류사회의 규범적 원리에 의해 연구현상 내지 대상을
미리 규정해버리는 문제를 지니고 있다. 즉 홈리스 내지 무주거 현상
을 구조적, 이데올로기적 조건들을 통해 규정해버리거나 여전히 노숙
인 개개인에 내재된 심리사회적 적응기제에 초점을 두고 그 특성들을
유형화시키는 논의방식을 되풀이해왔다. 그 결과 노숙인에 대한 이해
를 그들 자신의 목소리가 아닌 주류사회의 규범적 렌즈에 기대어 해
석해내는 한계를 드러냈다. 외부의 시선 속에 표상화된 노숙인은 어
디에도 거주하지 못하는 문제 집단으로 분류되어 인식의 계몽을 통
해 교정되어야 할 대상으로 다루어져왔다. 말하자면 '노숙'이라는 무
주거 현상에 대한 사회구조적 요인들과 정신의학적 병리요인들에 주
력한 나머지, 인간이 세계 속에 존재하는 방식으로서 거주의 의미는
더 이상 물어질 필요 없는 당연한 것으로 치부해버린 것이다. 이렇게
노숙문제에 대한 실질적인 대안을 제시해온 수많은 연구들은 안타깝
게도 노숙현상을, 더 나아가 노숙인의 거주방식에 대해 이전과 크게

다를 바 없는 왜곡된 선입견을 양산해왔다.

　다음으로 노숙인에 대한 연구방법에 있어서도 한계를 드러내고 있다. 지금까지 노숙관련 연구들은 노숙문제에 대한 실천적인 대안을 마련하기 위한 목적으로 수행되다 보니 대부분 양적인 연구가 압도적인 우위를 차지하였다. 특히 사회복지분야에서 이루어진 상당 수의 노숙인 관련 연구들은 노숙인에 대한 실태와 원인을 객관적으로 규명하여, 거기에서 도출된 연구결과에 객관적인 실재성을 부여함으로써 연구의 보편성을 정당화시켜왔다. 그러나 이러한 연구방법의 이면에는 다분히 노숙인에 대한 실증적인 이해와 아울러 공리주의적 가치관이 전제되어 있으며, 더구나 객관주의로는 환원될 수 없는 인간의 존재의미마저 측정 가능한 객관적인 개념으로 소급시키는 연구들을 지속적으로 양산하고 있다. 계량적인 방법에 기반한 연구들은 노숙인에 대한 경험적 근거를 분명히 제시해주고 있지만, 불가피하게 거주의 위기에 내몰린 노숙인들이 머무는 거주세계에 대한 심층적인 이해를 담아내지 못하는 한계를 지니고 있다. 노숙행위는 단순히 물리적 거처의 부재 내지 결핍상태를 넘어서 일상적인 생활세계의 기반을 상실한 인간이 알몸으로 던져진 세계 자체와 내밀하게 밀착되어 가는 마지막 거주방식이다. 더구나 노숙을 행위주체의 차원에서 바라볼 경우, 우리는 지금까지 우리가 생각해온 거주에 대한 익숙한 사유방식과는 다른 차원의 거주세계와 마주하게 된다. 바로 거주의 위기에 이미 앞질러 발을 내딛고 있는 노숙인의 삶을 통해서 우리는 거주의 의미를 비로소 다시금 사유할 수 있는 길을 얻을 수 있기 때문이다. 이런 의미에서 볼 때 기존의 외부자적 관점과 계량적인 접근방식으로는 노숙인에게 들이닥친 거주의 위기가 무엇을 뜻하는지, 그리고 그 위기 속에서 어떻게 거주의 의미가 역동적으로 변형되어 가는

지를 이해하기엔 역부족이다.

　따라서 본 연구는 이러한 문제의식을 바탕으로 내부자적 관점에 충실한 심층적인 연구의 필요성을 제기한다. 즉 노숙인 자신이 터하는 거주세계에 대한 이해와 거주에 대한 본질적인 의미를 밝히고자 한다. 이는 인식의 표상체로서가 아닌 과거와 미래의 가능성을 언제나 함께 실현시켜 나가고 있는 실존의 의미지평을 탐구하는 것이다. 아울러 사회복지실천이 추구해온 정상화(normalization)의 개입원리에 규격화된 인간의 조건들 속에 은폐되어 있는 실존의 가능성을 드러냄으로써 타자를 향한 사회복지 실천행위의 존재의미를 성찰하는 계기를 가질 수 있을 것이다. 하이데거[5]는 인간의 본질을 '자기존재의 가능성'에 두고 그 실존의 의미를 존재론적으로 규명하기 위한 방법으로 현상학(現象學)[6]을 제시하는데, 본 연구는 현상학적 방법을 통해 거주의 위기에 내몰린 노숙인들의 거주상실 체험에 귀를 기울이고, 이들의 체험에 은폐된 거주의 근원적 의미를 드러냄으로써 진정한 거주의미가 회복될 수 있는 사회복지의 실천적 이해를 확장시키고자 한다. 따라서 여기엔 일종의 언어적 전회가 요구된다. 그것은 지금까지 노숙인에 관한 혼재된 담론들에 괄호를 치고, 노숙인의 체험 속

---

5. 하이데거는 20세기 독일의 철학자로, 그의 철학적 문제의식은 인간존재(현존재)의 근본 구조가 무엇이며, 어떻게 세상으로 전개되어 나가는가를 해명하고자 하였다. 따라서 그의 존재론적 입장은 근본적으로 존재의 주·객 구분을 용납하지 않으며, 존재를 탐구하는 방법이 존재를 발견하는 논증적인 방법을 통해서가 아니라 존재를 나타내는 방식(Aufweisungsart)으로 바로 현상학(Phänomenologie)의 방법을 택한다(김형효, 2000). 이에 대한 상세한 논의는 제3장 연구방법에서 다루기로 하겠다.

6. 하이데거는 후설의 현상학적 원칙을 따라 〈사상(事象) 자체에로〉을 수용하면서 동시에 '현상'이라는 그리스어의 의미에서 문제의 출발점을 찾으려 한다. 여기서, 現象이라는 뜻은 '스스로 자신을 현시하다'라는 뜻을 지니며, 이렇게 현상이라는 개념의 어원적 의미를 발굴해 냄으로써 존재의미를 추적하는 독특한 탐구방법을 전개한다. 자세한 내용은 3장 연구방법에서 다루어질 것이다.

으로 들어가 실존의 본질구조를 드러내는 작업이 될 것이다.

실제로 노숙인은 오랜 세월 인간사회에서 그 나름의 고유한 삶의 방식으로 존재해왔다. 각 시대마다 역사적, 문화적 차이에 따라 이들의 삶의 방식은 다양하게 존재했지만, 여전히 이 시대에도 존재하고 있으며, 미래에도 분명 존재할 것이다. 그렇다면 동시대에 현존(現存)하는 노숙인은 과연 누구인가? 노숙인은 자신의 생활세계에서 어떠한 삶의 체험을 하고 있으며, 동시에 자신의 체험을 어떻게 이해하며 해석하고 있는가? 즉 노숙을 포함한 일련의 거주체험이 자신의 삶에 어떠한 변화를 가져 왔으며, 그러한 체험의 근원적인 의미지평은 무엇인지 밝힘으로써 세상에 거주하고 있는 존재인 노숙인에 대한 현상학적 이해를 탐구하고자 한다.

위와 같은 탐구의 목적에 적합한 현상학적 물음을 제기하기 위해서 연구자는 하이데거의 현상학을 보다 구체적인 연구방법으로 변형시킨 밴 매넌의 체험의 구조를 활용하고자 한다. 모든 인간이 처해 있는 역사적, 문화적, 사회적 상황과 상관없이 인간이 경험하는 상황, 즉 생활세계의 체험에는 몸, 타자, 공간, 시간이라는 네 가지 실존체(Life-world Existentials)가 기본적인 구조를 이루고 있다. 사람들은 스스로 체험하고 해석하는 몸에 의해 공간과 시간 속에 놓이게 되고, 체험하는 공간이나 시간, 타자의 의미에 따라 몸의 지각은 달라진다. 또한 몸과 시간과 공간은 타자와의 상호관계에 따라 새롭게 체험되며 세계를 구성한다. 물론 현상의 의미는 다층적이고 다차원적인 것이기에 실제로 이 네 가지 실존체는 분리하여 생각할 수 없다. 그러나 이러한 실존체를 구분하여 탐구하는 것은 복잡한 체험의 구조를 드러내는 길잡이가 될 수 있다(밴 매넌, 1990). 따라서 연구자는 노숙인의 생활세계를 구성하고 있는 네 가지 실존체를 중심으로 다음과 같은 물음을 던진다.

첫째, 본 연구는 거주지를 상실한 노숙인들이 일상적인 거주세계와 가장 직접적으로 교섭하는 자신의 몸에 대한 체험적 기술을 통해 그때마다 자기 자신을 어떻게 이해하고 의미를 구축하고 있는지 분석하고자 한다. 이러한 노숙인의 몸에 대한 분석은 단지 살아있는 유기체의 생리적인 기능들의 발현방식으로서 몸의 다양한 적응양태를 드러낸다거나 아니면 의식 내지 정신의 잔여물로 몸을 기술하려는 의도와는 거리가 멀다. 오히려 노숙인의 몸에 대한 체험은 그들이 거주하며 살아가는 구체적인 생활세계의 지평적인 성격을 드러내 보이는 것이고, 여기서 한 걸음 더 나아가 연구 참여자들이 체험하는 몸에 대한 이해 속에 보다 근원적으로 내재되어 있는 거주(성)의 실존적 의미를 밝히는데 있다. 따라서 연구자는 다음의 질문을 던지고자 한다. 노숙인들은 던져진 세계 속에서 자신의 몸을 어떻게 지각하고 있으며, 집-없음(home-less)의 체험을 통해 드러난 거주의 의미는 무엇인가?

둘째, 거주지를 상실한 노숙인들이 그때마다 거리세계에서 만나는 다양한 타자들과 맺고 있는 관계의 체험적 기술을 통해 그 실존적 의미를 해명하고자 한다. 특히 집 없이 세계를 떠도는 노숙인이 자신과는 이질적인 타인과의 대면을 통해 어떻게 자신의 정체성을 구축하고 있는지에 주목하여 관계의 의미를 물어볼 것이다. 즉 거리세계에서 노숙인이 만나는 타자들은 어떤 모습(얼굴)으로 드러나며, 노숙인과 타자들이 관계 맺는 방식의 본질적 의미는 무엇인가?

셋째, 본 연구는 노숙인들이 머무는 공간이 어떠한 방식으로 구현되고 있는지를 밝혀볼 것이다. 노숙인에게 공간의 문제는 매우 중요한 주제이다. 왜냐하면 이들은 생존에 요구되는 다양한 물질들을 공간 속에서 만나기 때문이다. 따라서 노숙인의 세계를 이해하고자 할 때는 공간이라는 현상이 반드시 고려되어야 한다. 특히 노숙인이 머무는 거주환경과 관련하여 이들이 우선 대개 먹고 잠자는 장소들에 대한 기술을 통해 궁극적으로 거주의 공간적[7] 의미를 밝혀보고자 한다. 즉 노숙인이 머물고 있는 다양한 거주공간들에 내재된 거주의 본질적 의미는 무엇인가?

마지막으로, 거주지를 상실하고 세상을 떠돌아다니는 노숙인들은 자신의 시간을 어떻게 체험하고 있으며 그 본질 의미는 무엇인지를 밝히고자 한다. 다시 말해 노숙인들이 처해 있는 실존적인 지평세계를 시간적으로 해석하는 것이다. 그렇다면 노숙인의 시간성은 어떻게 해석할 수 있을까? 이 시간과 가장 가까운 동시에 시간의 의미를 열어 밝히는 개념은 무엇인가? 본 연구는 하이데거의 시간성[8] 개념을 하나의 분석틀로 삼아 노숙인의 시간성이 지닌 본질 의미를 추적하고자 한다. 하이데거에 따르면 인간의 삶 전체는 언제나 '죽음'을 통해서 확보된다. 그러나 죽음은 결코 경험될 수 없다. 그런 이유로 우리는 어느 순간 들이닥칠 죽음의 가능성 가운데 내던져진 실존의 '기분[9]'을 통해 노숙인의 시간성에 접근해 보고자 한다. 즉 우선 대개

7. 그런데 공간성은 공간과는 엄연히 다른 개념이다. 하이데거에 따르면 전자는 세계-내-존재로서의 현존재가 이용하는 사물도구를 자신의 방향에서 배려하는 유회공간(Spielraum), 즉 공간냄도와 공간허용이고, 후자는 전재자에 대한 관조적 태도에서 드러나는 순수한 동질적 공간-과학적 공간, 즉 연장성이다(소광희, 2004).

일상세계에서 노숙인들은 어떤 기분에 처해 있으며, 불현듯 다가오는 죽음 앞에서 어떻게 대응하고 있는지를 살펴봄으로써 시간의 의미를 드러낼 것이다.

---

8. 하이데거에 따르면 인간은 늘 자신의 존재가능성을 위해 마음 쓰는 존재이며, 인간의 마음씀(염려)은 '세계 내부적으로 만나는 존재자에 몰입해 있으면서 자기를 앞질러 이미 세계 내에 있음'이라는 시간 구조를 가지고 있다. 여기서 '자기를 앞지름'은 인간의 실존성을, '이미 ~내에 있음'은 인간의 피투적 사실성이, '~에 몰입해 있음'은 일상적 함닉을 뜻한다. 그런데 인간의 삶 내지 존재 전체를 구성하고 있는 세 가지 구조계기로서 인간의 실존, 피투적 현사실성 및 함닉은 언제나 '죽음'을 통해서 확보된다. 이 말은 죽음으로 인해 인간은 다른 존재자들과의 모든 교섭이 단절되고, 그만큼 죽음은 가장 극단적이고 절대로 뛰어넘을 수 없는 '절대적 불가능성'이라는 가능성을 담고 있다는 의미다. 그렇기 때문에 그러한 가능성으로 죽음은 하나의 두드러진 다급함(갑작스러움)으로 우리자신에게 다가오며, 인간은 죽음에 대한 기분을 통해 비로소 자신의 시간을 이해할 수 있다(하이데거, 1979).

9. 여기서 말하는 '기분(Stimmung)'은 심리적인 감정 상태가 아니라 존재론적 차원, 즉 세계-내-존재 자체에서부터 피어오르고, 우리 자신이 세계에 처해있는 근원적인 상태를 의미한다(하이데거, 1979). 이를 테면, 우리가 일상성 속에서 나날의 지루함을 느끼고 있을 때, 바로 그 순간 우리는 우리들 자신이 이 세상 속에 내던져 있다는 사실을 깨닫게 되는 것이다.

문헌 검토

노숙인의 거주상실 체험에 대한
현상학적 탐구

제2장

문헌 검토

　이 장에서는 노숙인[1]에 관한 기존의 연구들이 노숙 현상을, 더 나아가 그러한 현상의 행위자로서 노숙인을 어떠한 이론적, 실천적 언어 즉, 어떤 담론을 통하여 조망하고 있는지를 검토하고, 그 한계점은 무엇인지를 살펴보았다. 그 첫 번째 작업으로 노숙인에 관한 개념적 규정들이 시공간적 흐름 속에서 어떻게 이해되고 해석되어 왔는지를 검토하였다. 다음으로 최근 우리나라에서 이루어진 노숙인 연구물들 속에 암묵적으로 내포되어 있는 전제조건과 그 실천전략에 따

---

1. 실상 노숙인(Homeless)는 '집 없는 존재자들'을 포괄적으로 아우르는 범주개념이지만, 대개 물리적인 거처 없이 거리세계에서 노숙이나 난장을 치는 사람을 일컫는 용어로 한정해 사용되어왔다. 연구자는 거주방식이나 양태, 기간 등과 같은 세분화된 기준에 따라 분류하는 방식을 취하기보다는 집 없는 존재자들을 통합적으로 지칭할 수 있는 '홈리스' 개념을 우리말로 번역한 '노숙인' 개념을 그대로 사용하였다. 하지만 노숙인이라는 개념은 그때마다 담론의 시공간에 따라 다양한 용어들-홈리스, 노숙자(인), 거리노숙인, 부랑인 등으로 사용되고 있음은 분명한 사실이다.

른 세 가지 관점을 고찰하고 그 한계점을 드러낸 후, 마지막으로 노숙
인에 대한 기존의 외부자적[2] 시각 - 주로 양적연구 및 실증적 문헌연
구 등 - 에서 벗어나 경험주체의 목소리를 통해 현상의 의미를 밝히
는 질적 연구들을 개괄적으로 검토해보았다.

제1절 노숙인에 관한 개념적 논의

'집 없는 존재자'로서 노숙인에 대한 논의[3]에서 가장 우선적으로 거
론되는 문제가 바로 이들의 개념적 정의와 범주에 관한 논쟁일 것이
다. 실제로 시대와 국가를 불문하고 노숙인은 어떠한 삶의 형태로든
존재해왔지만, 각 시대마다 이들을 규정하는 방식은 매우 유동적이
고 다양한 변천과정을 거쳐 왔다. 우리사회와 마찬가지로 서구사회도
오래전부터 집 없는 홈리스 개념을 규정 - 즉 정의, 규모, 범주/유형의
적절성 - 하는데 매우 복잡한 역사적, 정치경제적 맥락이 함께 맞물
려 다양한 이해집단에 따라 각기 다른 실증적인 조사들[4]이 이루어졌
으며, 그 결과를 놓고 상이한 해석을 불러 일으켰다. 이에 따라 '집 없

---

2. 외부자적(etic) 관점은 대개 연구대상자가 살아가는 일상세계와의 직접적인 접촉을 피하
고 일정한 거리를 두면서 수많은 무작위로 선택된 표본연구-양적인 통계조사연구-로부터
도출한 개연성에 기초한 실증적 지식을 추구한다. 따라서 연구자는 대상세계를 외부에서
관찰하거나 외적인 기준을 가지고 현상을 연구하는 태도를 취한다. 이러한 양적인 연구
에 비해 질적인 연구는 생활세계에 참여하는 내부자적(emic) 관점을 중요시한다. 즉 내부
자들의 행위를 통해 그 세계를 바라보고, 거기로부터 발견한 사실들이 어떻게 그들에게
의미체계를 구축하고 있는지를 탐구하는 사례중심의 입장을 취하고 있다. 특히 현상학과
같은 연구방법은 세계 속에 실존하는 존재자들의 내적인 의미연관체계를 이해하고 해석
하는 대표적인 내부자적 관점이라 할 수 있다(Denzin & Lincolon, 1994).
3. 노숙인에 관한 개념적 논의는 2004년도 〈상황과 복지〉(비판과 대안을 위한 사회복지학
회) 제19호에 실린 필자의 논문 「푸코의 권력이론을 통해 조망한 노숙자 담론분석」 중 일
부를 발췌하여 재구성하였다.

는 사람'에 관한 정의는 그 문제를 바라보는 주류사회의 시각에 따라
좁게는 공공장소나 쉼터에 거주하는 사람들로, 넓게는 거주할 거처
가 없이 불안정한 거주지에서 기거하는 사람들에 이르기까지 그 개
념적 범주가 매우 폭넓게 해석되어왔다. 주목할 점은 영국과 미국같
이 홈리스에 관한 제도적 근거가 확립되어 있는 국가들조차 이들을
개념적으로 규정하는데 있어 쉽게 사회적 합의를 이끌어내지 못하고
있다는 것이다. 물론 우리나라보다는 넓은 의미에서 홈리스를 정의하
고는 있지만, 그 역시 선언적 수준에서 표방하고 있는 개념들이고, 실
제 홈리스 문제를 정책적으로 주관하고 관여하는 집권정당, 주무부
서에 따라 실질적인 서비스의 수혜범위는 달리 적용되었다. 결국 집
없는 존재자로서 홈리스에 대한 정의는 대체로 주거권에 대한 사회·
문화적 합의, 집권정당의 정치적 성향, 공공기관이 제공하는 공적 부

---

4. 미국의 경우, 1990년대 초에 이루어진 홈리스실태조사(S-Nights project)의 측정방식과
결과를 놓고 많은 논란을 불러왔다. 결과적으로 홈리스의 수가 과소 측정되었을 뿐 아니
라, 거리홈리스의 수가 쉼터와 같은 시설노숙인에 비해 축소 조사된 문제점을 지적하면서
당시에 다른 연구자들에 의해 이루어진 연구결과와 비교하여 상이한 결과를 보이는 점에
의혹을 제기하기도 하였다(Wright et al, 1998) 이보다 앞선 연구에서도 홈리스를 파악하
는 기존의 방법이 일정시점에서 한 장소의 홈리스 수를 일반적으로 사용되고 있기 때문
에 거주지가 불분명하고 떠돌아다니는 홈리스의 행동패턴을 염두하지 않을 경우 홈리스
규모에 왜곡이 생기는 문제가 이미 지적하였다(Sosin et al, 1990). 그 밖에도 특정시점에
서 홈리스로 확인된 사람의 수를 측정하기보다 노숙의 위험에 처한 사람을 확인하는 것
이 더 적절하다는 주장도 나왔다(James, 1992; 남기철, 2000).

5. 미국에서는 1980년대부터 홈리스문제가 사회적인 이슈로 등장하면서 기존의 응급지원에
대한 소극적 대응에 민간지원단체들의 강력한 문제제기를 통해 1987년 매키니법(McKin-
ney Homeless Assistance Act)을 제정하였고, 1990년대 이후 '지속적인 보호'전략에 입
각하여 주거지원과 재활 및 치료서비스를 강화하는 추세다(김선미, 2004). 영국의 경우도
1966년 홈리스가정의 경험을 다룬 프로그램이 공중파를 통해 반영된 것을 계기로 대중
적 관심과 홈리스 지원단체인 Shelter가 조직되면서, 다양한 캠페인이 사회적으로 확산되
었다. 이에 따라 홈리스 문제와 관련하여 법적 근거(Homeless persons Act)가 1977년도
에 형성되었고, 정치적 변화과정에서 수차례 개정되어 2002년도에 홈리스법(Homeless-
ness Act, 2003년 1월 발효)에 이르게 된다(신현방, 2004).

조의 범위 및 한계가 반영되어 역사적으로 다양하게 변해왔다고 볼
수 있다(Pickvance, 2003; Stern, 1984).

　한편 우리사회에서 집 없이 거리에서 생활하는 '노숙인'에 대한 논
의가 본격적으로 불붙기 시작한 것은 1997년 말 IMF 경제위기를 통
해서이다. 이들에 대한 논의는 지난 군사독재 정권의 '부랑인 격리 및
강제수용방침'에 상당기간 묻혀 있다가, 1987년도 부랑인보호시설에
서 자행된 인권침해사건[6]들이 언론을 통해 속속 밝혀지면서 잠시 사
회적인 반향을 타는 듯싶었으나, 시설처우라는 정부의 미봉책으로
다시 수면 아래로 가라앉았다. 그 후 1998년에 몰아친 경제위기를 통
해 급속도로 증가하는 거리노숙인들에 대한 대대적인 실태조사와 사
회구조적인 원인을 밝히는 연구물들이 나오면서 노숙문제에 대한 논
의들이 활발히 이루어졌다(안준희, 2000). 특히 이 시기에 '노숙인을 어
떻게 규정지어야 할 것인가'에 대한 개념적인 규정과 정체성에 대한 논
의가 정책의 우선순위를 결정하는 문제와 직접 관련되어 시급한 과
제로 등장하였다.

　그런데 우리사회에 노숙인들의 정체성은 실제로 매우 복잡하고 다
양한 속성들이 혼재되어 있으며, 특정한 시공간 속에 그들을 어떻
게 배치하느냐에 따라 각기 다른 이름으로 명명되었고, 그 대응방식
도 각기 다르게 이루어져왔다. 과거에는 주로 부랑인, 걸인, 부랑노숙
자 등으로 불리던 대상들이 최근에 와서는 홈리스, 노숙자, 실직노숙
자, 무거주자 등과 같은 용어들의 등장으로 더욱더 세부적으로 분절
되는 양상을 알 수 있다. 그 대표적인 경우로 노숙인 집단에 대한 개
념적 변화과정을 살펴보면, 초기 부랑인은 "일정한 주거가 없이 관광

---

6. 1987년도 충남 성지원 사건, 부산 형제복지원 사건은 부랑인들을 강제수용, 강제노역과
　임금착취를 하는 등 대표적인 인권침해사건으로 알려져 있다.

업소, 접객업소, 역, 버스정류장 등 많은 사람들이 모이거나 통행하는 곳과 주택가를 배회하거나 좌정하여 구걸 또는 물품을 강매함으로써 통행인을 괴롭히는 걸인, 껌팔이, 앵벌이 등 건전한 사회 및 도시질서를 저해하는 사람"으로 규정되었다(내무부, 1975). 당시 부랑인은 사회질서에 혼란을 조장하는 우범자로 여겨졌고, 각종 비행과 범인성을 내재한 처벌의 대상으로 분리되었다(김현옥, 1999). 이후 이들을 담당하는 정부의 주무부서가 내무부에서 보건사회부로 바뀌면서, 부랑인에 대한 개념규정도 다소 변화하였는데, 즉 "일정한 주거가 없거나 무의무탁한 사람 또는 연고지가 있어도 가정보호를 원하지 않는 사람으로 거리를 방황하면서 서민에게 위해와 혐오감을 주는 등 건전한 사회질서유지를 곤란하게 할뿐만 아니라 신체적, 정신적 결함으로 정상적인 사고와 활동능력이 결여된 정신착란자, 알코올중독자, 걸인, 앵벌이, 18세 미만의 부랑아, 불구폐질자"로 부랑인을 규정하였다(보건복지부, 1988).

여기서 매우 흥미로운 사실은 부랑인의 범주에 정신질환 및 신체질환자 그리고 미성년자 등을 포함시킴으로써 전자에 비해 부랑인의 적용범위를 더욱 확대시킨 점이다. 다시 말해, 전자의 경우는 부랑인을 사회질서를 위해할 우려가 있는 잠재적 범죄자로 규정하고 이들에 대한 처벌과 격리조치를 중심으로 하는 형법적 담론이 지배적이었다면, 후자의 경우는 이러한 범죄성에 병리적인 소인, 즉 정신적, 신체적 결함을 지닌 병리적인 담론을 추가함으로써 정신질환자나 불구폐질자까지 포함시키기 시작했고, 소위 비정상적 영역을 아우르는 부랑인들은 합당한 재판절차 없이도 사회로부터 격리시켜 정신병원, 갱생원과 같은 시설에 강제수용되었다(한국도시연구소, 2000). 여기에 거지근성, 의타성, 욕구불만, 낭비성, 역마성, 자포자기, 열등의식 등과 같은 매우 부정적인 속성들이 덧씌워져 그 효과를 더욱 극대화시켰다[7].

한편, 이러한 부랑인에 대한 담론은 1997년 외환위기 사태를 통해 일종의 전환기를 맞게 되었는데, 바로 부랑인의 전제조건을 새로운 각도에 배치시키는 '노숙자 담론'의 등장으로 바야흐로 새로운 분할지점이 형성되기 시작하였다. 말하자면, 하나의 담론이 표상하고 있는 대상개념이 다른 조건들이 나타남으로써, 그에 상응하는 권력의 메커니즘도 다른 각도에서 이루어진 것이다. 이제 노숙인의 정체성은 또 다른 특정 지식과 권력의 관계 속에 용해되어 더욱더 다중적이고 복잡한 양상을 띄게 되었다. 이러한 양상을 가르는 분할지점 또한 특정한 시공간적 조건 속에서 만들어졌다. 바로 실직노숙자 혹은 홈리스 등과 같은 개념이 본격적으로 담론의 중심에 위치하게 된 것이다. 이미 앞서 밝힌 바와 같이, 오늘날 노숙인 관련 정책은 외환위기 사태를 계기로 붕괴된 사회안전망을 재구축하려는 일련의 과정과 맞물려 등장하였다. 당시 한 민간단체의 보고서에 따르면, 1998년 초 대량실업사태로 일부 일용직과 임시직 노동자들이 노숙인으로 분해되는 과정을 지적하면서, 실직노숙인들에 대한 응급대책과 아울러 장기적인 고용정책을 골자로 하는 정부의 책임있는 개입을 강조하였다(한국도시연구소, 2000). 이후 정부와 민간은 유기적인 파트너쉽을 통하여 노숙인을 위한 각종 특성화된 사업들을 전개하였고, 무엇보다 노숙인에 대한 그간의 불신과 왜곡된 인식을 바꾸는데 주도적인 역할을 하였다. 아울러 노숙의 원인과 각종 현황 및 실태 관련 연구들이 속속 나오면서, 최소한 우리사회에 노숙인은 더 이상 게으르고, 쓸모없는

---

7. 부랑인에 대한 이러한 권력의 매카니즘과 효과장치로는 Faris & Dunham(1989: 68, 김현옥, 1999: 재인용), 부랑인시설 운영개선방안(보건사회부, 1987), 부랑인 사회복귀 계획서: 정착생활단지 조성(원암수양관, 1985: 3; 김현옥, 1999: 재인용)의 논의 속에서 찾을 수 있다.

부랑자가 아닌 국가와 우리사회가 그 책임을 끌어안아야 하는 일시적 실직자 혹은 복지수급자라는 점을 환기시켰다. 이처럼 노숙인은 그 어느 때보다도 우리사회의 정상적 범주 속에서 이해 가능한 사회 구성원의 자격을 부여받게 되었고, 만성적인 부랑인들과는 구별되는 조건으로서 근로능력 내지 근로의욕을 유지하고 있는 자활가능자로, 인권과 책임을 갖춘 복지수급자로, 더 궁극적으로는 자신의 삶을 관리해 나가야 하는 시민사회의 주체로 거듭나게 되었다.

이처럼 노숙인에 대한 담론은 정도의 차이는 있을지언정 다양한 전문가집단에 의해 적극적인 실천과 개입의 장으로 급부상한 반면, 그 속에서 논의되는 부랑인, 행려자 등은 이론적, 실천적 영역에서 밀려나면서 노숙인 담론의 요구에 부응하는 대상으로 규정되었다. 두 대상개념의 대비적 입장인 즉슨 현재의 노숙인은 보다 거시구조적인 관점을 통하여 적극적인 이해와 책임 있는 대안이 뒷받침되어야 할 대상이지만, 부랑인, 행려자 등은 이들과는 다른 일종의 '비정상인' 범주에 속해 있는 각종 처벌과 격리의 대상으로 설명되고 있는 것이다. 이제 양 집단은 제도적 연장선상에서 끊임없이 비교되고, 분리되는 과정을 통해 특정한 시공간 속에서 동일이형(同一異形)의 얼굴을 함께 간직하게 되었다.

이와 같이 '노숙인'의 개념적 논의에는 언제나 '부랑인'과의 개념적 구분짓기와 더불어 이루어져왔다. 다시 말해 초기엔 실업이나 장애 및 다른 여러 가지 이유로 주거와 일자리를 잃고 거리에서 생활하지만 일할 의욕이 있으며, 음주, 낭비성, 역마성 등의 '부랑인의 습성이 없는 사람'으로, IMF 이후에는 '국가 정책실패로 인해 발생한 최대의 희생자'로 규정함으로써 이들에 대한 사회적 책임을 강조하였다. 게다가 노숙인에 대한 동정적 담론이 더욱 확산되면서 이들을 기존 부랑

인과는 질적으로 다른 영역 속으로 분리시킴으로써 때로는 국가경제
의 실패에 따른 피해노동자로, 때로는 후기산업사회의 잠재적인 산업
예비군으로 규정지었다(고길섶, 1998). 마침내 이들은 사회경제적, 정
치적 맥락 속에서 특정한 정체성을 부여받은 '실직노숙자'라는 주체
로 재탄생하게 되었다. 이제 우리시대의 노숙인은 인권의 주체인 동
시에 사회적 희생자로서 사회복지실천의 적극적인 개입대상, 즉 문제
해결집단으로서 인식되고 있는 것이다.

제2절 노숙인 연구의 세 가지 관점과 한계

이와 같이 최근 노숙인에 대한 사회적 담론은 정도의 차이는 있을
지언정 대체적으로 사회 문제적 시각[8)에 입각하여, 노숙의 발생원인
과 그에 대한 대응전략을 모색하려는 경향을 내포하고 있다. 특히 노
숙문제의 원인 및 배경을 어디에 두느냐에 따라 매우 대조적이고 복
합적인 대응양상을 띠고 있다. 이 절에서는 오늘날 노숙인 연구들의
논거로 작동되는 세 가지 관점을 개괄적으로 살펴보고, 그 한계점을
검토해보았다.

1. 기능주의적 관점

지금까지 노숙인 문제를 규명하는 다수의 연구들에서 가장 지배
적인 이론적 배경으로는 후기 산업사회의 구조적인 변동과 개개인의

---

8. 사회 문제적 시각이란 사회문제에 대한 과학적 연구를 목적으로, 그 이론적인 접근방법
에 따라 각기 다른 원인을 상정하고, 그 사회의 지배적인 가치 및 규범에 위배되는 현상들
에 대한 사회적 개입/처방을 표방하고 있는 일체의 이론들을 포함한다(최일섭 외, 1995).

적응력 제고를 다루는 기능주의적 사회통합 관점[9]을 들 수 있다. 이 관점에 따르면, 1960년대 이후 서구사회의 급속한 산업화, 도시화를 통한 인구의 도시과밀화 현상과 1970년대 산업구조의 고도화로 인한 노동시장의 변화 및 임금/소비의 양극화현상 그리고 1980년대 신자유주의적 경제정책을 통한 지속적인 복지축소 등과 같은 구조적인 요인들을 지적하면서 노숙인 문제에 대한 사회통합적 기능을 강화시키기 위한 대책들을 제시하였다. 이러한 사회통합적 기능은 사회적 불균형과 갈등을 최소화시키고, 공동체적인 연대의식을 유지하는 것으로, 구체적으로는 복지제도를 통해 사회적 분배기능을 개선하고, 구조적인 역기능으로부터 낙오된 이들이 기존 사회구성원으로 다시 편입될 수 있는 차별화된 사회화 기능을 강조하는 것이다(Mishra, 1981). 이와 같은 관점에서 볼 때 노숙인 문제에 대한 기본방향은 기존 사회체계가 안정과 균형을 유지할 수 있도록 사회적인 책임을 부과하는 동시에 인권과 자기결정권을 갖춘 노숙인 개개인의 적응력 향상에 초점을 맞추었다. 다시 말해, 사회통합적 관점을 취하는 논의들은 노숙인 문제를 후기 산업자본주의의 빈곤화과정에서 발생한 결과라는 점에는 대부분 동의하지만, 이는 기존 체제의 규범과 가치에 적응하지 못하고 사회화에 실패한 개인의 결핍요인도 함께 맞물려 있음을 지적하였다.

이에 따라 노숙인 문제에 대한 구체적인 실천방법은 노숙인 개개인이 심리사회적 기능을 회복하고 자립능력을 갖추어 사회에 적응해나갈 수 있도록 하는 정상화 기술을 활용하는 것이다. 이와 같은 개인

---

9. 기능주의적 사회통합 관점에 관한 논의로는 정무성(1999), 김수현(1998), 정원오(1999), 남기철(2000), 신명호 외(2003), 황선영(2004) 등이 있다.

의 적응력 제고에 초점을 둔 정상화 모델[10]은 사회구조적인 원인에 대한 세부적이고 개별화된 대응전략이라 할 수 있다. 그리하여 노숙인 문제는 이미 밝힌 바 있는 후기 산업사회의 구조적 균열에서 야기된 결과이지만, 이에 대한 해결책은 기존 사회질서를 유지하는 다양한 공공정책과 복지프로그램을 매개로 하여 종국엔 노숙인의 정상적인 사회적응을 주목적으로 삼고 있음을 알 수 있다. 이러한 관점은 오늘날까지 다양한 학문분야의 인식론적 기반으로 작동하고 있으며, 특히 사회적 약자들에 대한 실천적 대안을 중시하고 있는 사회복지 분야에 개입방향과 실천전략을 제공하고 있다.

하지만 오늘날 노숙인에 대한 논의들에서 가장 일반적으로 활용되고 있는 기능주의적 사회통합 관점은 사회구조적인 불균형을 노숙문제의 원인으로 규정하고 있음에도 불구하고, 이것은 사회적인 통합에 있어 어쩔 수 없는 현상이라는 전제를 밑바탕에 깔고 있다. 따라서 그에 대한 대응전략 역시 다양한 사회제도를 통해 노숙문제를 개선할 수 있다는 낙관적인 전망을 내리고 있다. 이러한 전제조건은 갈등주의적 관점에서 볼 때 매우 안일하고 알맹이 없는 대처방식일 뿐 궁극적으로 사회적 불평등을 해결할 수 없다는 비판을 받는다. 또한 기능주의적 담론이 표방하는 정상화 모델은 노숙인의 인권과 자기결정권을 강조하며 이들의 정상적인 사회복귀를 도모하고자 노력하지만, 의식주와 관련된 생존권조차 위협받는 노숙인들에게 사회가 요구하

---

10. 여기서 정상화(normalization)의 의미는 전통적 사회복지 실천영역의 정신적 근간으로 자리잡아온 인본주의 가치를 토대로, 일상적 혹은 사회적 기능을 수행하는데 장애를 지닌 클라이언트에게 다양한 전문적인 훈련기술을 통해 손상된 기능을 회복시킴으로써 사회에 재적응하도록 돕는 일련의 실천적 과정을 지칭하는 개념이다. 특히, 사회복지 실천영역 가운데서도 다양한 마이너리티 집단, 즉 정신질환자, 신체장애인, 노숙인 등과 같은 소수자들에게 많이 적용되고 있다.

는 정상적인 기능회복은 다분히 모순적인 의미를 지닐 수밖에 없다. 더욱이 중요한 사실은 정상화의 원리 속에는 이미 정상적이지 못한 일련의 병리, 일탈, 능력의 결핍 등과 같은 주류사회의 가치와 인간관에 반하는 고정관념이 은폐되어 소위 비정상적인 행위를 하는 이들을 교정의 대상으로 취급하게 된다. 결과적으로 기능주의적 담론들은 노숙문제를 접근하는데 있어 기존 사회질서의 기득권을 인정하고, 주류사회에 적합한 특정한 인간상을 전제하고 있기 때문에 노숙인을 정책적 대상의 언어로 규정해버리는 한계를 안고 있다.

2. 갈등주의적 관점

이에 반해서 노숙인 문제에 대한 갈등주의적 관점[11]은 신자유주의로 표방되는 자본주의 생산양식의 필연적인 결과이자 희생자가 바로 노숙인 집단이고, 이는 단지 노숙인만의 문제가 아닌 소수의 자본가를 제외한 대다수의 노동인구가 처해질 수 있는 잠재적인 위기로 규정하였다(고길섶, 1998). 그렇기 때문에 복지제도를 통해서는 근본적으로 노숙문제를 해결할 수 없고, 기존의 불평등한 사회구조를 변혁시키는 것만이 궁극적인 대안으로 여긴다(Mishra, 1981). 이러한 갈등주의적 입장에서 볼 때, 기존의 노숙문제에 대한 다양한 사회프로그램은 다분히 자본주의 체계유지를 위해 노숙인들을 관리하고 조련시키는 지배 권력의 통제장치인 것이다. 위와 같은 기능주의적 담론에 대해 비판을 가하면서 이들은 기존의 복지제도뿐 아니라 근본적인

---

11. 노숙문제에 대한 갈등주의적 비판은 사회복지 분야에서 거의 찾아보기 어려운 편인데, 다만 몇몇 연구자들에 의해 단편적으로 이루어진 게 전부이다. 기존의 노숙문제와 관련된 논의로는 서종균(2001), 고길섶(1998) 등이 있다.

사회구조를 바꿀 수 있는 궁극적인 원동력을 노숙인 집단의 단결과 연대에서 찾고 있다. 즉 장기적인 경기불황, 만성실업, 노숙인 양산으로 이어지는 악순환의 고리를 끊기 위해서 노숙인 집단의 세력화를 통한 불합리한 사회체계를 변화시켜 나가거나, 때로는 자신을 낭떠러지로 내다 몬 신자유주의 체제를 거부하는 운동을 전개시키는 것이다.[12] 결국 노숙 문제에 대한 갈등주의적 관점은 한 때 산업현장의 노동인구로, 한 가정의 구성원으로 살아가던 사람들이 어느 날 거리로 내몰려 노숙인으로 전락하는 일련의 과정을 기존 사회구조의 희생자 담론 속에 담아내고 있으며, 이들을 다른 빈곤계층과 함께 연대해 나가야 할 세력화의 주체로 바라보고 있다. 아직까지 노숙인의 세력화[13]는 집단적 정체성의 결집과 구체적인 실천가능성에 있어 탐색

---

12. 노숙문제의 대안으로 검토되고 있는 논의들 가운데 하나는 노숙인집단의 조직화를 들 수 있다. 고길섶(1998)은 이들을 문화의 범주에서 새롭게 담론 구성할 것을 제안하면서, 소수문화의 창궐가능성에 대해 조심스럽게 타진하고 있다. 즉 노숙인 집단은 더 이상 자본에 의해 폐기된 산업폐기물이 아닌 사회를 구성하고 스스로의 욕망에 의해 자기조직이 가능한 소수집단의 정체성을 가진다는 것이다. 이와는 달리 서종균(2001)은 노숙인 운동의 필요성을 제기하면서 운동의 주체로서 노숙인집단의 세력화를 강조하고 있으며 이러한 가능성은 다양한 지지체계와의 사회통합적인 균형을 유지하는 가운데 병행되어야 함을 지적하였다.

13. 최근 노숙인의 인권이 유린된 몇몇 사건들이 발생하면서 관련단체의 실무자들과 노숙인들이 중심이 되어 인권문제에 대응하기 위한 시위와 천막농성 등을 펼쳐나갔고, 이를 계기로 노숙인 당사자모임이 구성되어 현재 다양한 활동을 전개해 나가고 있다(노숙인인권공동실천단, 2004). 특히 2004년 여름부터 다양한 시민단체들과 대학생들이 결합하여 '빈민현장 활동'을 기획하고, 노점과 노숙생활체험, 철거투쟁 현장방문 및 지원, 장애인차별 체험, 쪽방과 비닐하우스촌 체험 등을 통해 다양한 빈곤현장의 문제에 참여하는 연대활동을 지속적으로 전개해나가고 있다(문헌준, 2005). 이전과는 달리 노숙 당사자들이 비록 소수이지만 자신의 인권에 대한 옹호 및 실천 활동에 직접 참여하기 시작한 점에서 이후 세력화의 향방에 주목할 만한 사례로 보여진다. 또한 최근 들어 노숙문제를 주거권의 시각에서 조망하고 최저주거의 권리확보를 위한 연구와 시민단체들의 활동도 눈에 띄게 증가하고 있다(한국도시연구소, 2005; 강미연, 김위정, 2005; 노대명, 2004; 이태진, 2004).

적인 차원에서 시도[14]되고 있으며, 다양한 빈민 운동단체들과의 연대를 통해 노숙 당사자의 주체적 운동을 모색하고 있다.

　이처럼 갈등주의적 관점은 자본주의 생산양식에 의한 불평등한 사회구조를 변혁시키기 위해 노숙인집단의 단결과 사회적인 연대를 통한 세력화를 강조하고 있다. 이러한 갈등주의적 담론의 이면에 깔린 논거에는 바로 권력의 비대칭성으로 인한 계급간의 갈등을 들 수 있다. 특히 소수의 자본가계급과 다수의 노동자계급간에 이루어진 권력의 불균형을 해결하기 위해서는 계급적인 투쟁과 연대를 통한 대항세력을 확장해 나가야 한다. 그러나 현실적으로 사회복지학계에서나 실천현장 속에서 그러한 연대적 활동을 모색하고 있는 구체적인 사례[15]를 찾아보기는 매우 어렵다. 사실 사회복지 실천지식은 계급적인 갈등보다는 균형과 통합에, 체제변혁보다는 사회질서와 통제에 주안점을 두고 있기 때문에 사회복지 실천가들이 현실적으로 노숙인집단과 함께 사회개혁을 이끌어내기 위한 운동을 전개하기엔 상당한 제약을

14. 최근 들어 노숙인 세력화의 가시적인 양상이 조금씩 수면 위로 드러나고 있다. 현재 국내에서 노숙문제에 대해 당사자들이 자발적으로 참여하는 활동모임으로 '한울타리(2005년 결성)'와 '홈리스행동(2009년 출범)'이 그것이다. 이들 모임은 다양한 빈민운동단체들과 연대하여 빈민의 인권과 권리를 옹호하는 활동을 펼치고 있다. 무엇보다 조직력과 역량부족, 경험의 부족으로 교육프로그램 등에 수동적으로 참여하던 초기와는 달리 다양한 사회적 소수자들과의 연대적 결합을 통해 사회운동의 주체로서 역량을 확대시켜나가고 있다(정규식, 2009).

15. 이미 앞서 살펴보았듯이 이러한 갈등주의적 목소리는 실상 사회복지실천 내부에서 표출되기보다는 노숙인과 직간접적으로 연관된 시민운동단체들(예로 빈곤사회연대)에 의해 확장되어 왔기 때문에, 때로는 정부의 노숙인 정책과 사회복지의 실천적 대응에 대해 대립적이거나 비판적인 입장을 취하기도 한다(운동단체 실무자와의 인터뷰, 2005). 또한 연구자가 만난 노숙인들 중에는 사회복지정책과 관련 실무자의 태도에 대해 매우 비판적이고 냉소적인 반응을 보이는 이들도 있었다(노숙인과의 인터뷰, 2005). 노숙인의 말을 직접 들어보자. "그 사람들.... 어쩌 보면 우리 같은 사람들이 있으니까, 먹고 사는 거 아닙니까? 물론 좋은 사람들도 있겠지만, 노숙인이라고 너무 함부로 대하고, 업신여기는 게 정말 속상하죠(서울역 노숙인과의 인터뷰, 2005)."

받을 수밖에 없다. 또한 이러한 연대적 운동 속에 인본적 가치와 인권을 강조하는 소수 민간단체와 종교단체들의 자양분을 충분히 흡수하더라도, 자본주의 시장경제로부터 퇴출당하고, 노동자집단에서조차 외면당하고 있는 노숙인들이 세력화의 주체가 되기엔 현실적으로 수많은 난관이 예상된다. 더욱이 기능주의적 접근과 마찬가지로 여기에서도 여전히 노숙인은 억압의 대상, 즉 희생자로 그려지기 때문에 부와 빈곤이라는 양 지점을 가로지르는 정치경제적 논리로 소급되는 문제점을 안고 있다. 다시 말해 기능주의가 정상화의 대상으로 노숙인을 설정해놓은 것처럼, 갈등주의 역시 이들을 억압의 대상으로 환원시켜 계급적 혹은 계층적 정체성을 부여하고 있는 것이다. 과연 노숙인은 자신을 정상화의 대상으로, 억압의 대상으로 표상되는 것에 대해 어떻게 생각하고 있을까?

3. 정신의학적 관점

앞서 살펴본 두 가지 관점은 사회과학의 주류 지식기반에 근간하여 노숙문제를 다루었다면 마지막으로 검토할 이념적 배경으로 거리노숙인에 대한 정신의학적 관점을 들 수 있다. 앞의 두 이론적인 배경이 거시적인 사회구조 속에서 노숙문제를 상정하고 그 대안을 모색한 반면, 정신의학적 관점은 노숙의 상태를 정신질환과의 역학관계에서 그 원인을 찾고 개별화된 치료서비스를 제공하고자 하였다.[16] 다시 말해 노숙의 만성화가 주요 정신과적 유병율과 높은 관련성을 가

---

16. 정신의학적 관점에 관한 국내 연구는 인도주의실천의사협회(1999), 안준호 외(2001), 송홍지 외(2000), 윤명숙(1999) 등이 있다. 이러한 정신의학적 관점에는 주로 정신질환의 진단적 도구를 통해 측정한 연구들과 측정결과에 따른 개별 노숙인의 치료 및 사후 건강관리를 중심으로 한 연구들이 주를 이룬다.

지고 있다는 전제하에 주요 정신과적 장애를 동반하고 있거나 위험 인자를 안고 있는 노숙인에 대한 치료적 개입을 강조하였다. 이러한 정신의학적 관점에 의하면 임상실천가들(의사, 간호사, 임상사회복지사 등)은 의료적인 전문지식을 갖춘 치료자로, 노숙인들은 정신과적 치료의 대상자가 됨으로써 특수한 치료적인 관계를 설정한다. 물론 임상실천가들은 각기 전문적인 영역에 따라 상이한 실천기술을 활용하고 있지만, 궁극적으로 이들은 노숙인의 건강회복을 위한 의료적 모델을 전제하고 있다. 따라서 질병을 중심으로 한 의학적 담론 속에서 전문가집단과 노숙인 사이의 치료적 관계는 가장 핵심적인 요건이며, 무엇보다도 전문가의 역할이 강조되고 있다.

그러나 정신의학적 관점 역시 앞서 논의한 두 관점과 마찬가지로 적잖은 한계를 드러내고 있다. 이 관점은 노숙인 개개인의 신체적, 정신적인 질병 내지 장애에 대한 치료적 접근을 지나치게 강조한 나머지, 복잡하고 다양한 삶의 의미들이 결합되어 있는 노숙문제에 대해, 자칫하면 왜곡된 인식을 더욱 확산시킬 수 있다. 그렇지 않아도 노숙인에 대한 사회적인 인식이 부정적인 상황에서, '비정상인', '정신병자', '알콜중독자'라는 식의 딱지가 덧씌워짐으로써 노숙인에 대한 사회적 차별을 더욱 조장시킬 수 있다는 것이다(Spradley, 1970). 또한 이 담론의 기저에는 개별 노숙인들을 다양한 질병군에 따라 유형화시키고 치료적 공간 속에서 임상전문가에게 의존하는 관계를 전제한다. 이와 같이 임상전문가와 노숙인간의 치료적인 관계는 일견 평등하고 조화로운 동맹관계인 듯 보이지만, 조금만 주의를 기울여보면 전문적인 지식과 기술을 갖춘 임상전문가와 그들의 치료대상인 노숙인 사이에는 불평등한 권력구조가 내재되어 있음을 발견할 수 있다. 그러나 안타까운 사실은 이러한 전문적 실천기술이 안고 있는 권력의 문제에 대해 질문을 던지는 것에 우리 스스로 매우 낯설음을 느끼고 있으며, 더욱이 중요한 것은 이러한 현상들이 의식의 장으로 확연히 드러나지 않는 속성을 지니고 있다는 점이다. 결국 이러한 정신의학적 관점 역시 인간에 관한 의학적, 심리적 언표들을 적극적으로 차용하여 노숙인을 치료와 개입의 대상으로 포섭시키고 있을 뿐, 그들의 삶을 총체적으로 이해하는데 여전히 한계를 가진다.

지금까지 노숙인에 대한 다양한 논의들을 이념적인 배경에 따라 유형화시켜 살펴보았고, 그 주요 특성을 요약하면 〈표 1〉과 같다[17].

〈표 1〉 노숙인에 대한 주요 관점

주요 관점	모델	주요목적	실천방법
기능주의적 사회통합 관점	정상화 모델 (권한부여모델)	노동능력의 제고, 정상적인 사회활동참여 및 사회복귀	정상화, 각종 기술 습득, 자활참여
갈등주의적 관점	세력화 모델	사회구조적 개혁	집단적 연대, 소수 집단의 거부전략
정신의학적 관점	치료 모델	정신적, 육체적 건강 회복	입원 및 수용, 약물치료, 제한적 재활훈련

이상에서 살펴본 세 가지 관점은 오늘날 노숙문제를 바라보는 배경과 그 요인들에 따라 각기 다른 개입목표와 실천전략을 제공해왔다. 하지만 이와 동시에 이들 관점은 대체로 노숙인에 대한 대상화 담론을 지속적으로 생산함으로써 세계 속에 실존하는 노숙인의 고유한

---

17. 유형화의 목적은 다양한 관점들을 유형화시켜 그 담론의 지형도를 드러내기 위함에 있다. 그러나 생활세계에서 펼쳐지고 있는 수많은 현상들은 시시각각으로 다양한 주체들에 의해 끊임없이 변형되고 중첩되면서 그 모습을 탈바꿈하고 있다.

삶의 경험과 그 의미를 총체적으로 이해하는데 한계를 드러냈다. 이에 따라 노숙인을 그 자신의 세계이해로부터 분리시키고 표상시키는 인식론적 관점에서 벗어나 노숙인의 고유한 목소리에 귀를 기울이고, 다양한 의미지평을 드러내는 대안적 연구들을 살펴보기로 하겠다.

제3절 대안적 연구동향과 한계

지금까지 노숙인에 관한 연구들은 주로 이들의 역기능적인 문제에 초점을 둔 연구들이 압도적인 우위를 차지해왔다. 우리보다 앞서 노숙 문제의 사회적 심각성을 인식해온 서구사회는 이미 1970년대부터 홈리스에 관한 대대적인 실태조사를 착수하면서 그 원인과 노숙과정 및 단계들을[18] 규명하는 동시에 홈리스 예방과 지원을 위한 정책과 프로그램 개발을 활발하게 전개해왔다. 하지만 이러한 연구들은 자칫 외부자적인 시각에서 홈리스의 문제를 규정해버리고, 더구나 이들에 대한 부정적인 선입견을 조성함으로써 홈리스가 경험하는 삶의 맥락을 왜곡시키는 오류를 범하기 쉽다는 비판을 받아왔다. 다시 말해 기존의 연구들이 부분적이고, 탈맥락적이며 지나치게 병리학적인 경향을 보인다는 점이다(Snow & Anderson 외, 1994). 이러한 외부자적 시각에 문제를 제기하고, 경험주체의 관점에서 그들 자신의 시공간적 경험을 기술하고 현상에 대한 의미를 도출하려는 대안적인 연구들[19] - 주로 민속지학, 참여관찰, 현상학적 방법 등을 활용한 질적 연구들 - 이 지속적으로 이루어졌다. 우선 이러한 연구들은 다양한

---

18. 국외의 노숙인에 관한 이론적 논의로는 Bahr(1973), Baumann & Grigsby(1988), Grigsby et al.(1990), Shinn & Weitzman(1990), Goodman et al.(1991), Hertzberg(1992), Cohen(1994), Wright et al.(1998), McNaught & Bhugra(1996) 등이 있다.

유형의 홈리스 집단 - 남성, 여성, 아동, 청소년, 가족 - 의 경험적 내
러티브를 통하여 홈리스로서 자신의 정체성을 구축하는 과정에 대
한 이해와 하위문화에 대한 기존의 제한된 설명방식을 확장시키는데
기여하였다(Snow, D. & Anderson, L., 1987; Hill, 1991; Hodnicki et al.,
1992). 또한 노숙인에 관한 부정적이고, 일탈적인 만성화 과정에 치우
친 기술방식에서 벗어나, 홈리스들이 겪게 되는 사회적 고립현상에
대한 보다 통합적인 해석(Baumann, 1993; Lafuente & Lane, 1995)과 아
울러 위기상황에서도 자신의 건강과 생존에 필요한 문제해결능력과
자율성을 가지고 끊임없이 도전을 시도하면서 긍정적인 자아를 형성
하는 존재임을 강조하였다(McCormack and Gooding, 1993; Montgom-
ery, 1994; Thrasher and Mowbray, 1995; Sumerlin, 1996; Sumerlin and
Bundrick, 1997; Boydell et al., 2000). 최근에 와서는 홈리스의 건강문
제와 관련하여 건강보호 전달체계에서 이들이 경험하게 되는 다양한
불이익과 욕구들에 관련된 질적인 연구가 활발하게 이루어지고 있는
실정이다(Wen et al., 2007; Daiski, 2007; Martins, D., 2008). 그런데 이
러한 내부자의 시각에서 홈리스의 경험세계를 다양하게 탐구하려는
노력에도 불구하고, 이러한 대안적 연구들 역시 홈리스의 총체적인
삶의 경험을 기존의 이론적 개념들 - 주로 심리사회적, 정신·병리학적
언어들 - 에 국한시켜 홈리스의 세계에 들어와 있는 사회적 맥락과 시
공간적 의미지평을 통합적으로 밝혀내지 못하는 한계를 드러냈다.
　한편 국내에서도 기존의 노숙인 연구에 대한 문제의식을 바탕으로

---

19. 국외의 대안적 연구들에는 Snow & Anderson(1987), Hill(1991), Hodnicki et al.,(1992),
　　Baumann (1993), McCormack & Gooding(1993), Montgomery(1994), Lafuente &
　　Lane(1995), Thrasher and Mowbray(1995), Sumerlin(1996), Sumerlin and Bun-
　　drick(1997), Boydell et al(2000), De Forge et al.(2001), Wen et al(2007), Daiski(2007),
　　Martins(2008) 등이 있다.

IMF 경제위기 이후 등장한 '실직노숙자'에서부터 기존의 '거리노숙인', '여성노숙인' 등을 보다 역동적으로 이해하려는 질적인 연구들이 본격적으로 수행되어왔다. 그 중에서도 내부자의 '체험'에 기초하여 노숙인의 생활세계와 그 의미지평을 탐구한 연구들[20]은 기존과는 다른 이해와 해석을 시도함으로써 이들에 대한 보다 폭넓은 이해지평을 마련하는데 기여하였다. 무엇보다 이러한 연구들은 체험 주체가 겪은 경험들을 그들의 목소리를 통해 그 고유한 의미지평을 밝혀낸다는 점에서 큰 의의가 있다. 이를테면, 기존의 노숙인에 대한 논의들이 주로 결핍모델에 입각하여 이들을 '보호와 지원이 필요한 대상'으로 규정하거나 수동적이고 일탈적인 존재로 해석하는 방식이었다면, 내부자의 경험과 이해에 기초한 연구들은 노숙인들을 주체적인 '성인학습자' 내지 거리세계에서 살아남기 위한 '능동적인 행위자'의 다양한 존재양태를 드러내주었다. 특히 '노숙'이라는 예기치 못한 낯선 체험 속에서 자아와 세계의 의미를 '재형성'해 가는 역동적인 '적응과정'에 주목하면서, 노숙인의 삶을 보다 입체적으로 드러내고자 노력하였다(정혜령, 1999; 최우림, 2000; 서정화, 2005). 또한 노숙인 스스로 자신의 정체성과 문화를 규정하는 방식을 드러냄으로써 노숙인의 독특한 생활양식을 밝혀내고, 주류사회가 지배하는 일상의 공간으로부터 거리 노숙인들이 생산하는 차이의 공간을 지리학적 지형도를 통해 분석한 연구들도 이루어졌다(안준희, 2000; 김준호, 2010). 특히 민속지학과 지리학적 분석을 활용하여 우리사회의 지배적인 담론과 가치체계에서 벗어나 게으르고 부도덕한 존재로 비쳐지는 이들의 생활방식이

---

20. 국내 노숙인에 관한 질적 연구에는 정혜령(1999), 안준희(2000), 최우림(2000), 원정숙(2001), 강미연·김위정(2005), 김진미(2005), 서정화(2005), 문정우(2006), 심미영(2007), 이현미(2007), 홍봉식(2008), 김준호(2010) 등이 있다.

사실 안정된 주거와 일자리를 확보하지 못한 채 살아가야 하는 노숙인들의 독특한 적응전략임을 밝혀낸 점에서 주목할 만한 의의를 지니고 있다. 그 밖에도 사회적 배제의 관점에 입각해 노숙인의 다양한 결핍된 욕구들 - 주거, 보건의료, 복지권 등 -을 구체적으로 드러내고, 그 해결방안을 제시하는 질적 연구들도 병행되었다(김진미, 2005; 심미영, 2007). 이러한 연구들은 사회로부터 배제된 노숙인들을 위한 사회적 안전망 구축과 사회복지의 다양한 지지체계의 중요성을 거듭 강조하는 특징을 지니고 있다.

　지금까지 살펴본 노숙인에 관련된 질적인 연구들은 기존의 노숙인 연구와는 다른 차원으로 연구의 초점을 이동시켜 참여자의 시공간을 확보하고, 그들의 목소리를 세상 밖으로 드러냄으로써 주류사회에 내재된 지배적인 담론과는 다른 해석의 가능성을 열어준 점에서 커다란 의의를 갖는다. 그럼에도 불구하고 이러한 대안적 연구들 역시 몇 가지 한계를 지니고 있다. 우선 대다수 질적 연구들도 기존의 이론적, 실증적 연구들과 마찬가지로 특정한 이론적 개념-심리사회적 외상, 일탈, 사회적 배제 등-에 기대어 노숙인의 삶을 해석함으로써 자칫 내부자의 의미지평을 이론적 언어 속으로 다시 규정해버리는 순환논리에 빠지고 있다. 또한 이러한 연구들에는 연구자가 의도했던 의도하지 않았건 주류세계의 선이해 내지 지배담론이 암묵적으로 반영되어 있다 보니, 애초에 노숙현상을 물질적 기반의 결핍(상실) 문제로 전제해버리거나 심리사회적 장애(질병)로 앞서 해석함으로써 오히려 사태 속에 은폐된 실존의 이면성과 의미지평을 풍부하게 해석해내지 못하는 한계를 드러내 보였다. 결국 이론적, 실증적인 언어에 '표상된' 노숙현상을 경험주체의 목소리를 통해 있는 그대로 드러내기 위해 시도된 대안적 연구들조차도 여전히 주류세계의 담론과 선입견에 가로막혀 제한된 이해와 해석만을 확보할 수밖에 없는 것이다. 그런데 그것은 어쩌면 우리가 언어의 문제를 지나치게 기능적이고 도구적인 '수단'으로 담금질한 탓이기도 하겠지만, 그보다 더 근원적인 문제는 더 이상 언어를 '존재론적으로' 사유할 수 있는 여지를 박탈당했기 때문은 아닐까? 이러한 물음은 결국 연구자로 하여금 노숙인의 삶을 존재론적 차원에서 이해하기 위해 그때마다 드러난 사태에 대한 반성적 물음을 던지는 현상학적 태도-판단중지와 거리두기-를 견지하면서 텍스트로부터 실존의 언어를 찾아내는 해석학적 탐구를 수행하도록 이끌었다. 인간은 자신의 존재의미를 끊임없이 그때마다 이해하고 해석해나가는 존재라는 점을 명심하면서 노숙인의 거주상실을 통해 바로 공동존재로서 함께 묶여 있는 인간에게 거주의 의미가 무엇인지를 밝히고자 한다.

연구방법

노숙인의 거주상실 체험에 대한
현상학적 탐구

제3장

연구방법

제1절 현상의 본질에 대한 탐구방법으로서 '현상학'

1. 현상학의 등장과 의의

19세기 중반이후 개별과학의 비약적 발전 속에서 소위 객관적 경험을 토대로 삼은 실증주의 사조가 등장하면서 자연과학뿐 아니라 역사학, 정신과학, 문헌학 등과 같은 인접 학문에 막대한 영향을 미치게 되었다. 이러한 실증주의적 사조는 다양한 사태영역을 무시하고 특정한 인식원리를 일반화시켜 모든 사태에 무차별적으로 적용하는 이성중심의 사유방식이라 할 수 있다. 이러한 사태에 반기를 들고 20세기 초에 등장한 현상학은 후설(Husserl)[1])에 의해 인간과학을 새롭게 규명하는 엄밀한 방법론으로 정식화된다. 후설은 현상학을 존재자를 총체적이고 보편적인 관점에서 파악할 수 있는 학문으로 정립시

키는데 있어, 인간의 본질로서 '의식²⁾'을 강조한다. 그는 사태의 본성
을 합당하게 파악하기 위한 현상학적 방법으로, 즉 "사태자체로" 나
아가기 위해 '판단중지를 통한 현상학적 환원'의 방법을 추구한다. 여
기서 현상학적 환원이란 사태를 근원적으로 드러내주는 직관이 모든
인식의 원천으로써, 그 어떠한 권위, 전제에도 구속됨이 없이 스스로
사태 자체를 직관할 때에만 참다운 인식이 획득된다는 입장을 취한
다(이남인, 2004).

그러나 그의 방법은 그의 제자인 하이데거를 비롯해 당시 현상학
계열에 있던 철학자들에게 비판받게 되는데, 그 주된 논점은 후설 역
시 사태자체에 필연적으로 전제되어 있는 인간 체험들의 사실성과 개
별성을 배격하고, 순수한 절대의식을 규명하는 선험적 현상학으로 빠
져버렸다는 것이다(이기상, 1985). 그럼에도 후설의 현상학은 후기의
생활세계적 현상학에서 인간을 인식론적 주관으로서가 아니라 신체
를 가지고 사물과 타인들이 있는 세계 속에서 지각하고 생활하는 세
계내존재로 다시 환기시켰고, 세계대전의 상흔으로 뒤흔들린 서구사
회에서 인간의 실존문제에 천착한 실존주의 철학과 함께 현상학적
운동의 기폭제로 작용한 것만큼은 분명한 사실이다(한전숙, 1985). 이
와 같이 현상학과 실존철학은 20세기 이성중심의 실증적 과학주의에

---

1. 후설은 20세기 독일의 철학자로 그의 주저인 『논리연구 I, II』(1900~01)에서 자신의 철
   학을 현상학으로 명명하면서 실존철학의 발전에 커다란 발판을 제공하였다. 이후 현상학
   의 지평은 그의 제자들인 하이데거(Heidegger)와 그 외에도 가다머(Gadamer), 사르트
   르(Sartre), 메를로-뽕티(Merleau-Ponty) 등에 의해 독창적으로 재해석되면서 전개되었다.
2. 후설에게 '의식'은 반성력, 수학적 사유능력, 과학적 탐구능력, 예술적 심성, 종교적 심성,
   도덕적 심성, 지각, 감각, 욕구, 감정, 기분, 본능, 충동 등 일체의 영혼활동을 지칭하는 매
   우 포괄적인 개념으로, 그 본질적 특성을 '지향성'에 두고 있다. 여기서 지향성은 '의식은
   언제나 무엇과 관련을 맺고 있다'는 의식의 본질속성을 지칭하는 개념으로, 다시 말해 존
   재자와 의식 사이에 독특한 상관관계(노에마와 노에시스의 관계)가 존재하며, 그러한 원
   리를 탐구하는 것이 현상학이라고 본다(이남인, 2004).

제동을 걸고, 이론에 소급된 실천을 되살려내어 인간의 구체적이고 역동적인 삶의 맥락에서 실존의 의미를 새롭게 해석하고자 노력해왔다. 그렇다면 현상학과 실존철학이 세계와 인간에 대한 이해를 어떻게 확장시켰고, 그 의의는 무엇인가?

우선 현상학은 인간에 대한 이해를 새롭게 확장시켰다. 즉 근대적 사유에 기반한 "사유하는 나"로부터 인간을 인식의 대상으로 규정하고 있음을 비판하고, 인간의 유한성 다시 말해 죽을 수밖에 없는 인간의 실존적 한계를 다시 물어나간다. 이제 '나'라는 존재는 육체로부터 해방된 사유로서의 주체도 아니고 순수의식으로서의 초월론적 자아도 아닌 육체를 가진 존재로서 지금 여기 살고 있는 구체적이고 개별적인 바로 '나'인 것이다(이기상, 2002). 메를로 퐁티가 지적한 대로, 인간이란 신체를 통해서 세계를 지각하는 즉, 체험적 주체로서 세계 내에 존재하며, 이러한 신체를 통하여 직접적으로 지각되는 체험적 세계를 발견하고 기술하는 것이 바로 현상학의 과제인 것이다(조광제, 2004). 이렇듯 육체를 가진 인간은 언제나 상황 속에 내던져져 있는 존재이며 이러한 상황 속에서 인간은 선택의 여지없이 주어진 세계에서 통용되는 삶의 논리와 문법을 배우며 그 세계의 일원으로 살 수밖에 없다. 그러나 세계 내 존재하는 인간은 단지 주어진 상황에 무기력하게 운명지어져 살아갈 수밖에 없는 존재로 머무는 것이 아닌, 그 자신의 죽음을 하나의 가능성으로 선취하여 그 가능성 아래에서 자신의 존재가능성을 기획하여 현재를 살아간다. 여기에 현상학적 물음거리가 인간존재의 근원적인 의미를 파헤쳐 나가는 매우 중대한 역할을 담당한다고 볼 수 있다. 하이데거는 바로 현존재(인간)가 시간적, 역사적 존재로 자신을 이해하고 있음에 주목한다. 즉 단순히 사실적인 현전으로 있는 존재자가 아니라 과거를 떠맡고 미래를 기획투사하며 그 가능성 아래에서 현재를 존재해나가는 시간적 존재인 동시에 그 시간 속에서 구체적으로 일어나는 나의 존재적 사건인 역사적 존재인 것이다. 따라서 인간의 역사성은 바로 인간이 시간적으로 존재함에 근거를 두고 있으며, 자신의 역사적 상황을 떠맡아 결단을 내려 새로운 역사적 지평을 열어나가야 할 임무를 띠고 있는 것이다(이기상, 2002).

또한 현상학은 인간을 고립된 자아가 아니라 세계 속에 존재하면서 자신의 실존세계를 구축해 나가는 해석학적 주체로 확장시켰다. 즉 인간의 본질에 이미 세계형성이 속해 있기에 인간은 이해의 지평을 확장해 나가면서 자신이 속해 있는 세계의 지평을 넓혀 나가고, 그렇기 때문에 인간의 세계는 시대적으로 문화적으로 다양한 형태를 띠고 있는 것이다. 흔히 현상학이 다양성과 차이를 무시한 동일성으로의 회귀를 지향한다는 비판의 목소리도 있어왔지만, 실제 현상학은 특정 세계에서 통용되는 원리만을 유일한 세계의 논리로 소급시키는 일체의 독단적 사유를 거부하고 오히려 다양한 삶을 기술하고 거기에 내재된 의미지평을 해석해 내고자 한다. 가다머에 따르면, 인간은 언제나 전승된 텍스트와의 해석학적 대화관계에 참여함으로써 세계이해의 지평을 형성하고 융합시키는 존재이다. 그러나 여기에서 현존재는 실제로 능동적인 자기실현의 운동만을 구축하는 존재자로서 뿐만 아니라 이미 자신의 역사성에 제약되어 있는 존재이기도 하다. 따라서 세계를 형성하고 이해하는 해석학적 주체는 주체와 객체의 도식적 분리를 통한 주체의 우위를 획득하는 존재가 아니라 자신이 놓여 있는 역사적 조건과 해석학적 상황에 얽매여서 인간의 관계맺음에 걸려 있는 총체적인 존재이해의 문제에 참여하고 있는 존재인 것이다. 결국 해석학적 현상학적 탐구는 각기 다른 문화와 역사에 각

기 다른 세계가 있으며, 그것을 통해 다른 이해의 지평이 열어 밝혀
져 있고 각기 다른 삶의 논리가 전개되고 있음을 통찰할 수 있게 하
였다(이기상, 2002).

　그렇다면 실존주의의 철학사조와 함께 등장한 현상학이 인간과학
으로서 사회복지학문 연구에 기여할 수 있는 측면들은 무엇일까? 우
선 현상학은 실증주의의 영향 이후 인간을 의식의 대상-'클라이언트'
내지 '대상자'라는 이름을 통해-으로 규정하고 개입해온 사회복지학
의 대상적 사유에 틈새를 벌리고, 인간과 세계에 대한 이해를 확장시
켰다. 이미 자신에 대한 존재이해를 가지고 세계 내에 존재하는 인간
의 고유한 경험세계를 새롭게 발견하고 기술하려는 현상학적 태도는
인간을 계량적인 도구에 가두어버린 채 그 존재의미를 망각한 사회
복지학문의 근원적인 목적을 다시금 회복시켜 줄 것이다. 그것은 바
로 인간의 존재의미로서 드러난 '보살핌'이 궁극적으로 사회복지학이
지향하는 바임을 일깨워주고, 이론에 소급된 사회복지 실천의 의미를
되살리는 길이다. 또한 현상학은 다양한 인간의 의미지평을 해석한다
는 점에서 사회복지학의 가치를 반영하고 있다. 각기 다른 문화와 역
사를 살아온 인간의 다양성과 차이를 지향하는 현상학은 타인의 세
계에 대한 관심과 공존의 가치를 추구하는 사회복지 전문가와 실천
가에게 열린 태도와 끊임없는 자기 성찰의 기회를 제공해줄 수 있다.
현상학적 탐구는 낯선 타인의 삶에 들어가 그들의 삶과 언어를 배움
으로써 우리가 미처 알지 못했거나 간과해버린 의미들을 밝혀내고,
사회복지사로서 우리 자신의 이해지평을 넓히는데 도움을 줄 것이다.

2. 해석학적 현상학적 방법

가. 밴 매넌(van Manen)의 해석학적 현상학적 방법

인간과 세계에 대한 의미지평을 탐구하는 현상학적 방법은 노숙인의 거주체험의 의미를 밝히고 궁극적으로 인간의 '거주함'의 본질에 물음을 던지는 연구자에게 매우 중요한 길잡이가 되었다. 특히 하이데거의 존재론과 해석학적 현상학에 기초를 둔 밴 매넌의 연구방법은 구체적인 체험에 대한 글쓰기에서 요구되는 절차와 방향성을 제공해 주고 있다(van Manen, 1990). 일상세계의 체험에 대한 텍스트적 반성을 통해 그 의미를 새롭게 해석하려는 해석학적 현상학은 그 자체의 고유한 특징을 지니고 있다. 첫째 현상학적 연구는 어떤 사물에 대한 객관적 사실이 아닌 세계와 사물에 대한 인간의 '체험'을 연구한다. 특히 반성 이전에 직접 겪은 대로의 세계, 즉 생활세계를 연구하는 현상학은 세계에 대한 설명 내지 통제를 가능하게 하는 이론을 제공해주기 보다 우리가 세계와 보다 직접적으로 접촉할 수 있는 통찰을 가능케 해준다. 둘째 현상학적 연구는 인식에 나타나는 대로의 현상을 해명한다. 의식은 인간이 세계에 접근할 수 있는 유일한 통로이며 우리가 세계와 관계를 맺고 있는 것도 바로 의식이 있기에 가능한 것이다. 그러므로 의식 밖에 있는 것은 우리의 가능한 체험을 벗어난 것이다. 따라서 현상학적 반성은 내성적(introspective) 반성이 아니라 언제나 회고적(retrospective) 반성인 것이다. 다시 말해 체험에 대한 반성은 언제나 회고적, 즉 이미 지나가 버렸거나 이미 겪은 체험에 대한 반성이다. 셋째 현상학은 현상의 '본질', 즉 어떤 것이 바로 그것으로 만드는 것, 그리고 그것 없이는 어떤 것이 바로 그것일 수 없는 바를 추구한다. 어떤 현상의 본질은 그 현상의 특수한 양태들을 가능케 하는 구조를 밝혀주는 보편적 성격을 의미한다. 달리 말해, 현상학은 체험의 구조, 체험의 내적 의미구조를 드러내고 기술하려는 체계적인 시도이다. 그런데 이러한 본질은 구체적인 일상의 체험을 통해서 직관하거나 파악할 수 있다. 그리하여 현상학 연구는 언제나 생활세계의 체험을 그 원천으로 삼고 그러한 체험의 실존적 '의미'를 연구한다. 변수들 사이의 통계적 관계나 사회여론, 빈도 등에 초점을 맞추는 실증적인 연구와는 다르게 현상학은 의미를 깊이 있고 풍부하게 기술하고 해석하는데 관심을 가지고 있다. 하지만 현상학의 고유한 특징들 가운데서도 현상학을 가장 잘 표현해주는 단어를 찾는다면 단연 '마음씀(觀心)'일 것이다. 하이데거는 인간실존의 궁극적인 본질을 '마음씀'으로 규명하였다. 즉 '마음씀(Sorge)[3]'이야말로 인간이 세상에 거주하는 근원적인 존재양식인 것이다. 그런데 관심을 통하여 주위세계와 친숙하게 관계를 맺게 되는 인간은 우선 대개 일상적 관심(배려, Besorge)[4]을 가지고 살아가며, 일상적 관심은 언제나 타인에 대한 관심(심려, Fürsorge)[5]으로 열려있다. 따라서 인간에 대한 사려 깊은 관심을 가진 연구자들에게 현상학은 언제나 인간의 존재의미를 숙고할 수 있는 기회를 제공해준다.

그렇다면 현상학적 연구에서 글쓰기는 어떤 절차와 방법으로 이루

---

3. 우리는 살아가는 동안 수많은 문제들에 접하게 된다. 만약 "노숙문제"에 직면해 있다면, 이미 "노숙"이라는 낱말의 의미는 물론 그것과 관련된 것들도 나름대로 이해하고 있어야만 한다. 우리가 그 문제에 대해서 묻고 있는 한, 우리들에게는 물음을 묻고 있는 우리들 자신이 이미 열어 밝혀져 있는 셈이다. 따라서 어떤 문제를 제대로 해명하여 거기에 합당한 해결책을 찾고자 한다면, 우리는 먼저 그러한 문제를 이해하며 그것에 대해서 물음을 물을 줄 아는 우리들 "자신"의 존재를 이해하고 있어야 한다. 이렇게 물음의 가능성을 자신의 가능성으로 가지고 있는 존재자를 현존재라 부르며, 자신의 존재가능성이 '마음씀(Sorge)'의 구조를 지닌다(이기상, 구연상, 1998).

어질 수 있는가? 밴 매넌은 인간과학에서 해석학적 현상학적 연구가 지향하는 방법들을 여섯 가지 단계로 구조화시켜 이들 사이의 역동적인 상호작용을 강조하였다. 그가 제시하는 연구과정을 간략하게 소개하면 다음과 같다(van Manen, 1990).

첫째, 우리의 관심을 불러일으키는 체험의 본성으로 돌아간다. 이는 어떤 탐구에 몸을 던지는 것이고, 그것의 참된 본질에 대한 물음을 던지는 것이다. 그것은 현상학적 연구가 결코 현실과 동떨어져 이루어지는 것이 아니라 특수한 개인적, 사회적, 역사적 생활환경 속에 내던져진 인간실존을 이해하려는 태도와 연결된다.

둘째, 경험을 개념화하기 보다는 겪은 대로 탐구한다. 즉 체험의 현상으로 돌아간다는 것이 세계에 대한 기본적인 경험을 다시 일깨움으로써 세계를 보는 법을 다시 배운다는 것을 의미한다. 후설의 표현대로 그것은 '사태 자체로!' 돌아가는 것이다. 현상학적 연구를 진행할 때 연구자는 타인과 더불어 살아가는 공동세계에 그 자신을 던지고 거기에서 발생하는 사태들을 경험한 대로 기술해야 한다.

---

4. 일상적 관심(배려)은 일차적으로 현존재가 자신의 "존재가능" 때문에 어떤 일에 마음을 쏟으며 그 일에 적합한 도구를 사용하는 것을 의미한다. 현존재는 "~하기 위한 것"으로서의 "도구"를 자신이 하고자 하는 어떤 "일"을 위하여 사용한다. 따라서 도구에 속하는 "위하여-연관"은 현존재의 존재가능에서 끝을 맺는다. 또 도구에서 "그것을 가지고 어디에"라는 구조를 그 도구가 사용될 수 있는 상황 또는 사태, 즉 "사용사태"라고 부른다. 예컨대 제작의 방면에서부터 방향 잡혀진 "위하여-연관"은 현존재가 자신의 존재를 보호하기 위하여 집을 짓는다는 것과 관련된다. 현존재는 "자신"을 "보호하기 위하여" 집 짓는 것을 배려한다(이기상, 구연상, 1998).
5. 타인들은 결코 나를 제외한 나머지 다른 사람들을 뜻하지 않고, 오히려 그들은 우리들 자신과 구별되지 않는, 아니 우리들 자신이 바로 그러한 사람들에 속하는 "사람들"인 것이다. 우리는 타인들과 더불어 "함께 있다."우리들이 타인들에게 마음 쓰는 방식, 즉 "타인들"에 대한 다양한 방식의 관계맺음을 심려(心慮)라고 부른다. 우리는 타인들을 위해서 긍정적으로 마음을 써줄 수도 있고, 물론 부정적으로 마음을 쓸 수 있다(이기상, 구연상, 1998).

셋째, 현상을 특징짓는 본질적 주제에 대해 반성한다. 체험에 대한 반성은 특수한 경험에 대한 의미를 부여하는 것이 무엇인지를 사려 깊게 파악하는 것이다. 즉 현상학적 연구는 인간의 실존을 구성하는 신체, 타자, 공간, 시간에 관한 경험에 대해서 과연 이러한 체험의 본성이 무엇인지를 반성적으로 접근하는 것이다.

넷째, 글쓰기와 고쳐 쓰기의 기술을 통해 현상을 기술한다. 글쓰기는 단지 연구결과를 작성하는 기술방법에 지나는 것이 아니라 본연의 모습대로 스스로를 보여주는 것, 즉 현상에 언어를 적용하는 것이다. 하이데거의 말처럼, "우리가 사물을 사물이 스스로를 보여 주는 그대로 보게 하는 것"이 바로 현상학적 글쓰기의 주된 활동이다.

다섯째, 현상에 대한 지향적 관계를 유지한다. 이것은 어떤 현상에 대해 사변적이거나 추상적인 개념과 이론에 빠지려는 유혹을 견디고, 그 현상에 대한 근본적인 물음과 강력한 지향적인 관계를 끝까지 유지하려는 연구자의 노력에 달려있다.

마지막으로, 부분과 전체를 고려함으로써 연구의 균형을 잡아 나간다. 질적 연구는 텍스트의 전체구조에서 부분이 차지하는 의미에 대해 유념해야 하지만, 글쓰기에 지나치게 몰두하게 될 경우 어디에서 무엇을 해야 할지, 어떻게 빠져 나와야 할지를 알지 못하고 헤매는 경우가 종종 발생한다. 때때로 뒤로 물러서서 전체를 바라보고 전후관계를 살펴보고, 각 부분이 전체에 어떻게 도움을 주어야 하는지를 살펴볼 필요가 있다.

이상과 같이 밴 매넌은 현상학적 글쓰기를 위해 여섯 개의 방법론적 주제들을 범주화시켰다. 물론 이러한 방법론에는 절차와 순서가 존재하지만, 그렇다고 한 단계를 실행하고 완료한 뒤에 다음 단계로 나아가야 한다는 것을 뜻하지 않는다. 이러한 구분은 그의 말대로 '자의

적이고 위험할 수 있기' 때문이다. 맹목적으로 따라야 하는 획일적인 연구절차가 존재하지 않듯이 그의 방법론은 여행을 갈 때 지녀야 하는 지도 내지 나침반 역할을 해줌으로써 방향을 잃고 길을 헤맬 때마다 연구자가 서있는 위치를 확인시켜주고, 애초에 던진 물음으로 돌아갈 수 있게 해주었다. 이미 앞서 밝혔듯이 여섯 가지 단계들은 역동적인 상호작용 속에 섞여 있다는 점을 상기하면서 연구자는 텍스트적 반성과 글쓰기를 동시에 수행해나갈 수 있었다.

나. 생활세계의 근원적 구조로서 네 가지 실존체(Existentials)

또한 수집된 자료들은 생활세계의 기본구조로 밴 매넌이 제시한 네 가지 실존범주를 중심으로 반성되었다. 인간이 어떤 역사적, 문화적, 사회적 상황에 처해 있던 상관없이 모든 인간이 경험하는 생활세계의 체험에는 몸, 타자, 공간, 시간이라는 네 가지 실존체가 기본적인 구조를 이루고 있다. 세계 속에 존재하는 인간의 존재론적인 구조에 속하는 각각의 실존범주를 간략하게 설명하면 다음과 같다.

우선 우리는 몸으로 세계에 존재하며 몸을 통해서 세계와 만난다. 메를로-퐁티의 말처럼 몸은 스스로 느끼고 지각하는 자기로서의 몸이며 세상과 교류하는 주체로서의 몸이다(조광제, 2004). 그것은 우리가 세계 속에 몸적으로 존재한다는 현상학적 사실을 가리킨다. 어떤 사람을 만날 때 우리는 먼저 몸을 통해 타인을 만난다. 물질적 혹은 신체적 현존 속에서 우리는 자신들과 관련된 어떤 것을 드러내는 동시에 어떤 것을 숨기는데, 이러한 행위는 상당부분 자신도 모르는 사이에 무심코 이루어진다. 이를테면 노숙인의 신체가 어떤 사람의 눈길의 대상이 될 때, 그 신체는 한순간 자연스러움을 잃어버리고 한없이 위축되거나 격양될 수 있는데, 이러한 사실을 통해 세계와 직접적인 소통을 하는 지각 장으로써 몸이 현상학적 반성(분석)을 위한 실존범주로써 고려되는 것이다.

두 번째 실존범주는 우리가 타자와 공유하는 대인적 공간에서 타자들과 유지하는 체험적 관계이다. 나는 이 세계에서 혼자 사는 것이 아니고, 세계-내-존재로서 현사실적으로 남들과 더불어 살고 있다. 하이데거에 따르면, 타자는 나와 함께 공동의 세계를 형성하면서 그 속에 함께 살고 있는 '공동현존재'(Mitdasein)로서 언제나 나의 타자이다(하이데거, 1979). 엄밀하게 말하면 나는 본질적으로 공동 현존재인 것이다. 그렇기 때문에 나는 우선 독자적인 나 자신으로 존재하는 것이 아니라 늘 일상성 속에 살고 있는 나와 남들을 일컫는 세인(世人, das Man)으로 존재한다. 즉 나는 세인이라는 방식으로 이미 타자인 것이다. 우리가 홀로 있다는 것은 이 공동 현존재의 한 결여적 존재양식일 뿐이며, 인간은 애초부터 홀로 있을 수 없는 존재자이다. 이처럼 하이데거의 타자 개념은 나 자신과 타자를 구분시켜 설명해온 종래의 유아론적 인식론에서 벗어나 실존론적인 차원에서 우리 자신을 타자의 존재방식으로서 해석해냄으로써 관계의 본질에 물음을 던지는 연구자에게 중대한 실마리를 제공해주었다. 따라서 체험된 관계성은 노숙인의 관계의 본질이 무엇인지를 파악하는데 결코 빠져서는 안 될 분석범주로 다루어져야 한다.

세 번째 실존범주로서 체험된 공간은 측정가능한 수학적 공간이나 거리가 아니고 우리가 느끼고 체험하는 공간이다. 다시 말해 체험적 공간의 경험은 대개 말 이전의 것으로 인간실존의 존재방식으로부터 이해되어야 한다. 우리는 보통 공간에 관해 반성하지 않는다. 우리는 일상적으로 '거기까지는 담배 한 대 피는 거리'라고 말한다. 그 거리와 시간은 일상적 배려에 익숙해진 거리이고 시간이다. 하이데거에 따르면 인간에게는 '가까움'을 지향하는 본질적 경향이 있으며, 실존론적으로 멂과 간격은 '거리제거' 즉 가까이함에서 이해되어야 한다. 현대문명의 총아인 라디오, 전화, TV, 인터넷, 이메일 등은 모두 이 거리제거의 두드러진 현상이다(하이데거, 1979). 생활세계에서 '저기'에서 다가오는 친구가 내가 짚고 있는 지팡이보다 가까이 있으며, 내 발밑 길바닥은 100미터 앞에 있는 골목보다도 멀다. 이처럼 현존재(인간)은 "자신이 있는 '여기'를 환경세계의 '저기'로부터 이해한다. 그런데 여기는 주체에 의해 인식되어진 '어디'가 아니라, 거리 제거하는 현존재가 이 거리 제거와 일치해서, …에 몰입해 있는 '어디'인 것이다." 현존재는 일상적으로는 '여기'에 있지 않고, '저기'에 있으며 저기로부터 여기로 돌아온다. 다시 말해 현존재는 배려거리가 있는 '저기'로부터 자신의 '여기'로 돌아오는 것이다. 따라서 체험적 공간은 우리가 일상적으로 실존의 사건들을 경험하는 공간을 탐구하기 위한 범주이다. 그것은 체험적 삶의 근원적인 의미들을 발견하는데 또 다른 원천을 제공해 줄 것이다.

마지막으로 체험된 시간은 시계를 통해 알 수 있는 물리적 시간 개념이 아니고 우리가 체험하는 실존적 시간을 말한다. 체험은 시간의 구조 속에서 형상화되며 개인에 의해 체험된 시간은 세계 안에 존재하는 방식인 것이다. 하이데거에 따르면 시간성은 늘 '마음씀 속에 존재하는 인간실존의 의미 자체'로 여겨졌다. 즉 인간의 마음씀은 시간적 구조를 가지고 있다(하이데거, 1979). 그런데 인간은 죽음에 이르는 존재로 일상적으로는 타인들의 삶을 살면서 자신의 죽음(가능성)과는 거리를 둔 삶을 살아간다. 물론 '사람은 누구나 죽는다'는 것을 잘 알고 있지만, 당장 자기 자신에게 해당되지 않는다'고 자위하면서 독자적 가능성인 죽음에 대한 불안으로부터 도망쳐 일상 속에 몰입한다. 그 이유는 죽음이 실재적인 것으로 실현되기를 기대하는 사람은 아무도 없기 때문이다. 하지만 어느 날 문득 '산다는 것'이 낯선 물음으로 찾아드는 순간, 우리는 죽음 앞에서 불안에 떨면서 매순간 자기를 돌아보는 계기로 삼을 수밖에 없다. 그러기 위해서는 죽음[6] 앞에 바싹 다가갈 필요가 있다. 하이데거는 이러한 용기를 '죽음으로의 선구'라고 표현하면서 자신의 죽음이 언제 닥쳐올는지 모르기 때문에 세계의 부단한 위협에 대해 자기를 열어놓고 있는 것이야말로 본래적 시간성을 회복하는 유일한 길이라 말하였다. 그렇지만 그 길은 언제나 우리가 몸담고 살아가는 일상의 세계 속에서 이루어질 수밖에 없다. 먹고 잠자고 나누는 일상적 공간 속에서 세상 사람으로 살아가는 인간실존은 죽음의 불안을 통해 자기 자신의 본래적 시간을 되찾아줄 말없이 울려오는 양심의 소리를 망각한 채 삶에 몰입하면서 존재하는 것이다.

그런데 체험된 시간, 즉 실존의 시간은 고정된 역사가 아니라 그때마다 세계 속에 처해 있는 자신의 현실을 통해 매순간 변화될 수 있다. 밴 매넌 역시 인간이 처해 있는 특정한 상황에 따라 끊임없이 변화하는 시간의 의미에 주목하였다. 내가 과거에 만난 것은 무엇이든 지간에 나의 존재방식에 자취를 남기는 기억으로서 지금 나에게 들러붙어 있다. 그것은 내가 행동하는 방식이나 몸에 밴 몸짓일 수도 있고, 내가 사용하는 단어들이나 나의 과거와 맺어주는 언어일 수도 있다. 하지만 과거가 나의 현재 상태에 의해 변화하는 것도 분명한 사실이다. 이를 테면 내가 현재 성공한 경우에는 과거에 내가 누구인지,

---

6. 이때의 죽음은 생물학적 죽음이 아니라 실존적인 죽음을 뜻한다.

현재 내가 누구인지를 재해석할 수도 있다. 과거는 변화한다. 우리는 미래를 향해 살고 있기 때문이다.

이처럼 인간은 스스로 체험하고 해석하는 몸에 의해 공간과 시간 속에 놓이게 되고, 체험하는 공간이나 시간, 타자의 의미에 따라 몸의 지각은 달라진다. 또한 몸과 시간과 공간은 타자와 상호관계에 따라 새롭게 체험되며 세계를 구성한다. 현상의 의미는 다층적이고 다차원적인 것이기 때문에 실제로는 이 네 가지 실존범주는 분리하여 생각할 수 없다. 하지만 이러한 실존범주를 구분하여 탐구하는 것은 복잡한 체험의 구조를 통일적으로 드러내기 위한 것이다. 따라서 연구자는 하나의 실존범주가 언제나 나머지 측면들을 새롭게 인식하게 해준다는 점에 주의하면서 "노숙인의 체험의 본질의미는 무엇인가?"라는 현상학적 물음을 계속 던져나갔다.

제2절 체험의 본질로 돌아가기

인간은 집을 통해 세계를 만난다. 그렇지만 모든 사람들이 집이라는 실존적[7] 거주공간을 체험하고 있는 것은 아니다. 아이러니하게도 인류의 문명과 과학기술이 최고조에 달한 오늘날 집 없이 거리에서 살아가는 노숙인들이 꾸준히 늘어나고 있다. 더구나 이들은 집이라는 물리적인 거주지를 중심으로 이루어지는 평범하고 일상적인 삶의

---

7. "실존(Existenz)"은 자신의 존재에서 이 존재 자체를 문제시하는 현존재의 존재를 일컫는 말이다. 따라서 현존재가 실존한다는 것은 그가 자신이 존재할 수 있는 여러 가능성들을 문제 삼으면서 존재한다는 것을 뜻한다. 이러한 가능성은 크게 둘로 나뉘는데, 하나는 현존재가 자신의 가능성을 자기 아닌 다른 것에서부터 선택할 가능성이고, 다른 하나는 현존재가 자기 자신의 가능성들을 자기 자신에서부터 선택할 가능성이다(이기상 · 구연상, 1998).

방식과는 다른 그 나름의 독특한 거주방식을 유지하며 살아가고 있다. 분명 우리의 시선 가까운 곳에 존재하고 있지만, 좀처럼 우리의 일상적 이해에 속해 있지 않는 노숙인들의 거주방식을 이해하고 과연 '거주함'의 본질적 의미가 무엇인지 고민하던 연구자의 물음에 현상학은 유용한 길잡이가 될 수 있었다. 특히 하이데거의 실존적 해석학과 해석학적 현상학에 토대를 둔 밴 매넌(1990)의 현상학적 접근방법은 "세계를 직접적으로 접촉하게 하는 통찰력을 제공"해줌으로써 연구자가 탐구하고자 하는 현상이 드러나는 방식에 주의를 기울이고, 나타나는 그대로 기술하려는 섬세한 노력을 기울이도록 매순간 각성시켜 주었다. 따라서 연구자는 현상학의 존재론적 성격을 구체적인 체험연구의 방법론으로 응용시킨 밴 매넌의 현상학적 탐구절차를 따라가면서 연구주제에 조금씩 몰입할 수 있었다. 그런데 체험은 직접적으로는 그 본래의 충만함과 깊이를 결코 완전히 포착할 수 없고, 오로지 지나간 현존으로서 반성적으로만 포착할 수 있다는 점에 유의해야 한다. 결국 체험에 관한 해석적 행위는 참여자의 '체험' 자체가 아니라 기억을 통해 반성적으로 해석된 체험의 '의미'를 호흡하고, 그 '본질'을 포착해 구성하는 것이다. 따라서 연구자가 선취해야할 태도는 생활세계에서 끊임없이 행위하는 노숙인들의 자연적인 태도(내지 인식)에 의해 지속적으로 자양분을 공급받아 자신들의 체험에 부여하는 의미들의 '통일적 구조'를 찾아내는 해석적[8] 활동에 집

---

8. 인간 실존에 대한 해석적 활동은 행위 속에 존재하는 체험을 밖으로 드러내주고, 그러한 체험 속에 내재된 의미들을 구체적으로 표현해주는 텍스트적 실천, 즉 반성적 글쓰기를 통해서 달성된다. 말하자면 인간의 행동과 경험은 언어를 통해서 이해될 수밖에 없으며, 우리는 언어 덕분에 경험을 회상하고 반성할 수 있다. 하이데거는 "언어는 존재의 집이다"라고 단언할 정도로 이미 언어는 근원적으로 인간 실존의 일부임을 강조하였다. 이렇게 볼 때, 체험 자체는 이미 언어적 구조를 가지고 있다고 하겠다.

중하는 현상학적 자세였다.

1. 현상에 대한 지향

현상학적 연구는 대체로 연구자의 관심을 강하게 이끄는 인간의 경
험이 무엇인지를 식별하고, 확인하는 것에서 출발한다. 이 때 연구자
는 어떤 가능한 인간경험이 현상학적 탐구의 주제가 될 수 있는지 신
중하게 집중하게 된다. 또한 어떤 현상을 지향할 때는 반드시 특정한
관심이나 사회문화적 조건이 이미 함축되어 있다는 점에도 유의해야
한다. 수년간 사회복지 현장에 몸담아온 사회복지사로서, 주류사회
로부터 배제된 사회적 약자들에 대해 관심을 가져온 연구자의 시선
을 붙잡은 것은 바로 고정된 거처 없이 세계를 떠도는 노숙인들에 대
한 적잖은 충격과 호기심이었다. 이후 연구자는 인간 체험의 구체적
인 양태들과 그러한 체험들의 존재론적 의미를 동시에 고려하는 현
상학적인 태도[9]를 지속적으로 훈련함으로써 낯선 현상에 대한 막연
한 두려움과 선입견들을 조금씩 내려놓고 노숙인들의 체험세계로 접
근할 수 있었다. 다행히도 노숙인 지원 단체를 통해 자연스럽게 노숙
인들과 자주 접촉할 수 있게 되면서 막연하게 품었던 연구주제를 본

---

9. 후설에 따르면, 현상학은 "사태의 본성을 합당하게 파악하기 위한 현상학적 방법"으로, 즉
"사태자체로" 나아가기 위해 '판단중지를 통한 현상학적 환원'의 방법을 추구한다. 현상학
적 환원이란 사태를 근원적으로 드러내주는 직관이 모든 인식의 원천으로써, 그 어떠한
권위, 전제에도 구속됨이 없이 스스로 사태 자체를 직관할 때에만 참다운 인식이 획득된
다는 입장을 취한다(이남인, 2004). 이러한 후설의 방법을 이어받은 하이데거(1927)는 현
상학에서 취하게 되는 태도로 "사태 자체로!"를 정식화시킨다. 즉 "모든 허공을 떠다니는
구성과 우연한 발견에 반대하고, 증명된 듯이 보일 뿐인 개념을 수용하는데 반대하며, 때
로 여러 세대에 걸쳐 문제로서 널리 받아들여졌던 그럴듯한 물음들에 반대한다"는 입장
을 표명함으로써 현상학의 새로운 과제를 제기한다.

격적으로 구체화시킬 수 있었다.

2. 현상학적 물음의 정식화

체험의 본질을 밝히기 위해선 언제나 현상에 대한 물음에서 시작해야 한다. 물음의 본질은 가능성을 열어 놓고 계속 열려 있게 하는 것이다(Gadamer, 1975). 연구자는 우선 노숙인에 대한 관심이 어디에서 비롯되었는지부터 자문해 보았다. 평소 사회적 소외계층과 소수자 문제에 대해 많은 관심을 가지고 있던 연구자가 만난 노숙인에 대한 첫인상은 빈곤계층 가운데서도 가장 취약하고 비참한 삶을 살아가는 존재자로 비쳐졌다. 특히 인간의 삶에 있어 거의 본능에 가까운 귀소지로서 '집'이라는 내부 공간이 아닌 보호막 없이 바깥세계에서 살아가는 노숙인들은 단지 기존의 통념으로는 쉽게 이해할 수 없는 이질적인 타자로 다가왔다. 더구나 과잉소비와 물질적 향락의 시대에 노숙인이라는 낯선 존재자는 연구자에게 어떤 불편한 진실과 마주하게 함으로써 연구자 자신과의 침묵의 대화를 통해 다양한 물음들을 던지게 하였다. 더구나 사회복지를 전공하고 실천현장에 종사해온 연구자의 인식과 행동에 관해 새롭게 되돌아볼 수 있는 기회를 제공해 주었다. 노숙인들에게 과연 '집'은 어떤 의미를 지니고 있는가? 이들에게 '집'은 일상적인 우리와는 다른 의미로 변질된 것인가? 만약 그렇다면 노숙인들은 집이 아닌 낯선 장소에서의 삶을 어떻게 이해하며 구성해나가고 있는가? 그들은 더 이상 안전한 거처를 갈망하지 않는 것일까? 수많은 질문들이 떠오르고 사라지기를 반복할 때마다 연구자는 사태 자체로 계속 되돌아감으로써, 애초의 물음을 늘 명심하고, 그것을 가능케 하는 체험을 지속적으로 환기시켰다. 이러한 물음들이 마

지막에 이른 지점은 거주지를 상실한 노숙인들의 체험을 통해서 궁극
적으로 인간 실존에게 '거주함'의 본질이 무엇을 의미하는가? 라는 근
원적인 물음으로 모아졌다. 따라서 연구자가 노숙인의 체험세계를 탐
구하기 위하여 던지는 물음은 "노숙인이 체험하는 거주세계는 어떠
하며, 거주함의 근원적인 의미는 무엇인가?"로 정직화시킬 수 있었다.

3. 연구자의 선이해와 가정들

혼히 현상학적 탐구를 하게 되는 동기 내지 목적에 대하여 사람들
은 탐구하고자 하는 현상에 대해 우리가 너무 적게 알고 있거나 알려
진 바가 거의 없다는 점을 지적한다. 그러나 오히려 현상학적 탐구가
문제 삼는 것은 우리가 너무나 많이 알고 있다는 것이다. 다시 말해,
어떤 현상에 대한 상식적인 선의 이해, 추측, 가정 그리고 현존하는
과학적 지식 체계들 때문에 우리가 현상학적 물음의 의의를 파악하
기도 전에 미리 현상의 본성을 해석하려는 태도를 지닌다는 것이다.
후설은 현상을 포착하고, 그 현상에 대한 지식을 그 현상 밖에 두어
야 하는 일련의 노력으로 '괄호 치기'라는 현상학적 환원을 제시한다.
하지만 연구를 위해 선택한 경험에 대해 자신이 알고 있는 모든 것
을 배제하는 것이 과연 가능한가? 우리가 이미 '알고' 있는 것을 단순
히 잊거나 무시하려고 한다면 그런 전제들이 우리의 반성 속으로 고
집스럽게 다시 스며든다는 것을 발견하게 된다. 따라서 경험에 내포
된 전제들을 완전히 제거해야 한다는 무모한 생각을 버리고, 자신의
이해, 믿음, 편견, 가정, 전제, 이론 등을 명백하게 밝혀 그것들과 거리
를 유지하는 겸손한 자세가 필요하겠다. 따라서 연구과정에서 탐구
하려는 주제와 관련하여 연구자에게 암묵적으로 잠재해 있던 선이해

와 가정을 돌아보았다.

우선 연구자는 고정된 거처 없이 세상을 배회하는 노숙인들의 현상을 인간 실존의 체험들 가운데 극한의 궁핍과 고통을 수반하는 체험으로 바라보았다. 사회경제적으로 최하빈곤계층에 속하는 것은 말할 것도 없고, 자신의 몸을 보호할 안전장치조차 제대로 갖추지 않고 온갖 위험거리들이 도사리는 거리의 삶은 늘 불안정하고 무질서할 수밖에 없을 것이다. 더욱이 오랜 노숙 생활로 인하여 안정적인 주거에 대한 욕구가 상실되었고, 어느 순간부터는 거주의 의미조차 잃어버렸을 것이라는 선입견이 깔려 있었다. 이렇게 주거의 욕구가 상실되면 일상적인 사회활동은 거의 불가능해지고, 점차 주류사회의 관습과 제도로부터 멀어져 세상과 고립된 삶을 살고 있을 것으로 사료되었다. 그나마 유일한 지지체계였던 가족과의 관계도 단절되면서 이들의 삶은 더욱 곤궁해지고, 일에 대한 의욕조차 상실되어 무기력한 상태에 젖어 있을 것으로 짐작하였다. 또한 다양한 언론매체들이 노숙인에 대해 비중 있게 제기하는 문제로 술이나 약물, 도박중독 역시 우려하는 측면이었다. 결국에는 자신들을 향한 사회적인 고정관념들을 노숙인 스스로가 수용하게 됨으로써 노숙의 만성적인 습벽에서 헤어나지 못할 것이다. 이렇게 총체적으로 황폐화된 인간 실존의 모습이 과연 주류사회의 자격을 다시 획득하고, 무너진 일상을 다시 복원할 수 있겠는가? 라는 물음에 연구자는 내심 회의적인 태도를 취하고 있었다. 그 이유는 오랜 거처의 부재와 떠돌이의 습벽에서 찾을 수 있었다. 그럼에도 불구하고 노숙인들에게 거주에 대한 바람과 의미가 여전히 유효하게 물어지고 있을까? 라는 물음에서 지금까지 품었던 의문들에 대해 유보적인 태도를 견지하고자 노력하였다.

4. 연구자의 체험에 관한 기술

현상학적 탐구를 시작하면서 연구자는 자신의 체험에 관해 있는 그대로 기술해 봄으로써 특정한 경험적 의미들을 반성적으로 인식해 보았다. 어떤 현상에 관한 자기 자신의 경험 구조를 인식함으로써 연구자는 현상에 접근하기 위한 단서를 얻을 수 있기 때문이다. 바로 이런 의미에서 현상학적 기술은 자신의 경험이 타인의 경험일 수 있다는 '상호주관적인 성격'을 갖는다.

연구자가 노숙인에 관해 관심을 갖게 된 계기는 IMF 외환위기 사태 이후 노숙인 문제에 관한 대책을 마련하기 위해 종교·시민단체에서 실시한 실태조사에 참여하면서 시작되었다. 당시 거리 노숙인들이 어떻게 생활하는지 직접 눈으로 확인하기 위해 이들이 삶의 근거지로 삼고 있는 지역들을 찾아다녔고, 연구자에게 비쳐진 이들의 생활실상은 적잖은 충격으로 다가왔다. 한 끼 식사를 해결하기 위해 악취냄새로 찌든 서울역 지하도에 모여든 수백 명의 사람들, 제대로 된 잠자리는 고사하고 한겨울 덮고 잘만한 헌 이불 한 장 없이 술기운에 찌들어 거리에서 잠을 청하는 노숙인들을 바라보는 순간 연구자는 어둡고 음울한 분위기에 완전히 압도당하고 말았다. 한 번도 경험해 보지 못한 세계에 던져진 이방인처럼 연구자는 너무도 이질적인 그들에게 다가서기가 두려웠고, 무슨 말을 건네야 할지도 모른 채 한동안 그들 세계의 언저리를 빙빙 맴돌았다. 그 후 연구자는 정부에서 운영하는 정책 연구기관으로 직장을 옮겼고, 그곳에서 노숙인 입소시설에 관한 정책 연구를 수행하게 되면서 노숙인 시설들을 방문할 기회를 갖게 되었다. 하지만 입소시설에 수용된 노숙인들의 생기 없고 무기력한 모습을 대면하는 순간 연구자는 무언가 가슴을 틀어막는 듯한 답답함을 느껴야 했다.

시간이 지날수록 노숙인이라는 존재는 연구자에게 매번 풀리지 않은 숙업과도 같은 복잡하고 짐스러운 감정을 안겨주었다. 그 어떤 이론적 언어에도 그들의 경험세계를 이해하기는 역부족이었고, 결국 연구자는 더 이상 이론적 개념들에 기대는 대신 노숙인들의 삶 속으로 직접 들어가기로 마음을 굳혔다. 노숙인 관련 민간단체들 가운데 연구자의 관심을 끈 곳은 다양한 배경을 가진 일반시민, 대학생, 현장 실무자들이 자발적으로 모여 노숙인의 권익을 보호하고 지원하는 일종의 인권단체였다. 그곳엔 노숙당사자들도 참여하고 있었다. 1년 남짓 자원 활동가로 참여하던 연구자는 노숙인에 대해 품었던 선입견에서 벗어날 수 있고, 이들도 삶의 희망을 품고 살아가는 존재라는 사실을 깊게 이해할 수 있었다. 아무런 희망도 없을 것만 같이 느껴졌던 노숙인들에게도 여전히 웃음이 있었고, 삶의 의미가 물어지고 있었다. 물론 자기 자신과 세상을 향한 원망도 함께 물어지고 있었다. 때로는 불협화음으로 충돌하고, 때로는 서로에게 어깨를 빌려주는 노숙인들의 삶을 지켜보면서 연구자는 체험의 언어에 깊이 각인된 존재의 의미를 미약하나마 체험할 수 있게 되었다.

제3절 실존적 탐구

체험의 세계는 현상학적 탐구의 원천인 동시에 대상이 된다. 이는 어떤 현상에 대한 의미가 언제나 그것의 생생한 경험 속에서 발견되어야 함을 함축한다. 이러한 맥락에서 '자료 내지 데이터'는 단지 객관적인 정보나 사실을 제공해주는 양적인 개념이 아니라 우리에게 체험의 본질을 드러내주는 경험의 '재현'이라고 할 수 있다. 특히 '데

이타'라는 개념의 어원은 현상학과 깊은 관련을 맺고 있다. 데이터의 단수형인 '데이텀'(datum)은 원래 '주어진 것'을 의미하는데, 바로 경험이 일상생활 속에서 우리에게 '주어진다'는 바를 지칭한다. 하지만 경험적 설명이나 체험기술은 그것이 말로 된 것이든, 글로 쓰여진 것이든 간에 결코 체험 자체와 동일한 것이 아니라는 점을 명심해야 한다. 즉 경험에 관한 기억, 반성, 기술, 인터뷰 등은 이미 그 경험의 변형인 것이다. 밴 매넌의 표현대로 "삶의 깊은 심연으로부터 수면 위로 끌어올려진 의미가 이미 자연스런 떨림을 잃어버린 것"이라는 점을 염두에 두고 언어의 베일에 은폐되어 있는 생동하는 경험에 접근하도록 노력해야 한다.

1. 어원의 추적

어원을 추적하는 것은 어떤 현상을 가리키기 위해 사용되던 말들의 본래적 의미를 다시 회복시키는 작업이다. 한때는 체험적 의미를 가지고 울려 퍼질 수 있었고 살아 있는 세계를 드러낼 수 있었던 말들이 이제는 절름발이가 되고 활기를 잃어버려 그 의미가 상당부분 변질되어 버렸다. 그러나 어원의 추적은 단순한 어원학적 분석이나 용법에 관한 분석의 문제가 아니며 오히려 일상의 방식을 재구성하는 것을 의미한다. 따라서 잊혀진 본래의 의미를 발견하는 것은 우리 삶의 언어를 보다 깊이 있게 체험할 수 있는 기회를 제공해 줄 것이다(Van Manen, 1990).

연구자는 노숙인의 체험에 대한 이해를 보다 깊이 있게 조망하기 위해 '노숙(露宿)[10]'의 개념에 깊숙이 전제되어 있는 '거주[11]'의 의미를 근원적으로 추적해 들어간 노베르크-슐츠(Noberg-Schulz)[12]와 하이

데거(Heidegger)를 통해 해석해 보고자 한다. 흔히 우리는 이 노숙개
념을 영어식 표현으로 'homeless'라고 명명하는데, 이러한 개념에는
현대사회의 거주양식에 입각한 물리적인 형태의 '집' 혹은 '주거'가 없
는 상태를 포함하고 있다. 그러나 노숙의 사전적 의미에서도 알 수 있
듯이, 노숙 그 자체는 결코 결핍상태를 의미하는 것이 아니라 특정한
거주의 상태를 일컫는 말이다. 그렇다면 거주는 인간에게 어떠한 의
미를 가지는 것일까?

노베르크-슐츠는 거주를 인간 존재가 자신의 삶의 의미를 '장소'에
서 찾는 것이라고 보았다. 그에 따르면 '거주한다는 것은 인간과 주어
진 환경 사이에 의미 있는 관계를 설정한다는 것을 내포한다'고 말한
다. 그러한 거주는 환경을 의미로써 경험하는 正體性(identification)과
그러한 의미체들 사이의 공간의 상호관계에 관한 定位(Orientation)로
구성된다. 정체성은 인간의 삶, 인간의 세계가 단지 그 자체로서 이루
어질 수 없다는 것을 보여준다. 인간의 경험은 경험만으로 삶을 구성
할 수 없고, 경험이 사물과 만나서 삶의 과정이 이루어진다. 그러한
의미에서 인간의 내적 세계가 사물을 해석해서 세계를 구성하는 행

---

10. 노숙의 사전적 의미는 '이슬을 맞고 자다', '한뎃잠을 자다'로 풀이되는데(국어사전), 현
대사회에서 노숙은 집이 없는(homeless) 상태를 지칭한다. 그런데 이러한 '집이 없음'
은 오늘날 현대인이 살아가는데 근간이 되는 물질적 차원이 결핍된 사태만을 강조하
는 경향이 크다.

11. 거주는 사전적으로 두 가지 의미가 있는데, 하나는 일정한 곳에 머물러 있는 삶의 의미
로 인간이 장소에 결부되어 생활하는 감각을 뜻한다. 이것은 흔히, '익숙하다, 편안하다,
집 같다'라는 표현으로 드러나는데, 이러한 감각은 장소가 인간의 존재를 조건지우는 상
황이다. 또 다른 경우는 인간이 결부되어 생활하는 장소의 의미로 '주거'와 동일한 뜻인
데, 예를 들면 도시거주, 농촌거주, 해안거주 등의 표현 속에서 거주는 그 곳에서 살게 해
주는 물적 구조물이 만드는 장소, 바로 주거의 의미이다(구민범, 2006).

12. Noberg-Schulz, Christian, The Concept of Dwelling: On the Way of Figurative
Architecture, 이재훈 역, 1995.

위로서 드러나는 것이 아닌, 사물 자체가 이미 물질성만이 아닌 기억, 경험과 함께함으로서 인간에게 새롭게 구성되어 나간다고 할 수 있다. 그러한 정체성에 의해서 형성된 사물이 공간적 위치를 가지는 것을 정위라 한다. 인간의 공간은 인간의 관념과 함께 한다. 공간은 인간의 실존적 의미를 담게 되는데, 이때 공간은 그 물리적 성격을 넘어서서 사회적 의미로 확장된다. 결국 정체성과 정위의 두 측면은 거주가 인간의 물리적 속성과 정신적 부분을 아우르는 상태임을 뜻한다. 그 과정은 하나의 사물이 인간의 기억 속에 들어가면서 의미를 갖게 되는 것으로 시작해서, 물리적 공간의 영역까지 확대됨으로써 환경 전체와 인간과의 관계로 나아가게 된다. 다시 말해서 거주는 인간의 장소에 대한 행위나 감각을 모두 포괄하는 상태를 의미하며, 인간이 물리적 공간에서 어떠한 익숙함을 느낌으로써 일상의 근거가 되는 것이 바로 인간의 거주라 할 수 있을 것이다(구민범, 2006). 이렇게 볼 때 노숙을 어떤 특정한 역사적 맥락과 공간적 구조에서 만들어진 비주거의 삶이라고 비판하는 것은 문제가 있으며, 노숙인의 삶에도 인간의 경험이 특정한 환경과 만나서 삶을 구성하는 근원적인 거주의 의미를 함축하고 있다고 볼 수 있다.

한편 하이데거는 거주에 대한 사유의 출발을 근대적 거주개념에 대한 비판에서 시작한다. 특히 그는 20세기 초 거주에 대한 논의가 지나치게 인간이 살 수 있는 물리적인 조건에 초점이 맞추어져 있는 점을 비판하고, 이러한 거처로서 집과 거주의 분리된 기능적인 연관관계에서 벗어나 인간의 거주함에 대해서 보다 총체적이고 근원적인 사유[13]를 제공하고 있다.

---

13. Heidegger, Martin, 'Building, Dwelling, Thinking', Translated by Albert Hofstadter, New York: Harper & Row, 1971).

우선 하이데거는 거주의 '어원'에 내재된 '언어'의 고유한 본질에 주목한다. 그는 '건축하다[14]'의 어원에 이미 '거주하다'는 의미가 담겨져 있음을 밝혀 보여준다. 동시에 건축함의 본질이 근원적으로 말해지는 곳에는 '있다(있음)'이라는 용어가 귀속하는 바, 이렇게 우리 인간이 지상에 '있는 방식' - 내가 있고, 네가 있는 - 이 바로 '거주함'이다. 동시에 인간으로 거주하는 한에서 건축함은 '돌본다', '보호한다[15]'를 의미한다. 그렇다면 거주함의 본질은 '어디에' 존립하는가? 하이데거는 다시 언어가 건네는 말에 귀를 기울인다. 즉 '거주하다[16]'는 '머물러 있음', '체류하고 있음'을 의미하는데, 우리가 이러한 머물러 있음을 어떻게 경험하고 있는지에 대해서 말해준다. 그것은 '평화로이 있음'을 의미하고, 또 평화라는 낱말에는 '자유로움'이라는 의미가 담겨있다. 이때의 자유로움은 해악과 위협으로부터 보호함을, 즉 소중히 보살핌을 뜻한다. 따라서 본래적인 거주함이란 각각의 것을 그것의 본질 안으로 '소중히 보살피는 자유로운 영역 안에 울타리 쳐진 채 머물러 있음'을 의미한다. 다시 말해 거주함이 그 근원적 의미를 내보일 때는, 인간존재가 거주함에 바탕을 두고 있고, 그것도 이 땅 위에 죽을 자

---

14. 하이데거에 따르면 '건축하다'의 독일 고대어인 "Buan"의 본래적 의미는 머물러 있음, 체류해 있음, 즉 '거주하다'이다. 동시에 건축함의 본질이 근원적으로 말해지는 곳에는 '있음'이라는 의미가 귀속되어 있음을 강조한다(상게서, 1971).

15. 그런데 건축함(bauen)에는 '돌본다'와 '보호한다'를 의미하는데, 이 두 낱말은 서로 상보적인 의미를 가지고 있으며, 일반적으로 보호하고 육성한다는 의미로 널리 쓰인다. 하이데거는 우리가 건축하다의 낱말 속에서 말하는 바에 귀를 기울인다면, 그 시원에 삼중적인 의미를 더불어 인지할 수 있음을 말해준다. 즉 건축함의 본래적 의미로서 '거주함', 인간이 이 땅 위에 존재하는 방식인 '거주함', 마지막으로 동식물의 성장을 돌보고, 건축물을 건립하는 건축함으로서 '거주함'이 거주의 근원적 의미를 구성하고 있음을 말해주고 있다.

16. '거주하다'의 독일 고대어인 'wunian' 역시 bauen과 마찬가지로 머물러 있음, 즉 체류하고 있음을 의미한다. 그런데 이 머물러 있음(wunian)에는 '평화로움'의 의미가 담겨져 있다고 말한다.

들로서 체류하고 있다는 의미에서 거주함을 사유할 때 가능해진다. 이제 인간은 세계 내 존재자들을 소중히 보살피는 한에서 거주한다.

그런데 하이데거에 따르면 인간의 거주함은 '사방'(四方, das Geviert)[17]의 사중적인 보살핌으로서 스스로 생기(生起)하는 것이라고 말한다. 즉 '대지'는 인간의 물질적 배경을 형성하며, 인간은 거주를 통해서 대지 위에서, 물질의 속성을 인간의 세계 속에 드러낸다. 또한 인간은 '하늘'[18]을 받아들이고 살아가는 유한한 존재로, 우리는 무한한 하늘을 통해서 비로소 인간이 이해할 수 없는 존재, 즉 타자를 받아들이게 된다. 그러한 타자의 존재를 하이데거는 '신성'이라 명명하는데, 여기서 신성은 단순히 종교적 의미를 뜻하는 것이 아니라, 인간이 세계에 거주할 수 있도록 해주는 존재이다. 본 연구에서 가장 주목하고 있는 거주의 마지막 구성요소는 '인간'이다. 앞서 제시된 세 가지 사방은 무한성을 가지는데 반해 인간의 고유성은 바로 그 유한함에 있다. 이러한 특성을 두고 하이데거는 인간을 '죽을 수밖에 없는 자'라고 표현한다. 인간의 한계가 처음으로 문제시되는 지점이 바로 죽음이기 때문이다. 인간은 대지에서 와서 스스로의 세계를 열고, 다시 대지로 돌아감으로써 거주를 끝마치게 되는 것이다. 그러나 인간의 유한성은 죽음에만 있는 것이 아니다. 인간은 시간과 공간 속에서도 한정되어 있는데, 유한자로서 인간은 시간에 따라 변화해간다. 또한 인간의 신체는 공간적으로 제한되어 있기에 그에 따

---

17. 사방(四方)은 거주의 네 가지 측면으로 대지, 하늘, 신성, 인간으로 구성된다. 즉 죽을 자들로서 인간은 땅을 구원하고, 하늘을 받아들이고, 신적인 것들을 기다리는 가운데 거주한다.

18. 하늘의 속성은 주기성을 가지는데, 인간은 이러한 하늘의 속성인 낮과 밤, 날씨, 계절 등의 변화를 알려주는 규칙적인 주기를 받아들이게 된다. 따라서 인간이 하늘을 받아들이는 것은 시간을 받아들이는 것이자, 시간의 변화를 느끼고 함께 살아가는 것이다.

라 '쉘터'(Shelter)를 필요로 한다. 따라서 인간의 신체적 요구에 따라 거주가 생겨나고, 스스로 그러한 변화를 기억하기 위해서 자신의 물건들을 보관하고자 한다. 이처럼 인간의 거주함은 이미 언제나 '사물들 곁에서 체류함'을 의미하며, 소중히 보살핌으로서 거주함은 사방을 죽을 자들이 체류하고 있는 그것 안에, 즉 사물들 안에 참답게-보존하는 것이다.

그렇다면 지금까지 하이데거가 숙고해온 거주함의 근원적 의미가 오늘날 우리에게 무엇을 제기하고 있는가? 그것은 부족한 주택의 공급수를 늘리고, 계획적인 건축설계를 통해 보다 안전하고 편안한 거주지를 더 많이 확보해야 한다는 논지는 분명 아닐 것이다. 그가 궁극적으로 드러내 보이고자 하는 바는 우리시대의 거주함이 본래적 곤경에 처해 있음을 알리고자 함이다. 다시 말해 우리 시대에 너무도 당연한 것으로 여겨지는 거주함이 더 이상 그 본래적 의미를 망각한 채, 인간이 '고향 상실'(Heimatlosigkeit)로 끊임없이 추락하고 있음을 경고하고 있다. 결국 거주함의 의미를 더 이상 숙고하지 않는 현대인은 고향상실자, 즉 홈리스(home-less)인 것이다. 그렇다면 이미 집-물리적인 동시에 실존적인 거처-을 잃고 거리세계에 내던져진 노숙인들에게 거주의 의미는 다급한 실존의 물음인 동시에 숙고할 수밖에 없는 문젯거리로 제기되고 있지 않는가? 말하자면 일상세계가 제공하는 안락하고 편리한 거주방식에 안주하며 더 이상 거주의 의미-동시에 언제나 무의미-를 사유하지 않는 정주민들과는 달리 노숙인들은 거주의 본래적 의미를 비로소 찾아 나섬으로서 그 길이 열려 있지 않을까? 따라서 본 연구에서는 외부 세계와 분리된 독립적 사유 공간, 권리적 개념으로 도색된 현대사회의 주거개념, 욕구의 결핍상태 등과 같이 기능적이고 분석적인 설명방식 이전에 이미 인간의 존재의미가 총체적으로 깃들어 있는 거주함의 본질을 거주의 상실을 겪고 있는 노숙인들에게 물어보고자 한다. 즉 연구자는 노숙의 의미를 기존의 이론적, 실천적 설명방식 이전에 거주의 또 다른 존재방식으로 바라보고, 노숙인의 거주상실 체험을 통해 비로소 드러나는 거주의 본래적 의미를 밝혀볼 것이다.

2. 노숙인의 문예작품 탐구

현상학적 탐구는 인간경험의 의미를 삶의 전체적인 맥락 속에서 더 깊이 이해하기 위해 다양한 자료들을 활용할 수 있다. 특히 문예작품은 인간 경험의 다양성과 가능성이 압축된 형태로 표현되어 있기 때문에 인간의 경험적 생활세계를 충분히 이해하고, 실천적인 통찰을 증가시키기 위한 경험의 원천으로서 역할을 한다(Van Manen, 1990). 따라서 연구자는 노숙인의 체험의 본질에 대한 현상학적 통찰을 깊이 있게 드러내기 위해 노숙인들이 직접 쓴 수기, 시, 수필 등과 같은 문예작품들을 수집하여 그들의 언어에 내재된 실존적 의미를 찾아보았다. 연구자는 서울에 위치한 어느 한 대학의 노숙인 지원봉사단체(HPA: Homelss People Aids)에서 2004년부터 정기적으로 발행되는 노숙인 수기집에 수록된 노숙인들의 수기, 수필, 시 등을 읽고 이들의 거주체험과 관련된 텍스트를 분리하여 네 가지 실존범주를 통해 드러난 의미를 해석하였다.

가. 세상 밖에서 영원한 안식처를 찾아 떠도는 몸

노숙인들의 문예작품은 아무짝에도 쓸모없어진 몸의 무력감으로부터 벗어나 어딘가 쓸모있는 존재로서 살고자 하는 몸의 지향성을 잘 표현하고 있다. 이들은 집을 떠나 노숙생활을 하게 된 순간부터 낯설고 거친 세계의 폭력에 저항조차 제대로 할 수 없는 힘없는 육신으로 살아가고 있었다. 이렇게 머물던 세계로부터 추방당한 이들에겐 자신의 이름 대신 '노숙인'이라는 칭호만이 통용될 뿐이었다. 거주공간에서 '내쫓겨난' 몸은 동시에 세계에 '내맡겨진' 몸이었다.

> 둥지를 잃은 집시에게는
> 찾아오는 밤이 두렵다.
> 타인이 보는 석양의 아름다움도
> 집시에게는 두려움의 그림자일 뿐…
>> (중략)
> 50평생의 끝자리에서
> 잠자리를 걱정하며
> 석촌 공원의 긴 의지에 맥없이 앉으니
> 만감의 상념이 눈앞에서 춤을 춘다.
> 뒤엉킨 실타래처럼
> 난마(亂麻)의 세월들…
>> (중략)
> 깡소주를 벗 삼아 물마시듯 벌컥대고
> 수치심 잃어버린 육신을 아무데나 눕힌다.

난생 처음 거리노숙에 던져진 몸은 헐벗고 굶주림에 시달리고, 낯선 타인들의 희롱거리가 되었다. '지친 육신과 영혼을 둘 곳 없는' 몸은 어딘가 기댈 수 있는 안식처를 끊임없이 찾고 있었지만, 차디찬 콘

크리트 바닥에서 고픈 배를 움켜쥐고 매일 밤 추위를 견디기 위해 술
에 기대어 잠을 청하게 되면서 몸은 점점 더 병들어갔다. 더욱이 지
난 세월에 대한 회한과 자책감에 빠져 '깡소주를 벗 삼아 물마시듯
벌컥대길' 매일같이 하였고, '수치심마저 잃어버린 육신을 아무데나
눕힌' 몸은 걷잡을 수 없이 망가져갔다. 마치 저 재활용품 선별장에
서 '냄새나는 쓰레기 덩어리가 된 것처럼' 몸은 깊은 나락 속으로 떨
어졌고, 그나마 어딘가에 재생되어 다시 쓰여질 수 있는 재활용품보
다 못한 자신의 처지에 한없이 움츠러들었다.

> 참 묘한 인연이다.
> 노숙자라는 낙인과 함께 이놈들과 어울린 것이 벌써 3년여...
> 지나온 나의 삶이 누구의 잘못이든 간에, 저 냄새나는 쓰레기 덩어
> 리는 아니었을까? 나름대로 열심히 살아왔다고 자부했었는데 어디
> 서부터 잘못 되었을까? 내 어쩌다 이런 깊은 나락 속에 떨어졌을까?
> (중략)
> 쓰레기 더미 속에서 재활용품을 골라내는 작업은 몹시도 힘들고 인
> 내를 필요로 하는 일이다. 그러나 하나하나씩 골라내어 제대로 된
> 봉투에 담겨지면 이놈들은 다시 태어나 또 다른 몫으로 사용되겠지!
> 녀석들이 부럽다.
> 오늘도 변함없이 재활용 선별장으로 간다.

하지만 집 없이 세상 밖에 내던져진 몸은 죽음의 고비와 고통을
뼈 속까지 체험하게 됨으로써 비로소 살아있음에 대한 기쁨과 감사
함이 온몸 가득 채워질 수 있었고, 깊고 편안한 잠을 청할 수 있었
다. 그와 더불어 자신을 괴롭히고 옭아매던 상념으로부터 벗어나 몸

은 한결 자유롭고 편안한 상태로 돌아올 수 있었다. 조금씩 회복된 몸은 자신만이 할 수 있는 일을 통해 '진정한 자아를 찾아가려는' 의지를 갖게 되었다.

> 삶은 결코 비단이 깔린 길이 아니며 험난하고 힘든 길이다. 창자가 끊어질 듯한 굶주림을 겪지 않고서는 쌀 한 톨의 고마움을 알 수 없고, 깊은 겨울 칼바람에 살을 에는 고통을 느껴보지 않고서는 성냥불의 위대함을 모를 것이다.
>
> - 노숙인 산문 中 -

> 나의 노숙인 탈출의 첫 걸음은 감사함을 알게 된 순간부터 시작이다. 감사함을 알게 되면서부터 똑같은 일상의 삶이지만 앞에서 나열했듯 작은 변화가 일기 시작했고, 짧은 시간이 지난 지금 나의 주변 환경은 많이 성숙해져 있다.
>
> - 노숙인 산문 中 -

또한 집 없이 세상을 떠돌던 몸은 애초에 태어난 대지를 그리워하고 있었다. 어느 날 육신이 죽어 한 줌의 흙으로 돌아간다면 '넉넉한 대지의 품속에서 새싹을 틔우고, 잎 고운 꽃으로 피어나는' 등 삶이 헛되지 않고, 세상에 쓸모 있는 존재로 다시 태어나길 바라고 있었다. 자연의 품으로 회귀하려는 의지는 흙으로 돌아가 영원한 고향인 대지의 품에 깃들고 싶은 몸의 근원적인 지향성을 드러내주고 있었다. 동시에 언젠가는 죽음에로 이르게 될 존재자로서 자신의 죽음을 미리 선취함으로써 지나온 삶을 되새기고, 주어진 여생을 기쁨과 감사의 마음으로 받아들이려는 노숙인의 결의를 표현하고 있다.

내가 한줌 흙에서 왔으니

한줌 흙으로 돌아간다면

후년엔 한송이 고운 꽃으로 피어나리.

    (중략)

이 세상에 알몸 하나로 태어나

참으로 많은 것들을 누려왔음을 감사하면서

내 육신은 거름이 되고 흙이 되고,

내 영은 태초부터 그리던 님의 품으로 기쁨으로서 안기리니

나는 죽었으나 죽지 않을 것이며

내 몫은 그리 많지 않았으나

참으로 많은 것들을 누려 왔음에 감사하리라.

                                      - 노숙인의 시 -

나. 때로는 감시와 폭력으로, 때로는 배려와 온정으로 더불어 있는 타자들

거주지의 상실은 대개 가족과의 이별, 주변세계의 가까운 지인들과의 단절로 이어진다. '그 많던 술친구도, 갈 곳 많았던 만남들도 인생을 강등당한' 노숙인에게는 아무도 남아 있지 않았다. 물론 가장 서글프고 가슴 아린 아픔은 못난 아빠의 고백처럼 '더 이상 함께 살 수 없는 처자식에 대한 보고픔'이었다. 하지만 짐스러운 삶을 포기해버린 이들에게 가족은 '어쩌면 평생 못 잊고 가슴에 묻어야 할' 멀고도 먼 관계가 되어 버렸다. 자신도 남들처럼 당당한 사회구성원으로 열심히 일하며 최선을 다해 살아왔지만, '노숙인'이라는 낙인은 일상세

계에서 누리던 모든 권리와 자격을 박탈해버렸다.

> 한때는 천방지축으로 일에 미쳐
> 하루해가 아쉬웠는데
> 모든 것을 잃어버리고
> 사랑이란 이름의 띠로 메였던
> 피붙이들은 이산의 파편이 되어
> 가슴 저미는 회한을 안긴다.
>   (중략)
> 그 많던 술친구도
> 그렇게도 갈 곳이 많았던 만남들도
> 인생을 강등당한 나에게
> 이제는 아무도 없다.
>
>   - 「집시의 기도」 시 중 -

> 눈을 감아도
> 마음속에 종일 지우지 못하는
> 가슴 아리는
> 참기 힘든 아픔이 있다.
>   (중략)
> 어쩌면 평생 못 잊고 가슴에 묻어야 할
> 자식새끼인지로 모른다.
> 그냥 떠밀기엔 너무 마음이 아파
> 평생을 가슴에 묻어야 할

그런 불쌍한 나의 새끼들이다.

- 무제 시 -

거주지를 잃고 소중한 가족과 정겨운 이웃조차 모두 떠나간 자리에는 낯선 행인들의 냉혹한 손가락질과 감시의 시선이 따라붙었다. 특히 서울역, 영등포역 등 역사에서 근무하는 공안원들은 노숙인들이 가장 두려워하고 증오하는 대상이었다. 마치 '제복이 면죄부인 양, 의기양양하게 거리의 노숙인들을 향해 손가락을 까딱대고, 멸시의 시선과 물리적인 폭력까지 서슴지 않는' 공안원들을 대할 때마다 형언할 수 없는 수치심과 분노에 사로잡히지만, '제복을 걸쳐 입고 공권력의 이름으로 휘두르는 곤봉 앞에서' 감히 누구도 대적할 수 없었다.

당신을 죽음으로 이끌고 내밀어 버린,
저 공권력의 상징, 제복을 입은 서울역 공안원들은 아무런 양심의 가책도, 처벌도 받지 않은 채, 마치 제복이 면죄부인 양, 의기양양하며 오늘도 서울역 안팎의 노숙 형제들을 향해 손가락 까딱하며 멸시함을 두고 볼 수밖에 없는 저희들을 용소하소서.

- 거리에서 사망한 노숙인을 위한 추모의 글 中 -

하지만 '주위를 살펴보면 어려운 이들을 위해 나눔을 몸소 실천하고 봉사하는' 따뜻한 사람들을 만날 수 있었다. '어려운 생활고에 시달리면서도 자신보다 못한 처지에 놓인 이들을 도와주는' 고마운 이웃들이었다. 사회의 냉대와 무관심 속에서 서럽고 고단한 삶을 사는 노숙인들과 함께 아파하고 슬퍼하며 온갖 고통을 함께 하는 그들이야말로 '선한 사마리아인들'이었다. 그들의 작은 손길과 온정 덕분에

'까닭 없는 불편과 부당함을 드러내며 세상을 한탄하던' 자신의 행동을 뒤돌아 볼 수 있게 되었고, 세상으로부터 버림받고 자포자기 상태로 '술독에 빠져' 있었지만, 주위의 관심과 배려 덕분에 단주를 유지하며 세상을 향해 다시 일어날 수 있었다. 이제 이들에게 작은 바람이 있다면 더 이상 춥거나 외롭지 않고, 서로에게 '지붕이 되어줄' 의미 있는 타인과 함께 '이 대지 위에서 집을 짓고 뿌리내리고' 싶었다.

> 그래도 나는 절망하지 않는다.
> 차디찬 콘크리트 바닥위에서 고픈 배를 움켜쥐고 병든 몸을, 추위를 견디기 위해 술 몇 잔에 잠들려 애쓰는, 사회의 냉대와 무관심 속에 서럽고 한 맺힌 고단한 삶을 사는 노숙인들이 우리 곁에 있다. 또 이들을 위하여, 이들과 함께 추위하고 같이 아파하며 같이 슬퍼하며 온갖 고통을 함께 하려는 선한 사마리아인들을 만났다. 그들의 작은 손길, 작은 온정이 우리를, 나를 자각하게 하고 자성하게도 한다.
> - 쉼터 입소인의 산문 中 -

다. 흉물스런 둥지에서 영원한 안식처를 찾아 떠도는 노숙의 공간

노숙인의 글 속에 표현되는 도시공간은 각가지 일상생활의 편리함에도 불구하고, 모든 것들이 빠르게 흩어지고 변화하는 동시에 진정한 쉼이 부재하는 삭막한 공간으로 그려졌다. 노숙인들이 생활하는 공간은 대개 절망과 고달픔이 고스란히 배어 있는 '흉물스런 둥지'로 표현되었다. 특히 먹고 잠자는 공간은 악취 나고 지저분한 '쓰레기 더미 속'이거나 '어둡고 칙칙한 지하도', '차가운 콘크리트 바닥' 등이 대부분이었고, 재수가 없으면 '생과 죽음의 문턱을 넘나드는 공포의 장소'가 되기도 하였다. 바로 서울역 광장은 공권력의 과도한 진압과정으로 죽음에로 이른 수많은 노숙인들의 장례식과 추모제가 해마다 열리는 공간이었다. 이처럼 노숙인의 글 속에 공간은 거주지로부터 추방당하고, 힘 없는 약자를 향한 폭력이 자행되는 불신과 부정으로 가득한 공간으로 그려지고 있었다.

도시공간에서 펼쳐지는 속도감과 편리함에 내밀려 인간적 내면세계가 점점 더 잊혀 질수록 어릴 적 시골 고향집에 대한 그리움은 더욱 커졌다. 하지만 그리운 고향집은 실재하는 공간이기 보다는 결핍과 고통 속에서 상상의 나래를 펼치고 그려지는 이상 공간이었다. 그렇기에 이들이 상상하는 공간에는 달콤함과 향기로움이 짙게 풍겨났고, 계절의 결실은 더할 나위없이 풍요롭고 넉넉했다. 필요한 것들을 주위세계로부터 너무 쉽게 구할 수 있는 대신 '기다림의 미학은 이미 오래전에 사라져' 버린 도시공간의 틈새에 기대어 살아가는 노숙인에게 진정한 거주공간은 마음의 위안과 함께 편안한 안식처'로서 의미 부여되고 있었다.

디지털 시대, IT혁명이라는 명제 아래 속도, 성능, 효과 등에 밀려 인간적 내면세계는 잊혀져 가는 것 같다. (중략) 하지만 요즘 과학의 눈부신 발달로 인하여 제철이 아니어도 백화점이나 청과물 가게에 가면 언제든지 맛볼 수 있다. 그러나 어릴 적 먹어보았던 그 달콤함이나 향기로움이 덜한 것 같다. 그런데 왜 옛것들에 비해 맛이 덜하게 느껴질까? 내가 생각하기엔 너무 쉽게 구할 수 있는 것이 한 이유가 아닐까 생각된다. 결론적으로 말한다면 기다림의 아름다움이나 기다림 속의 꿈이나 상상이 과학이라는 편리함과 속도감에 묻혀 기다림의 아름다움이 사라져 버린 것이 아닐까 생각한다.
　　　　　　　- 어느 홈리스의 「기다림의 미학」 산문 中 -

라. 존재 망각과 실존의 죽음 사이를 배회하는 시간

'둥지를 잃은 자에게 가장 두려운' 시간은 어둠이 짙게 깔린 밤이었다. 어김없이 거리의 잠자리에 어두운 적막의 밤이 찾아들 때면 이들에겐 두려움의 그림자가 함께 스며들었다. 노숙인에게 밤이 두려운 이유는 '뒤엉킨 실타래처럼 어지러운 상념이 맥없이 출렁거리기' 때문이었다. 그렇게 어둠의 시간은 끝없이 과거의 기억 속으로 회향하고 있었다. 한때는 남들처럼 한 집안의 가장으로 '일에 미쳐 하루해가 지는 것조차 아쉬울 만큼' 바쁜 일상을 살아왔지만, 한순간 모든 것을 잃어버리고 피붙이조차 뿔뿔이 흩어진 지금, 이들에게 남겨진 시간은 술잔을 기울이며 가슴 저미는 회한의 나날 속에 젖어 드는 것이었다.

노숙인에게도 일상의 시간은 남들처럼 살아가는 시간이었다. 그들의 시간은 세상 사람들이 보는 것을 보고, 사람들이 말하는 것을 따라 말하고, 사람들이 믿고 있는 것을 확실한 것으로 믿으며 살아가는 시간이다. 이렇듯 평균화된 삶의 일상을 '길'이라는 낱말에 비유한 거리의 시인은 자신이 걸어온 길에 대해 담담하게 읊조리며 우리에게 시간의 의미에 대해 중요한 사실을 전해주고 있다. 시인은 언제나처럼 평범한 길을 걷고 있었다. 그 길은 부지불식간에 우리 자신을 지배하고 있는 삶의 방식이었고, 시인은 단 한 번도 일상의 삶을 의심해본 적이 없었다. 그러던 어느 날 시인은 늘 익숙하게 걷던 길 한 가운데 난 깊은 구멍에 그만 빠져버렸다. 이미 일어난 사태에 대해 시인은 어찌할 수 없었고, 그저 운이 나빴을 뿐, 결코 자신의 잘

못이 아니라고 스스로 위무하였다. 그리하여 그 구멍으로부터 빠져
나오는데 '오랜 시간이 걸렸다'고 토로하였다. 한 차례 모진 풍랑을 벗
어난 듯한 시인은 그 길을 다시 걷게 되었고, 그 자리에 구멍이 있음
을 '알고도 못 본 체 하거나' '미리 알아차렸음에도' 또 다시 빠져버리
는 우를 범했다. 시인은 이번에도 자신의 잘못이 아니라고 위안해 보
았지만, 결국 '하나의 습관'에 빠져 있는 자신의 모습을 시인했다. 그
때 비로소 시인은 눈을 크게 뜨고 자신이 어디에 있는지를 깨닫게 되
었다. 이제 그는 자신의 존재를 망각한 채 일상 속에 함닉된 삶의 습
벽으로부터 깨어나 조금씩 다른 길로 돌아가는 법을 배우고 있었다.

> 난 길을 걷고 있었다.
> 길 한가운데 깊은 구멍이 있었다.
> 난 그곳에 빠졌다.
> 난 어떻게 할 수 없었다.
> 그건 내 잘못이 아니었다.
> 그 구멍에서 빠져나오는데
> 오랜 시간이 걸렸다.

> 난 길을 걷고 있었다.
> 길 한가운데 깊은 구멍이 있었다.
> 난 그걸 못 본 체했다.
> 난 다시 그곳에 빠졌다.
> 똑같은 장소에 또다시 빠진 것이 믿어지지 않았다.
> 하지만 그건 내 잘못이 아니었다.
> 그곳에서 빠져나오는데

또다시 오랜 시간이 걸렸다.

난 길을 걷고 있었다.
길 한가운데 깊은 구멍이 있었다.
난 미리 알아차렸지만 또다시 그곳에 빠졌다.
그건 이제 하나의 습관이 되었다.
난 비로소 눈을 떴다.
난 내가 어디 있는가를 알았다.
그건 내 잘못이었다.
난 얼른 그곳에서 나왔다.

내가 길을 걷고 있는데
길 한가운데 깊은 구멍이 있었다.
난 그 둘레로 돌아서 지나갔다.
나는 이제 다른 길로 가고 있다.

- 홈리스의 시 -

그런데 노숙인들은 죽음에 가까운 극한의 한계를 체험함으로써 다시 삶으로 돌아올 수 있는 진정한 시간을 체험하기도 하였다. 즉 흉물스런 둥지에서 창자가 끊어질 듯한 굶주림을 겪어내고, 깊은 겨울 칼바람에 살을 에는 고통을 체험함으로써 새삼 '존재함'에 감사하게 되었고, 되살기를 간절히 희망하였다. 결국 삶의 시간은 죽음과 함께 끝이 난다. 그렇기에 살아있는 시간동안, 마음의 평화를 유지하고, 사랑을 실천하는 것이야말로 주어진 시간을 행복하고 의미 있게 사는 길임을 읊조린다. 비록 지금은 노숙의 처지에 놓여 있지만, 이들은 희망의 끈을 놓지 않고, 주어진 시간을 최선을 다해 살아가길 바라고 있었다.

> 그래, 이제
> 다시 시작해야지
> 교만도 없고, 자랑도 없고
> 그저 주어진 생을 걸어가야지.
>
> 내달리다 넘어지지 말고
> 편하다고 주저앉지 말고
> 천천히 그리고 꾸준히
> 그날의 아름다움을 위해
>
> 걸어가야지…
> 걸어가야지…

하지만 춥고 배고픈 거리에서 벗어나 쉼터에서 생활하게 된 노숙인들은 주어진 시공간에 서서히 길들여져 가고 있는 자신의 일상에 대해 답답함을 드러냈다. '그저 하루 세끼 때우고, 교회에서 예배보고, 대합실에 앉아 종일 TV를 보는' 것이 전부였고, '밖으로 나가보아도 딱히 갈 데도' 없었다. 시간은 정지되어 버렸고 삶은 무료하게 느껴졌다. 이렇게 무료한 일상 속에 빠져들면서 '지금 가장 바라는 것은 삶의 여유보다 흥미를 가지며 시간을 효율적으로 보내고 싶다'는 생각뿐이었고, 덧없이 지나가는 하루의 일과 속에 마음은 점점 더 조급해져갔다. 그렇게 시간은 죽음의 문턱 가까이에서 인수되어 자기화되는 순간 또 다시 일상의 굴레 속으로 떨어져 나가버렸다.

　궁극적으로 노숙인의 작품 속에서 드러난 시간의 의미는 끊임없는 기다림의 시간이었다. 그렇다면 이들은 무엇을 기다리는 것인가? 그것은 바로 죽음을 기다리는 것이다. 결코 그 누구의 죽음이 아닌 자신의 존재가능성의 종말로서 죽음을 생의 한 가운데에서 기다리는 일이 노숙인이 체험하는 시간의 본질이었다. 그렇기 때문에 '우리의 삶이 죽음을 향해 달려가고 있음'을 순간순간 자성한다면 그 기다림은 갑갑하고 죽어있는 시간이 아니라 힘차고 역동적으로 움직이는 시간으로 자기화할 수 있었다. 이처럼 실존의 깨달음을 통해 인수된 기다림은 언젠가 이르게 될 자신의 마지막 순간을 아름답게 맞이할 수 있으리라는 믿음과 함께 '진정한 기다림의 미학'이라 표현하였다.

　　우리들의 삶이 죽음을 향해 달려가고 있음을 한번쯤 생각해 본다면
　　기다림이 외려 반갑지 않을런지...

- 홈리스의 산문 中 -

제4절 자료의 수집과 분석

1. 연구 참여자 선정과 자료 수집

　현상학적 탐구의 목적은 특정한 현상에 대한 서술과 해석을 통해 인간 실존의 체험적 본질을 발견하는 데 있으므로, 연구하려는 내용과 관련하여 깊이 있고 풍부한 정보를 제공할 수 있는 사람들을 의도적으로 선정하게 된다. 본 연구는 노숙인들의 거주체험의 본질을 탐

구하는 것을 목적으로 한다. 따라서 이러한 노숙인의 경험세계에 대한 풍부한 자료를 제공해 줄 수 있는 사례를 만나기 위해 몇 가지 기준을 정하여 선정하였다.

첫째, 최소한 3개월 이상 거리노숙을 체험한 노숙인들을 선정하였다. 어떤 현상에 대한 탐구이든지 반드시 체험자 자신의 육화된 경험이 스스로 의미있게 구성될 수 있는 시간이 필요한데, 사전 인터뷰에서 연구 참여자들은 '대개 3개월 째 접어들면 거리노숙에 대한 다양한 체험들이 축적된다'고 진술하였다. 또한 노숙 초기의 생생한 경험담을 드러낼 수 있는 질료적 언어를 포착할 수 있는 장점을 지니기 때문에 초기 노숙을 경험하고 있는 이들을 포함시켰다. 둘째, 대개 노숙인의 특성상 거리노숙의 체험뿐 아니라 다양한 거주 공간들 - 쪽방, 쉼터, 고시원 등 - 에 대한 포괄적이고 풍부한 체험들을 가진 노숙인들을 선별하였다. 거리노숙 이전에 주로 어떤 거주 공간들을 거쳐왔고, 그러한 공간들이 노숙인 자신에게 어떤 의미를 지니고 있는지를 살펴봄으로써 거주체험의 본질을 보다 근원적으로 파악할 수 있을 것이다. 셋째, 노숙인 자신의 경험세계를 연구자와 기꺼이 나누려는 의향을 가지고 있어야 하고, 자신의 생각과 느낌을 언어로 표현할 수 있어야 한다. 참여자와 연구자 사이에 인격적인 신뢰에 바탕을 둔 열린 대화가 형성되기 위해서는 무엇보다 노숙인들의 자발적인 참여가 요구되기 때문이다. 현상학적 탐구는 타인들의 세계에 들어가 마음을 열고 소박하고 겸손한 태도로 그들의 말에 귀를 기울이고, 소통하는 것에서 이미 탐구가 시작된다. 마지막으로 경험세계에 대한 심층적인 의미 분석에 중점을 둔 현상학적 연구의 특성상, 참여자의 수는 크게 고려하지 않았다. 그보다는 오히려 노숙인들의 체험에 대한 풍성한 기술을 이끌어내는데 초점을 두고, 중층적으로 변형되는 의미들을 이해하려는 노력이 필요하다.

 본 연구에서는 참여자들과의 심층면접 자료와 일인칭 서술기록을 주된 연구 자료로 채택하였다. 현상학적 연구에서 면접은 인간현상을 보다 풍부하고 깊이 있게 이해할 수 있는 경험적인 이야기 자료를 수집하고, 경험의 의미와 관련된 참여자와 대화관계를 발전시키기 위해 자주 이용된다. 특히 생애사적 면접은 우리의 관심영역 밖으로 밀려나 그 현상이 쉽게 드러나지 않거나 잘 알려지지 않은 타인의 체험세계에 대한 자료를 수집하는데 매우 유용한 방법이다. 물론 자신의 생애에 대한 내러티브가 동어반복과 진부한 내용들로 방향성을 상실할 수 있고, 오랜 시간이 소요되는 단점도 있지만, 참여자 자신의 생각과 행위를 구체적으로 드러내주고, 의미를 지닌 이야기로 구성된다는 점에서 이미 그 자체가 현상학적 탐구의 성격을 반영하고 있다. 본 연구의 목적은 노숙인의 거주에 대한 체험의 본질을 규명하는 것이다. 이러한 본질은 참여자의 실존적인 삶의 흐름을 통해서만 포착될 수 있고, 구체적인 사건들에 근거하여 열어 밝혀지기 때문에, 연구자는 생애사적 면접 자료를 선택하였다.

 연구 참여자들에 대한 접근은 다음과 같은 과정을 통해 진행되었다. 우선 연구자는 2005년 3월부터 1년 남짓 서울에 있는 한 노숙인 인권단체에서 자원활동[19]을 시작하였다. 또한 거리노숙 현장체험을 비롯한 다양한 인권교육 및 세미나 등에 참여하였고, 매주 거리상담 활동(out-reach)[20]을 나가면서 거리 노숙인들과 자연스럽게 접촉할 수 있었다. 활동 초기에는 서울역, 청량리역과 같은 역사주변과 남대문, 을지로와 종로 일대에 걸친 지하도, 남산과 종묘 공원 등을 중심으로

---

19. 참고로 이 인권단체는 노숙인을 돕기 위해 자발적으로 참여한 시민들을 '자원봉사자' 대신 '자원 활동가'라고 불렀다.

형성되어 있는 잠자리 장소들을 찾아다니면서 다양한 거리 노숙인들과 안면을 익혔다. 정기적인 상담활동을 통해 거리감이 좁혀지면서 거리노숙에 대한 다양한 정보들을 들을 수 있었다. 연구의 목적과 기준에 적합한 노숙인들을 만나기 위해 관련 분야에 종사하는 실무자들에게 소개를 받거나 연구자가 직접 거리 현장에서 접촉하여 연구의 목적을 설명하고, 연구 참여와 인터뷰에 대한 동의를 받은 참여자들에 한하여 심층 면접을 실시하였다. 하지만 계절과 날씨에 따른 잠자리와 노동가능여부에 따라 지역적인 이동성이 잦은 거리 노숙인들의 환경적인 특성과 이들이 제공하는 정보의 신뢰성 문제로 인해 인터뷰가 자주 중단되거나 중도에 탈락되는 경우가 자주 발생하였고, 또 다른 참여자를 기다리고 유대를 형성하는데 수개월이 소요되었다. 이러한 과정을 1년 가까이 반복하면서 최종적으로 총 8명이 인터뷰에 참여하였다. 참여자와의 면담은 한 사람과 2~3회에 걸쳐 이루어졌고, 1회 면담시간은 대개 1시간에서 3시간 정도 소요되었다. 특정한 질문지 양식에 맞춘 면담이기보다는 삶 속에서 참여자가 중요하게 생각하는 이야기들을 중심으로 대화를 진행하였다.

2. 자료의 분석방법

현상학적 반성(反省)은 자료가 보여주는 현상의 본질적인 의미를 파악하는 작업이다. 즉 참여자가 겪은 그대로의 경험에 보다 가까이 다

---

20. 거리 상담은 무료급식소의 저녁배식이 끝난 후부터 자정까지 지하도나 공원 등에서 잠을 자는 노숙인들을 찾아가 거리생활에서 겪는 어려움들을 모니터하고, 일상적인 소모품들을 지원해주거나 거리로 나온 지 얼마 되지 않은 노숙인들에게 쉼터나 병원 등 필요한 정보를 제공해주는 활동이다.

가서는 것이다. 하지만 어떤 현상의 의미나 본질은 다차원적이고 다층적이다. 바로 이러한 이유 때문에 의미는 단 하나의 정의로 결코 파악될 수 없으며 늘 '텍스트' - 즉 구성된 이야기나 산문 - 를 통하여 전달될 수 있을 뿐이다. 연구를 한다는 것은 텍스트를 만드는 일에 관계한다는 것이다. 따라서 텍스트의 의미구조를 밝히기 위해서는 텍스트로 기술된 현상을 의미구조 내지 주제적 측면에서 접근해야 한다. 말하자면 체험의 반성은 그 경험의 구조적 혹은 주제적 측면을 반성적으로 분석하는 것이다.

체험의 기술로부터 현상의 주제적 측면을 분리해 내기 위해서는 크게 세 가지 방법으로 접근할 수 있다. 첫째, 전체론적 조망은 기술된 체험의 기본적 주제나 전반적 의미를 파악하려는 접근이다. 둘째, 선택적 조명은 탐구하려는 현상과 관련하여 특별히 눈에 띄는 어구를 찾아 의미를 찾는 방법이고, 마지막으로 체험의 기술을 문장이나 절을 단위로 하나하나 집어가면서 그 의미를 생각하는 세분법이 있는데, 연구자는 그때마다 필요에 따라 세 가지 방법을 모두 사용하여 자료를 분석하였다. 다음으로 다양한 체험적 자료들로부터 주제와 주제적 진술을 얻은 후에는, 이러한 주제적 진술을 포착할 수 있도록 현상학적 민감성이 돋보이는 짤막한 글로 재구성하는데, 이렇게 언어적 변형을 이루는 것은 기계적인 절차가 아니라 창조적이고 해석적인 과정이다.

본 연구에서 자료의 분석은 밴 매넌이 제시한 분석과정을 본 연구의 목적에 맞게 변형시켜 이루어졌다. 연구의 본질적 주제를 이끌어내기 위하여 우선 필사된 면담자료를 수없이 반복하여 읽었고 녹음을 들으면서 의미 있는 진술을 찾아내는 텍스트 분리작업을 동시에 수행하였다. 노숙인들에 의해 기술된 체험의 기본적 주제나 전반적 의미를 파악하면서 특별히 눈에 띄는 구절에 초점을 두고 의미를 찾기도 하였다. 또한 분리된 텍스트를 반복하여 읽어가며 언어가 말하고자 하는 의미를 반성적으로 탐구하여 주제진술을 찾아냈고, "과연 이것이 주제의 속성인가?" 하는 물음을 계속 던지면서 본질적인 주제로부터 예외적이거나 우연적 주제를 분리시켰다. 이러한 반복적 과정에서 주제적 진술들은 언어적 변형을 통해 하나의 '이야기'로 재구성되었다.

3. 연구 참여자들의 생애사 요약

영혼의 안식처를 찾고 있는 참여자

참여자(1)는 45세 미혼 남성으로 2005년도 초여름부터 **공원에서 노숙을 하고 있었다. 두 살 때 앓은 소아마비로 한쪽 다리를 목발에 의지해온 참여자는 **공원에서 노숙을 하는 동안 10㎏ 넘게 몸무게(인터뷰 당시 46㎏)가 빠졌고, 한 눈에 봐도 왜소하고 깡마른 체격은 그간 얼마나 심적인 고통을 받아왔는지를 짐작하게 했다. 유년시절 가난한 집안형편에 다니던 초등학교를 중퇴하고, 동네 불량배들과 어울려 다니며 밖으로만 겉돌던 그는 어느 날 굶주린 가족의 모습 속에서 섬뜩한 죽음의 공포를 느끼게 되면서 돈을 벌기 위해 인근 제조업 공장에 들어가 기술을 배우기 시작했다. 하지만 야근수당은커녕 노동력만 착취하던 일터들은 13살 된 장애아가 감당하기엔 너무도 힘겹고 냉혹한 세계였다. 하루 끼니조차 해결하기 힘겨웠던 그에게 남겨진 유일한 희망은 돈을 벌 수 있는 일터를 찾아 고향을 떠나는 길 외엔 달리 선택의 여지가 없었다. 15살 되던 해 연고도 없는 서울로 상경한 그는 가방공장에 들어가 허드렛일부터 배워가며 수년간 고생한 끝에 조그만 자기 공장을 운영하게 되었고, 가족의 생계까지 책임지는 등 나름대로 성공적인 삶에 안착하는 듯싶었다. 하지만 성공에 대한 기쁨도 그리 오래가지 못했다. 언제부턴가 국내 제조업이 사양길로 접어들면서 그가 운영하던 가방공장도 부도가 나면서 지금껏 힘겹게 이루었던 모든 것들을 한순간에 잃고 말았다. 그 후 참여자는 여관, 싸우나, 만화방 등을 떠돌며 하루 벌어 하루 먹고 살아가는 날품팔이꾼으로 살아왔다.

하지만 지난 10년 넘게 이어진 방랑생활에 참여자는 서서히 지쳐갔고, 자포자기 심정으로 부여잡던 일손마저 모두 내려놓은 채 거리로 나와 노숙을 시작했다. 난생 처음 거리에서 노숙을 하게 된 그는 누군가 자신을 해칠지도 모른다는 극한 공포심에 시달리며 몇 날 밤을 뜬 눈으로 지새워야 했고, 또 제대로 먹거나 씻지도 못해 타인의 동정을 불러일으키는 상거지 신세가 되어있었다. 하지만 두렵고 낯설게만 느껴지던 거리세계에서 그 나름의 생존방식을 터득하게 되면서 참여자는 노숙생활에 차츰 익숙해졌다. 동료노숙자와 서로의 잠자리를 지켜주고, 무료급식소에서 밥을 얻어먹고, 꼬지나 구걸을 접하게 되면서 그에게 또 다른 거주의 가능성이 열려졌다. 더구나 삶의 의미가 허물어진 그에게 매일같이 위로와 용기의 편지를 전해주던 한 교인과의 만남은 거리세계에서 얻게 된 또 하나의 위안이었다. 낯선 타인을 향한 교인의 배려와 기도는 그로 하여금 신앙에 대한 강한 이끌림을 갖게 하였고, 신앙을 통해 진정한 마음의 평화와 안식을 간절히 바라고 있었다. 그의 소망은 남은 인생을 '깨끗하게 사는 것'이었다.

자유로운 영혼을 갈망하는 참여자

참여자(2)는 36살 된 미혼남성으로 2004년 겨울부터 **공원에서 노숙을 하고 있었다. 기억조차 나지 않는 어린 나이에 부모로부터 버려 져 고아원에서 자라온 그는 초등학교 졸업 후부터 시설생활에 염증 을 느꼈고, 15살 되던 해 보호시설 담을 넘어 서울행 기차에 몸을 실 었다. 아는 사람도, 머물 곳도 없이 서울역에서 얼마간 노숙을 하던 그는 굶주린 배를 채우기 위해 신문배달, 앵벌이, 껌팔이, 구두닦이 찍 새 등 온갖 밑바닥 생활을 하였다. 그렇게 일을 해서 돈이 조금 모아 지면 역 주변에 즐비한 여관이나 만화방에 들어가 생활하다가 돈이 다 떨어지면 다시 서울역에 나와 노숙을 하였다. 또한 약육강식의 생 존법칙이 지배하는 거리의 삶에 내던져져 자신보다 힘센 주변 삐끼들 과 양아치들의 강압에 이끌려 절도와 소매치기 등을 하다 소년원과 교도소를 수차례 들락거리기도 하였다. 혹독한 유년기와 청소년기를 거치고, 20대 중반부터는 주로 막노동을 하면서 쪽방, 만화방, 다방 등에서 생활하였다. 그러나 어떤 일을 하든지 주머니에 돈이 들어오 면 일을 그만두는 습관 때문에 그의 거처는 늘 일정치 않았고, 이렇 게 불안정한 거주생활의 종착지는 거리노숙이었다.

그런데 구호단체에서 나눠주는 방한용 옷가지들과 침낭을 얻어 잠 을 자고, 무료급식소에서 매 끼니를 해결하고, 동료 노숙인들과 함께 한 식구처럼 의지하면서 거리노숙은 충분히 견딜만한 생활공간이 되 었다. 거주의 종착지에 이르게 된 그는 거리노숙의 공간을 지금까지 머물었던 장소들 가운데 가장 자유로운 안식처로 여기고 있었다. 실 존의 자유와 더불어 머물 수 있는 공간에서 그는 자신의 삶을 스스 로 구성해 나가고 있었다. 평일에는 리어커를 끌고 시장 골목을 돌며 파지나 고물을 수거하러 다녔고, 주말에는 교회꼬지를 하며 필요한 용돈을 마련하였다. 당장이라도 마음만 먹으면 방에 들어갈 수도 있 지만, 물리적 공간으로서 '집'은 더 이상 의미가 없는 답답하고 쓸쓸한 공간일 뿐이다. 그에게 거주공간은 늘 의미있는 타자들과 더불어 있는 공간이었다. 그의 소망은 "누구나 짚신도 짝이 있듯이" 자신을 붙잡아줄 배필을 만나 단란한 가정을 꾸릴 수 있는 보금자리를 마련하는 것이다. 지금껏 가족의 관심과 애정을 한 번도 받아본 적이 없음에도 불구하고, 그는 따뜻한 밥을 함께 나누고, 아프고 힘들 때마다 서로 기댈 수 있는 배우자와 함께 있는 집의 원형적 이미지를 늘 가슴에 품고 있었다.

숲 속에서 홀로 집을 짓는 참여자

참여자(3)는 42세의 미혼 남성이며 6살 때 홀로 서울로 올라온 후 30년간 중국요리사로서 일해 왔다. 유년시절 부모로부터 버려져 남의 집에 맡겨진 참여자는 마을주민들의 곱지 않은 시선 속에 늘 근본 없는 자식취급을 받으며 손가락질을 당했다. 학교는 아예 다녀보지도 못했고, 시골마을에 불상사라도 생기면 아무 잘못도 없이 모든 죄를 뒤집어쓰는 일이 다반사였다. 결국 6살 되던 해 마을에서 쫓겨난 그는 서울로 올라와 중국집 식당 일을 도우며 그곳에서 숙식을 해결하였다. 11살 때부터 중국요리를 배우기 시작하여 스무 살 되던 해 모든 중식요리들을 숙달한 그는 자신에게 길잡이가 되어준 중식집을 나와 독립적으로 일을 시작하면서 남들처럼 평범한 일상을 보냈다. 하지만 그토록 바라던 독립된 삶에는 늘 고단한 노동의 굴레가 뒤따랐다. 아침 5시 반에 일어나 일터에 나가 노동을 하고 일을 마무리 지으면 어느새 밤 10시를 훌쩍 넘겨버리곤 하였다. 그렇게 늦은 밤 일을 끝마치고 집에 들어가면 밀려오는 고단함에 곯아떨어졌다. 또 아침에 눈을 뜨면 어제와 같은 일상이 되풀이되었다. 직업적인 특성상 많게는 16시간, 적게는 14시간을 하루 종일 서서 일해야 했고, 한 달에 두 번밖에 쉬지 못할 만큼 근무환경은 열악한 편이었다. 사정이 이러다보니 결혼은커녕 연애도 제대로 해보지 못했고, 마땅한 취미생활을 가질 짬도 나지 않았다. 그렇게 평범한 일상을 살아가던 어느 날부터 불길한 조짐이 나타나기 시작했다. 독립 이후 남에게 아쉬운 소리하지 않고 그런대로 잘 살아왔지만, 서른 중반부터 이상하게 하는 일마다 꼬이기 시작한 것이다. 직장을 다닐만 하면 번번이 좋지 않은 일들이 생기면서 그의 일상생활은 조금씩 내리막길을 타고 있었다.

그러던 어느 날 IMF 사태가 터지면서 거의 모든 일자리가 한순간에 떨어져 나갔고, 그 역시 평생직으로 여겨오던 일자리를 잃고 말았다. 그 후 새벽 인력시장에 매일 나가 보지만 허드렛일조차 구할 수 없었고, 몇 달째 방세를 내지 못하자 결국 거리로 내쫓겨났다. 구직을 위한 온갖 노력에도 불구하고, 기회조차 주어지지 않는 일을 포기해버린 그는 **공원에서 본격적으로 노숙을 시작했다. 되도록 사람들이 다니지 않는 외진 대나무 숲속에 들어가 생활하였다. 하지만 이미 한 차례 순찰을 도는 경찰들에게 발각되어 숲에서 쫓겨난 적이 있던 그는 이번에는 더 깊숙한 곳으로 숨어 들어 자신만의 '은신처'를 만들었다. 겨울밤 한기가 뼈 속까지 깊게 스며드는 추위에 신문지와 헌옷가지들을 땅바닥에 깔고, 담요를 칭칭 감아 누우면 이내 온몸이 꽁꽁 얼어붙어 숨쉬기조차 힘든 고통이 몰려왔다. 그는 춥고 배고픈 외부세계에서 자신의 몸을 내맡기며 3년 넘게 노숙을 하고 있었다. 다른 노숙자들은 대체로 거리의 생존방식을 함께 공유하는 데 반해, 참여자는 공원 숲 속에서 홀로 생활하고 있었다. 타인들의 시선이 낯설고 두렵기 때문이었다. 어느덧 스스로조차 부정할 수 없는 노숙인이 된 그에게 세상과 타인은 결코 다가설 수 없는 거대한 선망의 대상이자 두려운 존재로 비쳐지고 있었다. 그럴수록 그는 더욱더 세계로부터 단절되어 자신이 손수 지은 은둔의 집에서 침거하고 있었다.

거리에서 존재의 구원을 기도하는 참여자

참여자(4)는 55세의 미혼남성으로 거리에 나온 지 4개월째 접어들었고, **역 지하도에서 노숙을 하고 있었다. 유년시절 아버지의 노름빚으로 끼니조차 해결할 수 없을 만큼 가정형편이 어려워지자 중학교를 중퇴하고, 돈벌이에 뛰어들었다. 18살 때부터 건축설비 일을 하던 큰형에게 미장기술을 배우기 시작한 그는 기능공으로 국내외 건설현장들을 돌아다니며 가족의 생계를 부양해왔다. 어린 시절부터 가족에 대한 애정과 책임감이 남달랐던 그는 늘 집안에 어려움이 닥칠 때마다 가장역할을 도맡았다. 하지만 외국 건설현장에 나가 힘겹게 일해서 번 돈을 형제들이 사업부도로 다 날리게 되면서 가족과의 불화가 심해졌고, 부모님이 돌아가신 후부터는 형제들과 연락을 끊고 여기저기 노동판을 떠돌며 지내왔다. 그러던 어느 날 IMF가 터지면서 건설직 일거리가 모조리 떨어져 나가자, 일없이 여관방에서 혼자 술을 마시는 날들이 늘어났다. 그렇게 술을 한번 마시기 시작하면 하루종일 술독에 빠져 지내기 일쑤였다. 아침에 일어나자마자 소주 한 병을 앉은 자리에서 다 비웠고, 그렇게 매일같이 7~8병씩 마셔댔다. 3개월째 술독에서 헤어 나오지 못하던 그는 모아둔 돈을 몽땅 써버리고 방세까지 밀리게 되자 결국 여관방에서 쫓겨났다.

빈털터리 신세가 되어 난생 처음 길거리로 내몰린 그는 **역 무료급식소에서 밥 한 끼를 얻어먹고, 한참 동안 길거리를 배회하다 도심에 있는 **역 지하도로 발걸음을 향했다. 그곳에서 처음으로 노숙을 시작하면서 혹시나 아는 사람들의 눈에 띄는 것이 두렵고 창피해 여기저기 숨어 다니기 바빴고, 늘 주변의 시선을 의식하며 상당한 스트레스를 받았다. 조급해진 마음에 새벽마다 인력시장에 나가 일거리를 찾아보지만, 어디에도 자신의 노동력을 써주는 현장은 없었다. 눈앞에 현실을 직시하게 된 그는 삼, 사일 고심 끝에 결국 교회꼬지를 알게 되었고, 주위 노숙인들을 따라 교회 구제금을 받으러 돌아다니기 시작했다. 하루에 교회 수십 곳을 돌아다니며 많게는 2천원에서 적게는 200원씩 나눠주는 구제헌금이 그의 주요 생존수단이 되었다. 베테랑 노숙자들 못지않게 그는 거리의 생존방식을 빠르게 터득해나갔다. 수년에 걸쳐 꼬지를 해온 노숙자들만이 알 수 있는 웬만한 꼬지경로들을 거의 다 꿰고 있었고, 요일과 지역에 따라 제공되는 먹거리 정보들도 거의 정확하게 파악하고 있었다. 또한 참여자는 힘겨운 거리세계에서 종교와 신앙에 대해 남다른 관심을 갖게 되었다. 교회꼬지를 다니면서 우연히 알게 된 목사님의 진정어린 용기와 도움 덕분에 술독에 빠져 있던 몸을 추스를 수 있었고, 허무어진 마음에 신앙심을 찾게 되면서 삶에 대한 의지를 조금씩 회복하고 있었다. 모든 것을 잃고 혹독한 외부세계에 내던져진 참여자는 비로소 살아있음 자체에 대한 감사의 기도를 매일 드리고 있었고, 고단한 거리의 삶 속에서도 매사에 긍정적인 마음자세를 가지려고 노력하였다.

풍전등화 같던 인생을 회상하는 노년의 참여자

예순두 살의 기혼 남성인 참여자(5)는 지방에 있는 고등학교를 중퇴하고, 돈을 벌기 위해 연고도 없는 서울로 혼자 올라와 노동판을 돌아다니며 어렵게 생활하다 군대를 갔다. 제대 후 지역 마을금고에 취직한 그는 직장동료 여성과 결혼해 슬하에 3남 1녀를 두었다. 가정을 이룬 후 미장기술을 습득해 건설현장 일을 하며 가족을 부양해왔지만, 성장하는 아이들 밑으로 들어가는 생활비를 감당할 수 없어 78

년도부터 약 6년간 해외 건설현장에 나가 열심히 일을 하였다. 장기간에 걸친 해외근무 덕분에 월세방에서 전세방으로, 마지막엔 내 집 마련의 꿈까지 이룰 수 있었다. 참여자는 오랜 건설현장 경험을 바탕으로 재개발 지역의 집짓기 사업에 뛰어들었고, 국내 건설경기가 활성화되면서 예상치 않은 수익을 거두었고, 97년도 중순부터 본격적으로 자금을 끌어 모아 사업에 투자하였다. 그런데 이듬해 98년도 가을에 IMF가 터져버리면서 투자한 자본금을 몽땅 날려버렸고, 남겨진 건 부도수표뿐이었다. 사업부도와 더불어 가정적인 문제까지 겹치면서 아내와의 마찰은 걷잡을 수 없이 악화되었고, 서로를 향한 불신과 상처에 지쳐버린 그는 모든 것을 포기하고 빈 몸으로 집을 나와 버렸다. 그 후 10년 넘게 가족과 연락을 하지 않은 채, 가끔 오랜 친구를 통해 가족의 안부를 확인하였다.

98년도 10월 경 거리로 나온 그는 잠자리를 수소문한 끝에 노숙인들이 많이 머물고 있는 서울역으로 향하였다. 서울역 지하도에서 몇 일간 노숙을 하던 그는 날씨가 점점 추워지자 거리상담자의 도움으로 한 노숙인 자활쉼터에 들어갈 수 있었다. 하지만 쉼터생활은 결코 만만치 않았다. 아침부터 저녁까지 입소자들 간에는 크고 작은 말싸움과 몸싸움이 벌어졌고, 입소자와 관리자 사이에도 잦은 마찰과 갈등이 반복되면서 쉼터는 하루도 조용한 날이 없었다. 2년 넘게 생활하던 쉼터에서 나와 일용직 막노동을 하며 쪽방에서 생활하던 그는 근근이 나가던 일거리마저 뚝 떨어져나가자, 2003년부터 본격적으로 **역 지하도에서 노숙을 시작하였다. 노숙을 하면서도 부단히 인력시장을 찾아다녔지만, 나이가 많다는 이유로 막노동은커녕 공공근로조차 거절당하기 일쑤였다. 어쩔 수 없이 기존에 하던 미장일을 포기하고, 꼬지를 하는 주위 노숙인들을 따라다니게 되면서 차츰 거리의 생존방식에 빠져 들었다.

거리세계에 머무는 그의 일상은 대개 무료배식과 교회예배 시간에 맞추어져 있었다. 첫 지하철이 운영되는 새벽 5시 경에 잠자리를 정리하고, **역에서 잠시 휴식을 취하다 무료급식소에서 아침을 먹고 나면 평소처럼 정해진 코스를 따라 동료들과 함께 교회들을 돌아다녔다. 그렇게 온종일 다리품을 팔아 모은 돈으로 침낭과 개인물품을 담아둘 사물함비와 담배값, 술값 등에 사용하였다. 꼬지가 끝나는 오후 4시 경부터는 대부분 지하철을 타고 돌아다녔고, 저녁 8시경에 **역 무료급식소에서 저녁밥을 먹었고, **역 지하도에서 잠을 잤다. 날씨가 추울 때는 주로 **역 지하도에서 지냈고, 날이 풀리는 4월경부터는 광화문 세종문화회관 뒤편에 있는 공원에서 지냈다. 노숙세계에 젖어 들수록 자연스럽게 일상세계에서 살아가는 일반인들과 그들의 생활방식과도 점점 멀어졌다. 가급적 일반인들과의 접촉을 피하기 위해 재래시장 뒷골목에 즐비한 싸구려 식당가나 단골 포장마차들만 찾아갔다. 그곳에서 술잔을 기울이다보면 자식들에 대한 그리움과 부모노릇 제대로 하지 못한 미안함과 죄책감에 늘 한계주량을 훌쩍 넘겨버렸다. 그는 죽음이 임박하더라도 가족들에게는 절대로 연락하지 않고, 조용히 생을 마감하고 싶어 했다. 자식들에게만큼은 짐스러운 존재가 되고 싶지 않기 때문이었다. 그에게 마지막 바람이 있다면, 요양시설에서 여생을 보내다 죽음을 맞는 것이다. 앞으로 살아갈 날보다 살아온 세월의 흔적과 주름들이 깊게 패인 그의 얼굴에는 풍전등화 같았던 인생의 희로애락이 오롯이 깃들어 있었다.

울적한 존재의 그림자에 비틀대는 참여자

참여자(6)는 33살 미혼남성으로 13살 때 집을 나온 이후부터 부랑인시설, 아동상담소를 거쳐 쪽방과 거리의 삶을 반복해오다 거리상담가의 도움으로 **동에 위치한 한 쉼터에서 생활하고 있었다. 유년시절 부모의 관심과 애정을 제대로 받아보지 못한 그는 13살 때 집을 나와 무작정 서울로 올라왔다. 그의 기억 속에 집은 부모의 정을 한 번도 느끼지 못한 외롭고 공허한 빈터로 자리 잡고 있었다. 집을 떠난 순간부터 그의 삶은 거칠고 험난한 거리세계에 내던져졌다. **역에서 노숙을 하며 배고픔에 시달리다 이것저것 닥치는 대로 돈벌이에 뛰어들었고, 길거리에서 신문, 껌, 볼펜 등을 팔아 살아가는 '하루살이 인생'이 줄곧 이어졌다. 그런데 낯선 행인들에게 신문이나 볼펜 등을 팔 때마다 느껴지는 수치심을 감추기 위해 이때부터 환각제를 복용하기 시작했다. 약을 먹으면 사람들과도 거의 싸움을 하지 않았고 기분까지 좋아져 신문을 돌릴 때마다 챙겨 먹었고, 그러다 약기운이 떨어지면 극도로 불안해져 다시 약을 찾았다. 처음에는 끼니를 해결하기 위해 복용하기 시작했지만, 나중에는 약 없이는 단 하루도 견디지 못하는 지경에 이르게 되었다. 정신병원에도 수차례 입원했지만, 번번이 실패하고 이내 거리로 나와 다시 약을 찾았다.

그러던 어느 날 거리에서 함께 생활하던 친구들을 따라 우연히 부산에 놀러간 그는 여느 때처럼 친구들과 거리를 배회하다 경찰에게 붙잡혀 영문도 모른 채 부랑인시설로 보내졌다. 시설생활은 악몽 그 자체였다. 배고픔은 일상이었고, 구타나 폭력은 상상 이상의 것이었다. 아무 잘못도, 이유도 없이 매일 자행되는 구타와 폭언에 그의 몸은 어느새 시설 간부들의 지시에 따라 기계처럼 움직이는 부속물이 되어 있었다. 1년 남짓 끔찍한 감금생활에서 벗어난 그는 서울에 있는 한 **아동상담소로 이송되었고, 얼마 지나지 않아 부랑인시설에서 자행된 인권유린 사건의 내막이 세상 밖으로 터져 나오면서 시설은

폐쇄되다시피 하였다. 그 후 아동상담소에서 도망쳐 다시 길거리를 배회하던 그는 번번이 거리순찰을 하는 경찰들에게 붙잡혀 상담소로 보내졌고, 그렇게 경찰서와 상담소를 들락거렸다. 어디에도 마음 붙일 곳을 찾지 못한 채 그는 여기저기 떠도는 부랑의 삶 속으로 걷잡을 수 없이 빠져 들었다. 거리진료소에서 알게 된 정신과 의사의 적극적인 관심과 도움으로 다행히 환각제를 끊을 수 있었지만, 심한 금단증상에 시달리면서 술을 마시기 시작했다. 처음엔 조금씩 마시던 음주량이 급격하게 늘어나면서 나중에는 고주망태가 될 때까지 병나발을 불고 다녔다. 술에 취해 주위사람들에게 시비를 걸거나 싸움질을 일삼았고, 항상 술에 취해 길바닥에서 쓰러져 잠들곤 하였다. 그에게 거리노숙은 이미 유년시절부터 줄곧 이어진 익숙한 거주방식이었다. 참여자는 2005년부터 **에 위치한 한 쉼터에서 머물고 있었다. 거리노숙과 술에 찌들어 지내던 그는 주위의 도움으로 거리생활을 접었다. 한 평이 안 되는 좁고 열악한 공간이지만, 그에겐 누구의 방해도 받지 않고 마음에 안정을 되찾게 해준 안식처나 다름없었다. 쉼터에서 안정감을 갖게 된 그는 매일 인터넷 구직사이트들을 뒤져 일자리들을 알아보거나 돈벌이가 될 만한 장사거리를 구상하는 등 황폐화된 삶에 활력을 되찾아갔다. 때로는 떠올리기조차 싫은 아픈 기억들에 사로잡혀 울적한 기분에 끝없이 빠져들기도 했지만, 아주 조금씩 세상을 향해 한걸음씩 나아가고 있었다. 그는 자신과 비슷한 처지에 놓인 사람들과 더불어 다양한 사회적 활동에도 적극적으로 참여하면서 세상과 소통하는 길을 찾고 있었다.

세상 어디에도 정주하지 못하는 참여자

참여자(7)는 48살의 미혼남성으로 어린 시절 부모의 이혼으로 시골에 있는 조부모 밑에 맡겨졌지만, 늘 미운 오리새끼마냥 동네 사람들의 놀림거리가 되었고, 학교생활에도 적응하지 못하면서 무작정 집을 나와 서울행 열차에 몸을 실었다. **역에서 노숙을 하던 그는 행실이 나쁜 주위 양아치들에게 붙잡혀 강제로 구두쩍새를 나가며 앵벌이 생활을 하였다. 구걸과 앵벌이 등 험한 거리생활에 던져져 길거리를 배회하던 어느 날 경찰에게 붙잡혀 아동 보호소로 보내진 그는 부모와 연락이 닿지 않자 담당공무원에게 인솔되어 육지에서 떨어진 섬으로 이송되었다. 말이 고아원이었지 군대식 수용소나 다름없었던 그곳에 갇혀 죄수처럼 간이식으로 지은 천막 안에서 생활하였다. 하루의 일상은 집단생활의 규칙과 일과표에 맞춰 굴러갔다. 그러던 어느 날 운 좋게 섬에서 나와 천주교 단체에서 운영하는 고아원으로 보내졌고, 그곳에서 비교적 자유로운 생활을 할 수 있었다. 하지만 얼마 지나지 않아 또다시 고아원에서 도망쳐 나온 그는 그 길로 시골집으로 내려갔다. 시골 고향집에서 조부모와 함께 살면서 마음을 잡아가는 듯 싶었지만, 어느새 시골생활에 갑갑함을 느끼고 또 다시 집을 나왔다. 다시 서울로 올라와 **역에서 노숙을 하던 그는 낮에는 비닐봉지를 갖고 다니며 부잣집 대문 앞에서 밥 구걸(동냥)을 해서 끼니를 때웠고, 밤에는 ***에 있는 한 재래시장에서 노숙을 하며 생활하였다. 그러다 우연히 지방에 내려간 그는 **역 근처에서 노숙을 하다가 붙잡혀 한 부랑인수용시설에 끌려 들어갔다. 그곳은 한번 들어가면 가족이 찾으러 오기 전까지 밖으로 나갈 수 없는 강제수용소나 다름없었고, 그곳에 감금된 참여자는 이유 없는 구타와 폭언, 굶주림에 시달리며 힘겨운 감금의 나날을 보내기도 하였다.

어린 시절부터 수용시설과 거리노숙을 반복하며 떠돌이 생활을 해오던 그는 철이 들고 일할 수 있는 나이가 되면서 거칠고 힘든 노동세계에 뛰어들었다. 어차피 배운 기술도 없다보니 몸으로 할 수 있는 일밖에는 선택의 여지가 없었던 그는 주로 섬에 들어가 김양식을 하거나 고기잡이 뱃일을 하며 젊은 시절을 보냈다. 몇 년 동안 힘든 뱃일로 온몸에 골병이 든 그는 뱃생활을 정리하고, 다시 서울로 올라와 노동판을 따라다니며 막노동으로 근근이 먹고 살았다. 아쉬운 대로 배도 타고, 날일도 다니며 혼자 힘으로 벌어서 그럭저럭 생계를 이끌어왔지만, 어느 날 갑자기 IMF가 터지면서 순식간에 건설일이 다 떨어져 나가버려 살 길이 꽉 막혀버렸다. 모아놓은 돈도 없이 하루하루 어렵게 버티다 결국 빈털터리 신세가 된 그는 자포자기의 심정으로 ** 역 지하도에서 본격적으로 노숙을 시작하였다. 당시에 역내 화장실에서 물을 받아 버려진 음식쓰레기를 끓여 먹을 정도로 극한의 상황까지 내몰린 그는 무료급식소 밥을 얻어먹고, 주위 노숙인들을 따라 교회 구제금을 받으러 돌아다녔다. 꼬지를 나갈 때마다 지금껏 나태하게 살아온 자신에 대한 책망과 더 이상 일을 포기해 버릴 것만 같은 두려움이 한꺼번에 몰려들었다. IMF 이후에 경기가 조금 나아지면서 1년 정도 간헐적으로 일을 나갔다. 노가다 일감이 없는 겨울에는 박스집을 짓고 지하도에서 노숙을 하다가 날이 조금씩 풀리면서 여름 동안 외지로 나가 일을 했다. 하지만 가끔씩 일을 나가 돈이 생기면 동료들과 어울려 술을 마시는데 다 써버렸고, 돈이 떨어지면 다시 일을 나가는 이전의 생활을 되풀이했다. 떠돌이 생활에 익숙해진 탓에 이제 와서 어딘가에 정착해 살아갈 자신이 없었다. 거리의 삶에 익숙해진 어느 날 우연히 알게 된 거리상담자의 끈질긴 설득 끝에 그는 ** 역 노숙생활을 접고 방을 얻어 정부에서 지원하는 자활근로에 참여하였다. 거주 공간은 또 다시 그를 시험대에 올려놓았다. 그곳은 친숙함과 불편함을 동시에 안겨주는 곳이었다. 친숙한 노동의 일상으로 되돌아가는 동시에 족쇄를 채우는 장인 것이다. 그곳에서 그는 남들처럼 아침에 출근해 땀 흘려 일하고, 저녁에 퇴근해 집으로 돌아가는 소박하고 평범한 삶을 꿈꾸고 있었다. 그리고 말년에 늙고 병들면 꼭 고향 땅에서 살다 묻히는 것이 마지막 바람이었다.

누군가를 위해 따뜻한 밥을 짓고 싶은 참여자

참여자(8)는 51세의 미혼남성으로 20년 넘게 중국집 주방장으로 일해 왔다. 넉넉지 못한 가정형편으로 중학교를 중퇴하고, 74년도에 서울로 올라와 중국집에서 허드렛일을 하며 요리기술을 배우기 시작했다. 남들처럼 바쁜 노동의 일상에 파묻혀 살아가던 그는 34살 되던 해 친구의 소개로 만난 한 여인과 함께 소박하고 행복한 가정을 꾸려나갔다. 하지만 어느 순간부터 상대에 대한 불신과 갈등이 잦아졌고, 동거녀가 집을 나가면서 6년간의 가정생활은 깨지고 말았다. 그때부터 그는 동거녀가 떠난 낯설고 텅 빈 방안에서 매일 술독에 빠진 채 걷잡을 수 없이 추락해갔다. 만사가 귀찮고 일하는 것조차 싫어 아예 일손도 놓아버리고 친구들과 어울리며 매일 술을 마셔댔다. 가진 돈이 바닥나면서 다시 일거리를 찾아 용역시장에 나가보았지만, 나이가 많다는 이유로 더 이상 받아주는 곳이 없었다. 그는 점점 세상에 아무 짝에도 쓸모없는 무용지물이 되어 가고 있었다. 형제들 역시 술독에 빠져 지내는 자신에게 등을 돌려버렸고, 그렇게 가족과의 관계도 점점 멀어져갔다. 그러던 어느 날 IMF가 터지면서 일용직 일거리조차 모두 끊어지게 되었고 머물던 쪽방에서 쫓겨나 결국 거리로 나왔다.

난생 처음으로 거리에 나온 그는 심적으로 상당히 위축되어 있었다. 그러나 굶주림의 날이 거듭될수록 생존의 절박함을 온몸으로 느긴 그는 주위 노숙인들을 따라다니며 거리의 생존방식을 하나씩 습득해나갔다. 친한 노숙자들끼리 서로 의지하며 어려움이 생길 때마다 서로에게 힘을 보태면서 언제 무슨 일이 생길지 모르는 불안한 거리의 삶에 적응해나갔다. 그러던 어느 날 길거리 횡단보도를 건너던 그는 오토바이와 충돌하는 사고로 사고 후유증에 시달리며, 추위가 한창인 겨울에 **역에서 아픈 몸으로 노숙을 하다 우연히 거리상담자의 도움을 받아 거리에서 벗어날 수 있었다. 기초수급을 받아 쪽방에 들어간 그는 동사무소에서 재활용품을 분리수거하는 일을 하며 살아가고 있었다. 하지만 쪽방에 들어간 지 10개월 정도 접어든 그는 쪽방촌에서 벗어나고 싶어 했다. 그리고 예전처럼 조그만 분식가게를 내서 다시 요리를 하고 싶어 했다. 그는 누군가를 위해 요리를 하는 순간이 가장 행복했다. 일이 끝나고 집에 오면 저녁밥을 지어 쪽방 동료들과 함께 나눠먹었고, 끼니를 때우지 못하는 어려운 친구들까지 챙기는 나눔을 실천하며 살아가고 있었다.

제5절 해석학적 현상학의 글쓰기

해석학적 현상학적 글쓰기는 연구의 최종단계로 다시 생각하고 다시 인식하고 계속 고쳐가면서 의미를 새롭게 형성해가는 작업이다. 이러한 글쓰기 작업을 통하여 현상의 본질에 접근하게 되고, 경험의 실존적 구조를 발견하게 된다.

이러한 현상학적 글쓰기는 어떤 사태에 대한 '이해와 해석'에 기초하여 이루어진다. 하이데거에 따르면 우리가 어떤 사태를 해석할 때 우리는 그 사태의 전경에 대해 막연하게나마 이해를 가지고 있으며, 다음에 해석할 관점을 정하고, 그것을 개념적으로 미리 파악하는 성향을 가지고 있다.[21] 즉 해석은 어떤 사태에 대한 앞선 구조에 기초를 두고 있는 것이다. 전통적인 사고에서는 미리 짐작하는 예단 내지 선입견이라 하여 경계해야 할 것으로 배척받아왔던 것들이지만, 하이데거는 그와는 반대로 해석을 실지로 이런 앞서-구조에 의존해서 이루어지고, 이런 과정을 거치지 않고서는 해석은 불가능하다고 보았다. 결국 해석을 통해 이해가 성립되는 것이 아니라, 이해의 완성(마무리)[22]이 곧 해석인 것이다. 그렇다면 이해는 해석을 통해 명료해질 수 있는 것이므로 언제나 해석에 '앞서' 존재하며, 해석될 어떤 것은 언어 이전의 '해석학적 상황' 속에 놓여 있게 된다.

그런데 이해에도 이해의 기반이 있는데, 하이데거는 그것을 '의미'라고 명명하였다. 일반적으로 '의미'란 대상 언어(object language)에 대한 설명으로서의 메타-언어(meta language)[23]인 것이다. 그에게 의미는 개념이나 명제 차원의 것이 아니라, 그 이전에 실존적 차원에 속한다. 따라서 "오직 현존재만이 의미를 갖거나 의미를 상실할 수 있다." 바로 이 의미를 기반으로 해서 사태에 대한 이해가 가능한 것이다.

---

21. 가령 화재가 났을 때, 해석자는 그 화재사건을 자기와 관계있는 것으로 가져야 비로소 해석의 가능성을 얻게 된다(예지). 그 화재사건을 자기와 관계없는 일로 치부하는 사람은 해석의 자격을 가질 수 없다. 동시에 사건을 여러 상황 등을 고려하여 …으로서 미리 보고(관점을 정하고), 발화원인과 화재사건이 가져올 결과와 파장 등을 고려해서 …으로서 예단(예파)한다. 이것은 문서로 작성되기 이전의 과정이다(소광희, 2004).
22. 이러한 실존론적 의미에서 해석은 '펼쳐놓는 것'을 가리킨다. 그런데 하이데거는 해석의 구조를 "분명하게 이해된 것은 어떤 것을 어떤 것으로서라는 구조를 가지고 있다."고 강조하였다. 가령 사람들이 노숙인을 거지'로서' 이해한다고 할 때 그러한 이해를 '노숙인을 일을 하지 않고 주위세계로부터 구걸이나 동냥질로 먹고 사는 존재자로서' 해석한다면, 이 해석은 노숙인에 대한 이해의 가능성을 완성하는 것이다(소광희, 2004).
23. 예를 들어 윙크란 무엇인가? 물음에 대해 그것은 '사랑의 표시이다'라는 명제로 대답하는 것으로, 언어 차원의 인식이다. 현대 언어철학에서 명제의 의미는 그 명제를 사실에 조회해서 그 명제가 '참' 또는 '거짓'으로 밝혀질 때만 그 명제가 의미있다고 하고, 그렇지 못하면 무의미하다고 한다. 그러나 하이데거적 '의미' 개념은 그런 차원의 것이 아니다.

이런 의미에서 현상학적 글쓰기는 언제나 해석학적 작업과정이다. 그런데 여기서 해석과 관련하여 중요한 문제는 '해석학적 순환'이다. 해석학적 글쓰기는 이미 알려진 것에 주목해서 그것을 더욱 분명하게 하거나 새로운 의미를 찾아내어 해석하는 것이다. 해석학적 과정은 전체에서 부분으로 나아갔다가, 다시 부분에서 전체로 돌아간다는 점에서 순환적이다. 하이데거는 인간실존은 본디부터 존재이해를 가지고 있는 존재자로, 자기의 존재의미를 물어가면서 거기로부터 존재의미를 도출하는 것을 '순환'이라고 보았다. 따라서 현상학적 글쓰기는 어떤 사태에 대한 나름의 앞선 이해를 가지고 있는 연구자를 해석학적 순환과정에 지속적으로 내던짐으로써 그 사태의 존재의미를 규명하는 방법밖에 없으며 이것은 매우 고단하고 지루한 작업임에 틀림없다. 연구자는 연구주제인 노숙인의 거주체험의 본질을 밝히기 위해 연구 참여자들에 의해 언표된 진술행위로서 '말'에 귀 기울이고, 다양한 거주체험의 '의미'를 반성해봄으로써, 언표된 진술과의 소리 없는 대화를 통한 해석학적 순환 과정을 지속적으로 반복하였다.

그런데 현상학적 글쓰기 과정에는 필연적으로 '침묵'이 뒤따르기 마련이다. 침묵은 단순히 말이나 언어의 부재가 아니다. 어떤 현상을 있는 그대로 드러내어 줄 적절한 말을 찾는 동안 우리는 종종 언어의 한계를 느끼곤 하는데, 이는 마치 한 시인이 시어를 통해 찾으려는 언어의 진실이 언어를 초월한 영역에 존재하는 것에서 슬픔을 느끼고 체념하는 것과 사뭇 닮아 있다. 하지만 여기서 말하는 체념은 반드시 글쓰기를 포기하는 것을 의미하기보다는 혼란스러운 해석학적 순환 속에 내던져진 연구자가 생생한 언어의 체험 속에 자신을 말없이 내맡김으로써 소리 없이 들려오는 말에 귀 기울이고, 언어를 배우는 것이다(하이데거, 1960). 그렇지만 글쓰기과정에서 침묵과 체념은 인내와 기다림 속에 스스로 시숙하는 시간을 필요로 한다. 본 연구에서 연구자 또한 노숙인의 체험 속에 간직된 언어를 이해하고, 더 근원적으로는 인간실존에게 거주함의 본질 의미를 찾기 위해 적잖은 아픔의 시간을 보내야 했다. 현상학적 글쓰기를 직접 체험하면서 연구자는 그동안 수많은 언어 속에 둘러싸여 살아왔지만, 언어의 진정성을 체험하지 못한 자신을 뒤돌아볼 수 있었고, '언어는 존재의 집이다'고 말한 하이데거의 말처럼 언어를 통해 비로소 빛을 발하는 존재의 의미를 미약하나마 조금 이해할 수 있었다. 언제나 자신의 의지와는 동떨어진 곳에서 뜻밖에 찾아올 언어를 기다리고 기도하면서 언젠가는 죽음에 이르는 인간에게 '거주함'이 의미하는 바를 끊임없이 물어나갔다. 그러한 물음을 던지던 연구자에게 노숙인들은 구체적인 거주지의 상실체험을 통해 거주의 의미를 내밀하게 바라볼 수 있게 주었다.

현상학적 글쓰기

노숙인의 거주상실 체험에 대한
현상학적 탐구

제4장

현상학적 글쓰기

제1절 집없는 몸

1. 굶주림과 노동의 고통에서 해방될 수 없는 몸

연구 참여자들의 기억 속에는 생존에 필요한 먹을거리의 부재로 늘 굶주림에 시달리던 몸의 고통이 깊숙이 각인되어 있었다. 유년시절부터 궁핍한 가정형편에 처해진 몸은 하루 한 끼조차 제대로 챙겨먹지 못할 만큼 처절한 배고픔에 짓눌리고, 늘 자신과 가족구성원 모두가 앙상하게 말라 죽어가는 끔찍한 공포가 도사리고 있었다. 이처럼 삶을 지탱해줄 최소한의 영양분조차 결핍된 몸은 오로지 생존을 위해 '뭐든 해야만 한다'는 뼈아픈 현실을 깨닫게 된 순간 허기진 울타리를 박차고 세상 밖으로 눈을 돌렸다.

"식구는 4식구인데, 돈 벌수 있는 사람이 하나도 없었기 때문에 우리

식구가 거의 죽는 줄 알았어요. 남들 먹는 수제비도 제대로 못 먹을 정도로 어려웠죠." 〈참여자1〉

"그 때 당시는 좀 살기가 어려워 가지고. 그래서 이제 집에 때꺼리가 없고, 뭐든 해야 되겠다. 쌀도 사야 되고, 연탄도 사야 되고..."

〈참여자4〉

　가난의 멍에와 상처뿐인 고향을 등지고 낯선 타향으로 향한 몸은 주린 배를 채우고 머물 거처를 마련하기 위해 닥치는 대로 일거리에 뛰어들었고, 고단한 노동 속에 자신의 몸을 내맡겼다. 부모 밑에서 어리광부릴 나이에 허기진 배를 채우기 위해 거리에 나가 신문을 돌리거나 껌팔이, 구두닦이로 그날그날 끼니를 때웠고, 나름의 성장통을 거치고 성인기에 접어들면서 본격적으로 힘쓰는 노동일을 찾아 홀로 객지를 떠돌아다녔다. 배운 것도, 가진 것도 없는 맨몸 하나로 막노동판에서부터 봉제공장, 김양식장, 중국집 등에 들어가 허드렛일들부터 시작해서 선임자들에게 무수히 맞아가며 기술을 몸에 익혔고, 뜨거운 불과 기름에 데이고, 연장에 찍혀 상처투성이가 된 손발은 나무토막처럼 굳은살이 배어갔다. 잔업수당이나 휴일은 고사하고, 일을 하다 다쳐도 제대로 된 치료나 보상조차 받지 못한 채 여기저기 골병이 들어갔다. 하지만 고된 노동은 몸 스스로 짊어져야 할 자신의 무게를 피할 수 없었다. 그런 의미에서 노동은 나의 몸에 뿌리박힌 '족쇄'나 다름없었다. 말하자면 몸은 노동을 통해 비로소 자신의 존재를 보존할 수 있었다. 오직 미래의 안락한 삶을 위해 그 어떤 욕구도, 고통도 참아가며 노동에 얽매인 몸은 물질적 기반을 스스로 이루어냄으로써 마침내 그토록 바라던 생존수단과 '독립'을 향유할 수 있게 되었다.

"그 때 당시는 집에 때꺼리가 없고, '뭐든 해야 되겠다.' 쌀도 사야 되고, 연탄도 사야 되고, 그 때서부터 이제 뭐 이 광화문이고, 종로3가에서 신문장사도 해봤고." 〈참여자4〉

"일할 수 있으면서부터 섬에 내가 직접 가서 해태(김양식장)도 많이 하고. 막 골병 많이 들었지. 그래도 일은 참 많이 했어요." 〈참여자7〉

"나이 15살 때 서울로 돈 벌겠다고 올라왔는데, 돈 욕심이 많아서 그런가... 내가 자립이 빨랐어요. 나는 뭐 거의 얻어터지면서 계속 올라가서 배웠으니까. 그래 가지고 23살 때부터 (내)공장을 했어요."

〈참여자1〉

"겨울철엔 또 노동일도 없으니까, 두세 달을 논다고. 도저히 못 견디겠더라구. 그래서 사우디를 다니기 시작했죠. 5년 반을 갔다 왔는데, 집이라도 이렇게 장만되더라구요." 〈참여자5〉

하지만 몸이 노동에 묶여 있는 한, 그의 자유 속에는 늘 짐스러운 존재의 무게가 늘 따라붙었다. 고된 노동의 대가로 배고픔의 고통에서 벗어나고, 편히 머물 거처를 마련할 수 있었던 반면에, 이른 아침부터 늦은 저녁까지 일터에 얽매인 몸은 늘 부족한 잠과 피로에 지쳐 잠들었다. 날이 밝으면 어김없이 고된 노동으로 무거워진 몸과 마음을 다독이며 각자의 일터로 나가 땀을 흘리며 하루하루 안간힘을 다해 버티고 있었다. 하지만 노동의 일상에서 파묻힌 몸은 어느 순간부터 제대로 움직이지 않았다. 유연하던 손놀림은 뻣뻣하게 굳어졌고, 부주의로 몸을 다쳐 몇 개월씩 일손을 내려놓기도 하였다. 온몸에는 피로가 진을 치듯이 찌들어갔고, 누구도 대신해 줄 수 없는 '살려고 해야 한다.'는 근심조차 이미 무기력 속에 마비된 몸을 일으키기엔 역부족이었다.

"내 직업이 하루에 15시간 이상씩 얽매어 있고 한 달에 두 번 쉬는데, 아침 7시에 나가서 밤 11시 넘어서 들어오는데, 개인생활은 아예 없었죠."

〈참여자3〉

"한 이천만 원 돈을 벌고 나니까 그 (전철)장사가 하기 싫은 거예요. 한 십몇 년 하면서... 그 차(전철)타는 게 그렇게 싫었어요."

〈참여자1〉

노동의 고단함과 타향살이의 울적한 기분을 잊기 위해 환각제를 복용하거나 매일 밤 변두리 술집들과 노래방을 기웃거렸다. 그렇게 마시기 시작한 술은 늘 과음으로 이어졌고, 음주운전을 하다 전복사고를 당하거나 일하던 손목을 칼로 그으며 자해행위를 하는 등 이미 몸은 스스로 짊어지고 있던 모든 것을 거부하고 밀어내고 있었다. 내려놓은 일손에는 아침부터 저녁까지 술병이 쥐어져 있었다. 말하자면 피로와 무기력은 그동안 자신의 존재가능을 위해 짊어지고 부여잡아 왔던 그 모든 것들을 손에서 내려놓게 하였다.

"환각제를 어쩔 수 없이 했죠. 신문 이런 거나 팔면 창피하잖아요? 수치심을 없애기 위해서 먹은 거죠. 계속 많이 복용하다보니까 나중에 중독까지 갔죠. 약을 끊을 수가 없었죠." 〈참여자6〉

"(돈) 있으면 동료들하고 술이나 한 잔 사먹고. 그런 생활 계속 반복했어. 노가다도 좀 하다가. 솔직히 나 돈도 재밌게 벌어봤고요? 그런데 좀 방탕한 생활을 많이 했어." 〈참여자7〉

"일을 하고 (밤) 12시간까지 술을 한 4병인가, 5병인가 마셨다고. 소주를 혼자서. 오토바이를 타고 막 가다가 뒤집어져 가지고… 하여간 죽다 살아난 거야. 이제는 뭐 다 싫어. 운전하는 것도, 면허증 따기

도 싫고…" 〈참여자4〉

　더구나 언제부턴가 급속하게 요동치는 노동환경의 지각변동 속에
서 몸은 이미 스스로가 무용지물이 되어가는 것을 감지하고 있었다.
그것은 더 이상 사용처를 폐기당한 부속품으로 전락해버린 자신의
몸을 인식하게 되는 순간이었다. 하루하루 땀 흘리며 일에 몰두하던
몸은 노동의 외적 조건들 - 즉 연령, 기술, 학력, 장애, 거주지 등에 이
르기까지 - 에 의해 평가 절하되어 오랜 세월 친숙하게 몸담아온 생
존의 터전에서 밀려나고 있었다. 설상가상으로 값싼 국외 노동력이
대거 국내 노동시장으로 몰려들면서 상대적으로 높아진 몸값 탓에
그나마 아쉬운 대로 찾던 허드렛일 자리에서도 환영받지 못했다. '일
하지 않으면 먹지도 말라'는 격언을 일생의 신념으로 여기며 일손을
부여잡았던 몸은 생존의 절박함에 내밀려 새벽마다 인력시장을 나가
닥치는 대로 일거리를 찾아보지만, 나이가 많고, 거주지가 일정치 않
고, 장애가 있다는 등 온갖 제약들에 가로막혀 매일 허탕만 치고 빈
손으로 되돌아와야 했다. 하지만 결핍된 것들을 찾아 채우려고 온힘
을 다해 매달릴수록 그것들은 손가락 사이로 속절없이 빠져나가버렸
고, 하루 벌어 하루 먹고 사는 무일푼 신세에 지쳐버린 몸과 마음은
걷잡을 수 없이 무너져 내리기 시작했다.

　"IMF가 터진 거예요. 그때부터 지금까지 이렇게 살아왔는데, 그 이후
　로 중국교포들이 대거 몰려와가지고 이 사람들이 사방천지로, 그냥
　하다못해 막노가다판, 청소부, 다방, 노래방, 식당, 술집, 심지어 가정
　부까지 … 그러다보니까 노가다가는 것도 하늘에 별따기고..."
　　　　　　　　　　　　　　　　　　　　　　　　〈참여자3〉

"'일하지 않으면 먹지 말라'고. 그런 거보면 나도 직장을 갖고 싶어도, 나한테 맞는 직장이 없어요. 일단 학력이 떨어지니까, 이력서에 쓸게 없거든요..." 〈참여자6〉

"그때만(IMF) 해도 진짜 썰렁했어. 나같이 나이 많은 사람들은 일을 안 시켜줘. 그리고 한국 사람은 돈 더 줘야 돼. 퇴직금도 없어, 우리는. 다쳐도..." 〈참여자8〉

"이래, 제대로 (노숙)한 거는 IMF 때로 봐야겠지. 내 자신한테 의욕을 잃었다고나 할까? 모랄까? 내가… 내가 싫더라구. 몰라 그냥 속상하대." 〈참여자7〉

"하루도 안 빠지고. 하루를 일하든, 일 년을 일하든 항상 무일푼이라는 것이었죠. 그러니까 나중에는 스스로가 힘이 빠지고 도저히 안 되는 것이다, 이렇게는 살 수가 없다고 자신감이 계속 떨어지는 거예요."

〈참여자1〉

생존을 향한 출구가 꽉 막혀 버리고 삶의 궁지에 내몰린 몸은 자신의 존재를 지탱해온 안식처를 잃어버린 유랑민마냥 어깨를 들썩이며 하염없이 흐느껴 울고 있었다. 불과 얼마 전까지도 거칠고 고된 노동의 멍에 속에 격전을 치르던 몸은 그 예속으로부터 해방됨과 동시에 귀속된 세계로부터 획득할 수 있었던 소유의 지반을 모두 잃어버리고 말았다. 그것은 자신을 보존하던 물질, 대상, 도구로부터 튕겨져 나와 벌거벗겨지는 체험이었다.

여전히 자연적 혹은 일상적 태도 속에 반성된 의식은 '일을 나가야 한다.'는 오래된 의무를 끊임없이 상기시켜주었지만, 이미 권태 속에 무기력해진 몸은 짐스러운 삶의 짐을 내려놓은 채, 예측할 수 없는 미지의 세계로 이끌려 들어갔다. 소금자루처럼 늘어지고 무거워진 몸은 일터로 향하던 발걸음마저 그대로 멈추었고, 주머니에 움켜쥐고 있던 마지막 비상금마저 모두 써버림으로써 힘겹게 매달리고 부여잡던 일상의 모든 것들을 포기해버렸다. 아슬아슬하게 부여잡아왔던 일손도 끊겨버리고, 한 달, 두 달 방세를 내지 못하고 버티던 몸은 결국 거리로 내쫓겨났다.

> "처음에 노숙하겠다는 마음가짐은 없었어요. 뭐 그 때가 제가 굉장히 힘들고, 정신적으로 굉장히 포기상태였어요. 아무리 해도 안 된다는 그런 마음이 있었죠." 〈참여자1〉
> "내가 막말로 먹여 살릴 마누라가 있는 것도 아니고, '에라 마, 그냥 내 힘 있는 데까진 내가 벌어먹다가 힘 떨어지면 죽지.' 막 이런 생각으로 막 사는 거죠." 〈참여자7〉
> "거기 종로 3가에 있다가. 그것도 일이 없어갖고 못 낸다고. 보증금에서 다 까버리고... 벌이가 없으니까 못 견딘다고..." 〈참여자5〉

2. 거리세계에서 잃어버린 집을 짓는 몸

가. 결핍된 것을 채우면서 사라진 것을 욕망하는 몸

그런데 무기력 속에 휩쓸려 모든 짐을 내려놓고, 추위와 비바람이 몰아치는 바깥세계로 추방되자마자 몸은 섬뜩한 공포 속에 사로잡혀 어둠의 공간 속으로 빠져들었다. 특히 어두컴컴한 밤이면 더욱 또렷하게 들리는 온갖 소음과 발자국 소리에 시달리던 몸은 극도로 초조하고 예민해져 있었다. 언제 들이닥칠지 모를 낯선 위협과 한기가 가득 차오르는 땅바닥에서 몇 날 밤을 잠조차 이루지 못하고, 제대로 끼니를 챙겨 먹지 못한 몸은 헐벗고 굶주린 걸인마냥 앙상하게 말라 갔다. 또한 세계 속에 던져진 나의 몸은 낯선 타인의 시선에 있는 그 대로 드러나 있었다. 공원 벤치나 지하도 통로에 웅크리고 잠을 자거 나 길거리에서 밥을 먹을 때마다 마주치는 낯선 행인들의 눈길과 손 가락질에 몸은 실오라기 하나 걸치지 않고 벌거벗은 양 창피하고 수 치스러워 항상 인적이 드문 곳으로 기어들었다. 더욱이 일반 행인이 나 경찰과 시비가 붙거나 몸싸움에 휘말리게 되면 신변에 불이익을 당하거나 피해를 입을까 두려운 나머지 항상 먼저 자리를 피하거나 낮에는 가급적 활동을 자제하였다.

"처음 하루 노숙을 할 때는 굉장히 두려움을 느꼈어요. 누가 와서 건 드리는 건 아닌가 하는 두려움도 있고. 밤새도록 서서 밤새는 게 여 섯, 일곱 번 될 만큼 힘들었어요. … 몸무게가 52에서 46이면 무지 빠 진 거예요." 〈참여자1〉

"사람들 눈치를 많이 봐요. 특히 발자국 소리 같은 거에 신경이 굉장 히 예민해져요. 여자들 하이힐 같은 거 소리를 듣고 있으면 괜히 초 조해져요, 이상하게. 정신적으로 스트레스가 무지 쌓이는 거죠."
〈참여자6〉

"자칫 잘못하면 지나가는 도중에 어떤 집에 도둑이 들어서 뭘 잃어버 렸다면 참 오인받기가 쉽더라구요. 그래서 (낮에는) 가급적이면 활동 을 안 하려고 해요." 〈참여자3〉

"공권력 앞에 싸울 힘이 없잖아. 우리는. 그게 불의인지 알고, 당연히 인간이하의 대접을 받고. 그런대도 우리는 힘이 없잖아. 웬만한 건 참 는다고, 우리가 먼저 피해버리지." 〈참여자5〉

추위와 굶주림에 헐벗은 몸은 놀랍게도 그때마다 생존의 가능성이 열려있는 여기저기를 찾아다니며 혹독한 외부세계에 자신의 몸틀을 스스로 변형시키고 있었다. 낯선 거리세계에 처해진 당혹감과 창피함 때문에 끼니조차 거르며 수척해진 몸은 밀려오는 배고픔의 고통을 도저히 견딜 수 없게 되자, 거리 곳곳에 위치한 무료급식소들을 찾아다녔고, 심지어 남들에게 음식동냥을 하거나 쓰레기통에 버려진 음식쓰레기까지 주워 먹기도 하였다. 하지만 아무리 많이 먹어도 뒤돌아서면 금방 허기가 몰려들었고, 힘겨운 거리생활을 버티기 위해 하루종일 급식소들을 돌아다니기도 하였다.

"IMF 때 다 넘어가서 그 당시만 해도 회현역에서 쓰레기까지 끓여 먹고 그랬다고." 〈참여자7〉
"어쩔 수 없이 먹어요. 배가 고프니까. 저는 굶기도 무지 많이 굶어봤어요." 〈참여자6〉
"진짜 잘 다니면 하루에 한 아침부터 저녁까지 7,8끼는 먹어요. 근데, 여기서 먹는 밥은 돌아서면 배 고프더라구요. 돌아서면 배가 고파. 신기하더라구." 〈참여자2〉

또한 비바람과 추위에 노출된 몸을 보호하기 위해 고물상이나 헌옷보관함에서 구해온 옷가지들을 두껍게 껴입었고, 지원 단체에서 나눠준 침낭이나 헌 이불을 온몸에 둘둘 말고 지하도, 공원, 길바닥 등 각자 나름의 잠자리에 몸을 눕혔다. 하지만 나름대로 잠자는 장비를 갖추더라도, 오염된 공기로 뒤덮인 지붕 없는 바깥세계에서 그것도 차디찬 바닥에서 지내다보니 몸은 잦은 감기몸살과 전염성 질병들을 달고 다녔고, 체력도 점점 떨어지면서 찌그러들었다. 이렇게 잦은 잔병

치레와 급격한 체력저하를 몸소 체감하면서 건강에 대한 염려는 더욱 커져갔다. 어딘가 몸이 불편하고 아플 때면 평소에 알던 거리진료소나 병의원을 찾아가 약을 타먹었고, 건강을 위해 좋아하던 술과 담배를 얼마간 끊기도 하였다. 비록 얻어먹는 노숙생활이지만, 몸이 머무는 곳에는 언제나 돈이 필요했다. 따뜻한 쌀밥이 먹고 싶을 때나 몸이 너무 아플 때, 그밖에도 예측할 수 없는 거리의 삶을 대비해 차마 발걸음을 때지 못하던 몸은 어느새 구제헌금을 받으러 인근 교회들을 찾아다녔다. 이처럼 온갖 소음과 추위에 떨며 밤새도록 잠을 이루지 못하던 몸은 조금이라도 편히 잠들 수 있는 잠자리를 찾아 헤맨 끝에 자신만의 은신처에 안전하게 몸을 내맡기고, 또 굶주린 배를 넉넉히 채우게 되면서 안정감을 되찾아갔다.

> "헌옷보관함에 있는 옷이 많으니까 옷이 더러워지면, 빨기 귀찮으니까 버리고 그 옷 주워 입고, 아니면 고물상가면 옷이 많아요."
> 〈참여자2〉
> "바깥에서, 이 땅바닥에서 생활하다보면 먼지가 엄청나거든. 지붕이 없으면 내 몸은 찌그러들게 돼있고, 내가 아무리 잘 먹고 지내도 절대적으로 자기 몸 관리를 못해." 〈참여자4〉
> "이래 지내다가 몇 년 전에 문득 그런 생각이 들더라고. 내가 어차피 이 생활에서 벗어나지 못할 것 같으면, 담배한테는 이겨보자."
> 〈참여자7〉

이처럼 먹을거리와 잠자리에 대한 걱정 없이 안정감을 회복한 몸에는 친숙하지 않은 세계에 대한 낯섦과 결핍을 견뎌내고 그 고통을 겪어낸 끝에 비로소 가장 몸스러운 습벽이 자리 잡고 있었다. 처음에는 도무지 입맛에 맞지 않은 험한 배급음식에도 차츰 익숙해졌고, 자신의 입맛에 맞는 무료급식소들을 알아두었다 배식 시간에 맞춰 찾아다녔고, 다양한 잠자리를 떠돌던 끝에 자신만의 편안한 잠자리에 누울 수 있었다. 또 한가로운 낮에는 공공도서관이나 서울역 대합실, 백화점, 대형문고 등에서 책이나 TV를 보면서 시간을 보냈고, 특히 날씨가 더울 때면 공원 벤치나 지하철 휴게소에서, 추워지면 도심을 순회하는 지하철을 타고 부족한 잠을 청하기도 하였다. 주말이면 땀과 먼지로 범벅이 된 몸을 씻고, 담배값 등을 마련하기 위해 동료노숙자들과 함께 매일 교회 꼬지를 다니거나 리어커를 끌며 파지나 고물을 줍기도 하였다. 그렇게 온종일 걸어 다니며 발바닥엔 굳은살이 깊게 들어박혀 심한 통증에 시달렸지만, 어디에도 써주지 않은 무용지물의 몸이 그나마 다리품을 팔 수 있는 유일한 일이었기에 만족하였다. 또한 거리에서 잠을 자기 힘들어지는 늦가을부터는 쉼터에 들어가 겨울을 나기도 하였다. 하지만 식사와 잠자리뿐 아니라 일자리까지 제공받을 수 있는 쉼터에 들어가더라도 단체생활에 따르는 규제들을 견디지 못하고, 몸은 어느새 거리세계로 다시 나왔다. 제각기 몸이 살아가는 방법은 널려 있었고 자기하기 나름이었다. 몸이 고단하고 쉬고 싶을 때면 언제든지 하던 일을 접고 휴식을 취했고, 고된 노동에 얽매여 몸을 혹사시키지 않았다. 말하자면 예전처럼 필요 이상의 물질에 대한 집착이 없어졌고, 주어진 그날그날의 양식거리와 자유로운 거리의 삶에 '만족'하며 몸담고 있는 세계 속에서 자신만의 터전을 구성해 나갔다. 더구나 부양해야 할 처자식도 없이 홀로 살아온 몸에는 필요 이상의 노동을 거부하고, 저금도 일절 하지 않은 채 생존에 필요한 만큼만 소유하고 소비하는 습관이 자리 잡고 있었다.

"5시 반 즈음에 서울역에 밥 먹으로 가요. 11시 반에 종묘공원에 또 밥 주거든요. 그럼 점심 또 먹고. 먹고 나서 한두어 시간 또 자요. 그러면 1시나 2시 정도 되는데, 그때부터는 종묘공원을 왔다 갔다 하다가 또 밥 먹으로 가고, 그렇게 (생활)해요." 〈참여자1〉

"고심하고 고심한 끝에 어떻게 돈 받는 데를 알게 된 거지. 교회에서⋯ 한번 가본 데는 잊어버리질 않아. 바쁠 때는 몇 군데로 시간이 어떻게 딱딱 그래도 잘 정해져 있어." 〈참여자4〉

"일요일 날 차라리 예배 떳떳이 들이고, 고거 몇 천원 받으면 일주일 동안 쓰고도 남더라고. 그래 백 원짜리 커피 한잔 길다방(커피자판기) 가서 마시고. 점심은 (무료)급식소가서 해결하고, 그러다보니까 돈이 필요 없더라고." 〈참여자7〉

"지금은 이제 돈 없어도 자유가 있고, 여긴 내가 쉬고 싶으면 쉬고, 내가 돈 없으면 리어커 하루 끌고, 하루 나가면 한 3~4일 쉬고, 몸이 안 좋으니까. 또 돈 떨어지면 나가고, 그게 좋아요." 〈참여자2〉

그런데 또 다른 측면에서 볼 때 결핍된 것들이 채워지고 낯선 세계에 친숙해진 몸은 지향할 목적도 없이 다시 단조로운 일상적 삶 속으로 빠져들었다. 그것은 몸 자신 속에 잠시 잊고 있었던 권태로움이 다시 고개를 쳐드는 순간이었다. 몸이 자리 잡고 있는 바깥세계는 고되고 힘겨운 노동을 하지 않고도 생존에 필요한 물질과 잠자리를 '공짜로' 충족할 수 있는 배려된 물질 세계였다. 그런 주위세계의 배려에 젖어들수록 몸은 절망뿐인 노동을 거부하고 점점 나른하게 늘어져 따분한 그림자가 짙게 드리워져 있었다. 특히 몸이 자리 잡고 있는 세계로부터 거리를 두고 반성된 태도로 몸을 바라볼 경우, 노숙의 몸은 대체로 부정적인 의미를 띠고 있었다. 우선 노숙세계에서 이루어지는 신체적 활동을 '일을 해서 먹고 사는 개념이 아예 없고', '한 없이 나태하고 게을러지고', '마약처럼 한없이 망가져버려' 결국엔 '일을 통한 자립이 불가능한' 몸으로 표현되었다. 말하자면 공밥으로 주린 배를 채우고, 꼬지나 구걸이 습관화된 몸은 더 이상 '일을 해야 한다'는 의무 자체를 망각해버린 채, 마치 엄마에게 밥투정을 부리는 '어린아이'나 시도 때도 없이 먹을거리만을 기다리는 동물원 '짐승'처럼 황폐화되어갔다. 더구나 어쩌다 운 좋게 일을 나가 받은 노임을 모조리 약물-주로 술, 환각제-이나 도박에 탕진해버리고, 끊임없이 자신의 존재로부터 도피하다 결국 몸 스스로를 파멸-죽음-의 길 한 가운데로 몰아넣기도 하였다.

> "솔직히 난 두어달 (노숙하고) 있으면서 그야말로 깝깝해 죽겠어요. 이 시간 보내는 거… 그야말로 시간을 죽이는 건데, 아침에 눈뜨면 굉장히 깝깝해요. 오늘은 어디 가서 시간을 보내나, 뭐하고 보내나… 공원 가서 하루 종일 앉아 있고…" 〈참여자1〉
>
> "이게(노숙) 노름이나 마찬가지야. 왜 그러냐면, 계속 반복되는 일이… 저 사람들한테 일하라고 그러면 일 안해요. 밥 다 주겠다. 담배값 떨어지면 돈 다 나오겠다. 술값 다 나오겠다. 그러니까 '내가 왜 그렇게 일을 하느냐.' 그게 사고방식이 틀린 거지. 한번 빠지면…" 〈참여자4〉
>
> "노숙은… 참… 해선 안 되는 거지. 아무리 좋은 의식을 가지고 있어도 노숙이 굳어지며는… 몸과 맘이 황폐해져버려. 그러면 끝나버리거든. … 이거 먹게 되면 습관이 되는 거야. 이거 다 짐승 만들어났다고 지금." 〈참여자7〉
>
> "돈을 벌면 거의 다 거기다가 (도박) 탕진한다고 봐도 과언이 아니고."
> 〈참여자5〉

　더러는 정부나 노숙관련 민간단체 등과 같은 주위세계의 도움으로 추위와 온갖 소음 속에 밤잠을 설치던 거리에서 벗어나 운 좋게(?) 자신만의 사적인 거처에 들게 되는 경우도 있었다. 이들은 안전한 거처에서 충분한 수면과 휴식을 취한 덕분에 몸이 조금씩 회복되었고, 규칙적인 일상의 흐름에 자신의 몸틀을 맞추어 나갔다. 어느새 몸에는 노동을 하던 이전의 습벽이 되살아났고, 자기부양을 위해 다시 일거리를 찾아 분주하게 움직이기 시작했다. 또한 불투명한 미래를 대비해 얼마간 저축도 하면서 함께 살붙이고 살아갈 이성과 단란한 보금자리를 꿈꾸는 등 이들의 몸에는 평범한 일상의 것들에 대한 호기심과 욕망이 꿈틀거리고 있었다. 하지만 노숙에서 벗어나 편안한 거처에 머물고, 오늘의 양식거리를 채우기 위해 노동에 몰두하던 몸에도 여전히 일상의 따분함이 피어오르기는 마찬가지였다. 정부에서 실행하는 자활근로나 공공근로 등과 같은 일자리에 참여해 아쉬운 대로 노동을 하고, 비좁고 누추한 거처지만, 잠자리가 보장되던 일상 속에 머물던 몸은 온종일 골목을 돌며 담배꽁초나 주우러 돌아다니는 노동세계에, 온종일 술이나 먹고 싸움질로 하루도 조용할 날이 없는 쪽방촌에서, 그리고 매일 밤 홀로 잠자리에 들어야 하는 외로운 생활에 견딜 수 없는 염증이 밀려들었다. 더구나 아무리 열심히 일해도 결코 가난의 굴레에서 벗어날 수 없다는 사실을 뼈저리게 체감하게 된 몸에는 조금씩 힘이 빠져나갔고, 때론 지긋지긋한 일상의 자리로부터 벗어나고 싶었다. 그럴 때마다 온갖 고생으로 멍울진 타향살이를 정리하고, 유년기 추억들이 간직된 고향에 내려가 여생을 보내는 꿈에 잠시 젖어들기도 하였다.

　"내가 잠잘 곳이 있으니까 맘이 편하고, 숙식이 해결되고, 또 다른 사람한테 간섭 같은 거 안 받아도 되고, 또 눈치 안 봐도 되고."

〈참여자6〉

"내 진짜 하고 싶은 게 너무 많아요. 지금 면허증도 따고 싶고, (…) 그래 여유 있고 그러면 그걸(면허증) 따고 싶은 욕심이 생기더라구요."

〈참여자7〉

"나는 그 동넬 뜨고 싶어. 거기를 뜨고 싶다고 쪽방을… 다른 데로 가고 싶다고. 처지가 똑같은 사람들이 생활하면서 술이나 먹고 순 싸움 안 하는 날이 없어. 온종일…" 〈참여자8〉

나. 이미 타인의 몸과 섞여 있는 몸

그런데 어느 날 갑자기 낯선 거리세계에 뚝 떨어진 몸은 온통 겁에 질려 움츠려있는 이방인의, 때론 세상과 고립된 채 살아가는 단독자의 모습을 상징화하는 듯 보였지만, 끊임없는 지향활동을 멈추지 않은 신체는 이미 자기 자신을 넘어서 늘 타자의 몸과 함께 섞여 있는 가운데 소통하고 있었다. 난생 처음 거리세계에 내던져진 몸은 서울역 주변일대를 어슬렁거리며 자신의 몸을 덮쳐오는 삐끼들에게 저항조차 하지 못한 채 길거리로 내몰려 껌팔이, 구두닦이, 앵벌이부터 심지어 소매치기에 강제로 동원되었고, 그 대가로 자신의 신변을 보호받았다. 때론 크고 작은 시비에 휘말려 거친 욕설과 격한 몸싸움을 벌였고, 또 전염성이 강한 질병이 있을 때는 잠자리는 물론이고, 술자리조차 동석하지 못할 만큼 동료들로부터 따돌림을 받기도 하였다. 거칠고 포악한 거리세계에서 살아남기 위한 처절한 몸부림과 눈물의 나날을 보내며 온몸은 구석구석 골병이 들기도 했지만, 이미 나의 몸은 고단한 거리의 일상을 낯선 타인의 몸과 한데 뒤엉켜 서로의 치부나 아픔을 감싸 안고 살아가는 거리공동체의 일부가 되어 있었다. 거리의 생존방식에 눈 밝은 기존 노숙자들을 따라다니면 끼니와 잠자리는 물론이고, 담배값과 술값 등을 비롯한 거리생활에 필요한 여비까지 공짜로 얻을 수 있었다. 또한 끼니를 굶는 동료들에게 빵이나 급식 등을 챙겨주거나 거리에 쓰러져 있는 노숙자들을 응급구조대에 신고해주기도 하였다. 그렇게 나와 타인의 몸은 함께 꼬지나 노동을 나가고, 어울려 술을 마시고, 서로의 잠자리를 지켜주면서 그때마다 하나의 '거리공동체'를 형성하며 살아가고 있었다.

> "서울역에서 잡혀갖고 구두찍새하고, 요즘 쉽게 얘기하자면 앵벌이 비슷한 식으로… 그래 꼬마들 막 잡혀갔고, 구두 챙겨오라 그러고, 많이 못 주워오면 막 때리고 그랬다고…" 〈참여자7〉
> "그전 생활이 포악했고, 안 좋은 기억밖에 없어 가지고. 내가 살아야 되니까, 진짜 먹고살기 힘들었어요. 또 그게 바빴고… 또 울기도 많이 울었고, 겉은 멀쩡한데 속으론 골병 많이 들었을 거예요." 〈참여자6〉
> "아픈 사람들… 그러니까 나 같은 경우나 뭐 한 사람들은 바로 119로 전화해줘요. 그냥 적십자 병원이니, 어디니 실려 가는 거 보면 그래도 '아픈 거는 좀 덜 하겠다' 싶지." 〈참여자5〉
> "지금 우리가 6명 있는데, 솔직히 지금 지내는 사람들이 한식구라고요. 저처럼 의지할 때 없는 사람이 장난치고, 욕해도 받아주고…"
> 〈참여자2〉
> "될 수 있으면 잠도 같이 아는 사람들끼리만 자고. 서로 이제 의지가 되잖아. 지나가는 사람들이 술 먹고 발로 차고 그러면 서로 달라붙어 갖고 서로 합세해가지고... 그런 맛이 있지." 〈참여자8〉

특히 낯선 거리세계에서 만난 타인들과 함께하는 술자리는 생존에 필요한 다양한 정보들을 얻을 수 있는 통로인 동시에 나의 몸과 타인의 몸을 단단히 결속시켜주는 유대공간이었다. 처음 노숙을 하게 되면 추위에 몸을 보호하기 위해 제일 먼저 술을 찾았고, 또 맑은 정신으로 길바닥에서 잠을 자거나 구걸하는 자신의 처지가 낯 뜨겁고 창피해 조금씩 마시기 시작했다. 또한 취객이 무심코 던진 욕설이나 핍박으로 속이 상할 때나, 이런저런 울적한 잡념들로 불면의 밤을 지새울 때, 술자리는 서로의 심적인 고통을 잠재우는 중요한 망각장치였다. 또한 술자리를 통해 낯선 노숙자들과 친한 동료가 되거나 적이 되기도 하였고, 좀처럼 구하기 쉽지 않은 막노동이나 용역 일감에서부터 구제금을 많이 주는 교회, 무료급식소의 배식정보, 쉼터, 정부나 민간단체의 지원동향 등 거리생활에 유용한 최신 정보들을 공유할 수 있었다. 술값은 가끔씩 일용직 막노동을 나가 마련하기도 했지만, 대부분은 교회꼬지나 행인들에게 구걸한 돈으로 충당하였다. 하지만 하루에 열군데도 넘는 교회들을 돌아다니며 받은 구제금으로 공원이나 역사 주변에 모여앉아 거의 매일 '술파티'를 벌였고, 술에 흠뻑 취한 몸끼리 뒤엉켜 난동을 부리다 길바닥에 쓰러져 잠이 들곤 하였다. 처음에는 추위와 낯선 시선 때문에 한두 잔씩 마시던 술이 점점 늘어나 어느새 술 없이는 하루도 잠을 이루지 못할 만큼 몸은 중독 상태에 빠져 휘청거렸다. 이처럼 거리세계에서 나와 타인의 몸은 술을 통해서 짐스럽고 무기력한 자신의 존재를 망각 속에 내동댕이치는 동시에, 서로의 몸들끼리 뒤섞여 지탱하고 있었다.

"노숙을 하게 되면 찾는 게 일단 술이더라구요. 술을 찾고 싸우기도 많이 싸우고, 상담 나온 사람들한테 해코지도 많이 했었고. 괜히 말도 안 되는 거 갖고 생트집 잡아 가지고… 잡생각이 많이 드니까 잊어버리려고 찾는 게 술이더라구요." 〈참여자6〉

"이 교회에 가서 500원을 받고 하루에 한 열두 군데를 돌아다닌다고. 열두 군데를… 일단 돈을 2천원 받으면, 세 사람이 모이잖아? 그럼 6천원이 모이잖아. 6천원이면 소주 한, 두병하고 안주 사가지고 먼저 먹어." 〈참여자4〉

"부인이지. 뭐. 그거 안 먹으면… 돌아 버려요. 남들은 매일 출근하는데... 참, 사람이 맑은 정신에 있어도 자꾸 잡념이 많아가지고 속이 더 상하잖아요. 속상할 때는 술 한 잔 먹고 그때 당시는 잊어버리니까… 근데 그게 길어지면 폐인이 되는 건데… 그나마 그것까지 없었으면 많이, 많이 고통을 받았을 거예요." 〈참여자7〉

　　그런데 노숙세계 속에 던져진 몸은 이미 자신이 입고 있는 '옷차림'-즉 몸의 형식으로서-에 의해 타인들에게 예속되는 동시에 그 예속화에 능동적으로 참여하였다. 시커멓게 그을린 얼굴과 추레한 옷차림으로 길거리를 다니거나 공공시설에 들어서면 이내 경계의 눈초리가 따라붙었고, 영락없이 거지나 도둑놈 취급을 받으며 문밖으로 내쫓겨났다. 노숙의 옷을 입고 있는 한, 나의 몸은 주변세계로부터 결코 환영받지 못하는 '불청객'으로 비쳐질 뿐이었다. 주로 구걸이나 꼬지로 먹고 살아가는 처지에 남들에게 악취를 풍기지 않도록 먼지와 오물들로 뒤섞인 옷을 깨끗이 빨아 입고 정기적으로 목욕과 이발도 했지만, 험한 거리생활에 헐벗고 초췌해진 얼굴과 몸을 가릴 수는 없었다. 게다가 낡아 해진 옷차림새로 거리를 배회하는 몸은 타인의 눈에는 영락없이 누더기를 걸치고 주위에 동냥질을 하는 '거지' 내지 '불량노숙자'로 비쳐질 뿐이었다. 거기에는 더 이상 인권을 갖춘 시민의 외관이 존재하지 않았다. 세상 사람들과는 다른 옷을 걸쳐 입은 노숙의 몸은 마치 동물원 구경거리가 되었고, '이방인 내지 죄인' 취급을 당하며 늘 머물던 자리로부터 떠밀려났다. 하물며 아예 자신의 몸을 관리하거나 보살피지 않는 몸은 결국 '자기포기'나 다름없는 것이기에, 곧 타인과 세계로부터 사람대접을 받을 수도 없었다. 이처럼 적절한 일상의 옷차림을 갖추어 입지 않거나 몸가짐을 돌보지 못한 몸은 '동정'의 대상으로 예속되거나 때로는 '범죄자'나 '정신병자' 등과 같이 위험한 존재로 취급되어 타인과 세계로부터 내쫓겨났다. 하지만 타인의 지배를 부르는 이타성의 몸은 어느 순간부터 그 예속화의 장 속에 '적극적으로' 참여함으로써 몸 자신의 실존을 새롭게 기획해 나갔다. 이제 보다 많은 물질적 동정을 얻어내기 위해 멀쩡한 머리와 팔에 붕대를 칭칭 감았고, 마치 불치병으로 고통 받는 병자인 양 마른 기침을 연신 내뱉으며 지나가는 행인들에게 손을 내밀었고, 누더기를 걸치고 온몸에서 악취를 풍기며 주변 상점들을 찾아다녔다. 말하자면 몸 자신의 헐벗음[1])을 통해 낯선 타인들로 하여금 발걸음을 멈추게 하였고, 거기서 한 걸음 더 나아가 이제 헐벗은 몸에 다시 헐벗음을 겉치장함으로써 타인의 동정을 더욱 극대화시켰다.

> "옷 한 벌 가지고 밤에 빨아가지고 아침에 입고, 나름대로 깨끗이 있었는데, 좀 못 먹어 가지고 얼굴에야 좀 표가 났겠죠. 근데 내가 몇 번 돈을 받은 적이 있어요." 〈참여자1〉
> "노숙하는 게 죄가 아니에요. 근데 일반 사람들이 쳐다볼 때, 어떻게 쳐다본다고 그럴까... 그런 게 있어요." 〈참여자2〉

---

1. 이때 '헐벗음'은 아무리 감추려고 애써보았자 결코 감출 수 없는 '실존의 벌거벗음'을 뜻한다.

"어느 골목이나 다니다보면 아줌마가 이렇게 있다가 애기가 저기 있
으면 내가 애기를 납치라도 해갈까 봐 막 쫓아가서 애기를 막 감싸는
거예요? 옆 눈으로 보는 거예요." 〈참여자3〉

"쉽게 얘기해서 못 볼 거 본 듯이. 또 종각 같은 데서 누워 있으면 그
냥 뭐 동물원에 구경하듯이 계속 쳐다보고, 또 어떤 술 먹은 놈은 툭
툭 치고, 발로 차고 가고 많아요…." 〈참여자5〉

3. 집 없는 몸에 대한 현상학적 해석

세계를 인식하는 하나의 주관 이전에 이미 몸은 몸담고 있는 자리
를 통해 세계에 참여하고 있다. 세계는 몸이 필요로 하는 먹을거리와
다양한 물질들로 우리 앞에 주어져 있다. 우리의 몸은 고된 노동을
통해 외부세계에 펼쳐진 다양한 대상과 물질들을 향유함으로써 자신
의 존재를 유지해 나간다. 이때 몸은 안전한 거처에 내맡기고, 당당히
몸 자신의 주인이 될 수 있다. 하지만 애초에 몸담을 거처 - 물리적인
동시에 실존적인 거주지 - 가 없을 경우, 다채롭고 풍성하던 물질세계
는 손아귀로부터 저 멀리 성큼 빠져나가고, 우리는 알몸으로 세상 밖
에 벌거벗겨진다. 그리하여 세계로부터 추방되어 결핍자로서 벌거벗
겨진 몸은 자유와 예속의 갈림길에 서게 된다. 어쩌면 근원적으로 실
존하는 몸은 언제나 그 양자 사이-길을 끊임없이 서성거리고 있다고
말하는 것이 더 옳은 표현일지 모른다. 이제 우리는 이러한 현상을 노
숙인의 몸에 대한 생생한 체험에서 발견하고자 한다.

가. 생존과 파멸을 동시에 욕망하는 몸

우선 고정된 거처 없이 세상을 떠도는 노숙인들이 가장 절실하게 체험하는 몸의 고통은 바로 '배고픔[2]'이었다. 오랜 굶주림에 시달리던 몸은 본능적인 감각활동으로 생존을 위한 물질적 욕구들을 채우는 데 몰두하였다. 결핍된 양식거리를 채우고 안전하게 머물 거처를 마련하는 일은 애초부터 모든 것이 결핍된 육체에 내려진 숙명이었다. 고된 노동의 대가로 마침내 그토록 바라던 세계의 물질들을 손아귀에 거머쥘 수 있었다. 하지만 절실하게 매달리던 하나의 욕구는 채워지자마자 또 다른 욕구로, 혹은 보다 나은 욕망으로 끊임없이 탈바꿈하였다. 배고픔에 배를 채우고 나자 일상의 '지루함(내지 권태로움)'을 잊게 해줄 놀이 - 대부분은 도박, 술, 마약 등과 같은 놀음거리 - 에 눈을 돌렸고, 낡고 비좁은 달방에 몸을 눕히자마자 좀 더 넓고 쾌적한 거처를 구해 남들처럼 연애도 하고, 단란한 가정을 일구는 꿈을 꾸었다. 행복한 삶에 향한 열망이 커질수록 현실에 처해 있는 몸은 고된 노동과 함께 밀려드는 피로와 무기력 속에 고꾸라지고 있었다. 정말 끝나지 않을 것만 같은, 너무도 가혹한 노동의 족쇄에 종일 묶여지내야 하는 몸은 어느 순간부터 둔감해지면서 뻣뻣하게 마비되어갔다. 이미 무기력에 포위되어버린 몸은 생존을 위한 연장들을 손에서 내려놓은 채, 존재에 대한 자신의 책무를 온몸으로 거부하고 있었다.

---

2. 물론 여기서 '배고픔'은 우선 신체적 차원에서 호소하는 몸의 고통을 뜻하지만, 우리는 실존적 차원에서, 이 현상을 실존의 '허기짐'으로 해석할 수도 있다. 아무리 뱃속을 가득 채워도 결코 채워질 수 없는 '허기짐'은 노숙인들이 경험하는 몸의 결핍성을 근원적으로 드러내주는 중요한 단서가 된다. 대다수 노숙인들은 자신들이 겪고 있는 몸의 고통이나 상처를 통해 집 없이 떠도는 몸이 끊임없이 존재의 허기 속에서 생기하며 소멸하는 존재방식을 우리에게 알려주고 있다.

더구나 다시 무언가를 시작하고, 살려고 몸부림칠수록 사지는 방바
닥에 찰싹 달라붙어 옴짝달싹하지 않았고, 자기 존재의 무게에 눌려
하염없이 흐느끼고 있었다.

　이제 생존을 위해 부여잡아왔던 일손을 내려놓은 자리에는 술, 담
배, 마약 등 환각성 물질들로 가득 채워져 갔다. 존재의 허기를 달래
기 위해 술과 마약에 빠져든 몸은 너울대는 환상세계로 움츠려 기어
들어감으로써 떠맡겨진 자신의 삶으로부터 도피하고 있었다. 중독성
물질이 영도해주는 환영 속에 출렁거리는 몸은 몸담고 있는 현실세
계와 점점 단절된 채 밤낮으로 휘청거렸고, 급기야 목숨조차 부정해
버리는 파멸의 나락 속으로 스스로를 거칠게 내몰아쳤다. 존재의 짐
으로부터 벗어나기 위해 스스로를 파멸과 죽음에로 내몰았지만, 차
마 죽음을 택하지 못한 육신은 친숙하게 몸 담아온 거주지로부터 추
방되어 낯선 미지의 세계로 들어갔다.

나. 거리세계에서 '잠자리'[3]를 찾아 헤매는 노숙인의 몸

　생의 내리막 길목에서 바람막이조차 하나 없이 낯선 외부세계에 벌
거벗겨진 몸은 마치 불가항력의 세계에 내맡겨진 어린 아이처럼 어찌
할 바를 모른 채 바르르 떨고 있었다. 섬뜩한 어둠의 '공포'와 밝은 빛
속 어디선가 응시해오는 낯선 '시선'에 수치스럽고 창피해진[4] 몸은 한

---

3. '잠자리'는 몸이 눕는 장소를 지칭하며, 이때 장소는 단지 물리적, 지리적 공간을 넘어선
　실존적인 차원에서 이해된 근원적인 장소성을 의미한다.
4. 이때 '벌거벗음'은 당연히 옷을 걸치지 않은 존재자의 모습을 뜻하는 것이 아니다. 친숙한
　일상의 거주지로부터 내쫓거나 은신처를 잃어버린 실존의 비은폐된 사태를 지시하기 위
　한 실존적 의미를 담고 있다. 그렇기에 벌거벗음에 뒤따르는 '창피함' 역시 옷을 입지 않은
　상태에 대한 심리적 반응이라기보다 세계 내 존재로서 몸이 세계와 타인과 관계 맺는데
　전제되는 사회적 형식의 부재 내지 결핍에서 오는 실존의 '당혹감' 내지 '수치심'을 뜻한다.

없이 쪼그라들고 움츠려들었다. 하지만 바로 그 순간부터 몸은 스스로를 보호하기 위한 본능적인 지향활동을 펼쳐나가기 시작했다. 말하자면 친숙한 거주지로부터 추방되어 최후의 잠자리에 이르게 된 몸은 스스로 현상학적 환원을 거치면서 무기력 속에 거부하던 자신의 존재를 다시 인수해 나갔다. 그리하여 혹독한 거리세계에서 생존을 위해 반드시 치러야 할 상처와 고통을 온몸으로 떠안고 견뎌낸 끝에, 이들의 몸에는 또 다른 생활세계, 즉 노숙세계만의 독특한 생활습벽이 만들어졌다. 아침에 눈을 떠서 잠자리에 드는 시간까지 하루의 일과는 대부분 규칙적으로 정해져 있었고, 가급적 필요한 정보나 물질들이 몰려드는 대상세계 가까이에 잠자리를 마련하였다.

특히 거리세계에 던져진 몸과 관련하여 '잠자리' - 근원적인 잠의 존재방식으로서 - 는 자기 존재를 회복하는데 특별한 의미를 담고 있었다. 왜냐하면 잠은 오로지 몸 자신이 허락하고 내맡긴 자리에 눕는 행위로서 거리세계의 잠자리는 매순간 새롭게 고정될 수 있는 '장소'를 찾아 헤매야 하는 몸의 고행을 통해야만 얻어질 수 있었기 때문이다. 이렇게 매일 밤마다 잠자리를 찾아 헤맨 끝에 때로는 공원 벤치에서, 때로는 지하도 계단이나 전철 등 각자의 취향에 따라 몸을 눕힐 수 있는 '장소[5]'에 깃들게 됨으로써 비로소 잠을 이룰 수 있었다. 결국 이들에게 잠을 잔다는 것은 이미 자기 안에 은신처(refuge)[6]를 가질 수 있는 가능성을 의미하였다. 이때 은신처란 단지 물리적인 공

---

5. 여기서 '장소'가 뜻하는 바 역시 지금까지 우리의 정체성을 규정해온 역사적, 지리학적 장소를 넘어서 모든 장소론의 타당성을 보증받을 수 있는 초월적 장소론에서 그 의미를 길어낸다. 이때 초월적 장소론의 타당한 대상은 바로 '잠자리'이다. 지리적 장소, 습관과 역사의 장소 이전에 인간은 잠자리라는 장소로부터 동일성을 획득한다. 특히 '장소' 개념은 본 연구의 중심개념이 되는 만큼, 제3절 노숙인의 공간성 분석에서 그 의미를 더 상세하게 다루기로 하겠다(서동욱, 2007).

간만이 아니라 주위세계와 관계가 단절되어 자신만의 보호막을 구성하는 피신처로서 잠의 본질적 성격을 드러내준다. 우리는 어딘가에 고정되어 있는 잠자리로부터 몸을 일으킬 수 있을 때, 비로소 의식이 깨어나고 그때마다 세계를 만나고 타인과 관계를 맺어나가며 일상의 것들에 몰입할 수 있는 존재인 것이다. 그렇기 때문에 누구도 침입할 수 없는 사적인 은신처로서 잠 속에 빠져들지 못하고 깨어 있는 거리의 몸은 결코 세계와 타인을 향한 의식 내지 지향 활동을 제대로 펼치지 못한 채 늘 의식과 잠 사이에서 방향성을 잃고 여기저기 휘청거렸다. 더구나 불면상태에선 아무것도 망각하지 못했다. 지우려고 할수록 더욱 생생하게 떠오르는 과거의 기억으로 매일 밤 괴로움 속에 짓눌리던 몸은 술기운을 빌어야만 간신히 잠들 수 있었고, 땅바닥에 쓰러져 잠이 든 몸은 걷잡을 수 없이 망가져갔다. 하지만 오랜 불면의 고통 속에 시달릴수록 이들은 안전한 잠자리를 찾는 일을 결코 멈추지 않았다. 아마도 이들에게 잠자리는 언제인지 기억조차 할 수 없는 잃어버린 실존의 집을 찾거나 스스로 짓고 있는지도 모른다.

다. 헐벗음과 이타성(異他性)으로 이중화된 몸

궁극적으로 몸의 지향활동은 노숙인들에게 어떤 의미를 지니고 있는가? 이미 몸담고 있는 세계 속에서 노숙인들은 크게 두 가지 존재방식으로 몸 자신의 지향활동을 끊임없이 구성해 나갔다. 즉 이미 세계 속에 '내던져진' 또는 '벌거벗겨진' 수동적인 존재방식으로서 몸과

---

6. 레비나스에게 '잠은 "… 존재로부터 물러서기 위해서 자기 안에 은신처(refuge)를 가질 수 있는 가능성이다." 말하자면 잠은 세계와 모든 관계가 끊어져 있는 '은신처', 곧 '자기 안의 숨겨진 곳'이다(서동욱, 2007).

그렇게 내던져진 몸을 스스로 인수하여 세계 밖으로 '나아가는' 또는 '실존의 집을 찾아 나서는' 몸의 능동적인 지향활동이 그때마다 상호 교차하는 몸의 이중적인 존재 방식이 바로 그것이다. 우선 이미 세계 속에 내던져진 노숙인의 몸은 주로 '굶주림', '상처', '버려짐', '움츠러듦' 등과 같이 타인과 세상으로부터 내쳐지고 버림받는 결핍의 체험들과 관련이 있었다. 말하자면 수동적인 몸은 존재의 축복 속에 머물면서 자신의 필요에 부응하는 주체적인 몸이 아닌 늘 한줌의 양식에 목마르고, 외부의 폭력에 침입당하기 쉬운 나약하고 헐벗은 대상으로 존재하였다. 한마디로 세계에 내던져진 몸은 너무도 쉽게 상처받을 수 있는 수동적인 몸의 사태를 지칭하고 있었다. 그리하여 낯선 타인의 시선이 앙상하게 마르고 헐벗은 나의 몸을 응시해올 때, 빛 속에 환하게 드러난 나의 몸은 한없이 움츠러든 채, 깊은 어둠 속으로 도망치듯 숨어들었다. 물론 어둠 속에 숨어드는 행위는 낯선 세계와 타인으로부터 그 자신을 보호하려는 필사의 노력이기도 하였지만, 동시에 그것은 빛의 세계 뒤에 가려진 익명의 존재, 즉 주체적인 몸 이전으로 회귀하는 것이기도 하였다. 그런 의미에서 이제 세계와 타인에게 벌거벗겨진 몸은 그 움츠러든 몸짓 속에 이미 바깥세계를 향한 욕망의 가능성을 담고 있다고 말할 수 있다.

이제 낯선 세계에 내던져진 몸은 결핍거리를 채우고 머물 안식처를 찾아 다시 꿈틀거리기 시작했다. 특히 버림받고 벌거벗겨진 몸을 스스로 떠맡은 노숙인의 몸은 '찾아 나섬', '호소함', '맞서 싸움', '이타성의 자기화' 등과 같이 세계와 타인을 향해 나아가는 몸의 능동적인 지향활동과 연관을 맺고 있었다. 그런데 이러한 능동적인 몸의 지향활동에서 우리가 주목해야 할 점은 이미 헐벗고 벌거벗겨진 몸이 필연적으로 타인에게 예속될 수밖에 없음에도 불구하고, 그렇게 예속

화된 세계에서 몸 스스로 자신의 기획을 성취하는데 적극적으로 참
여하고 있다는 사실이다. 그 성취방식은 주로 옷차림이나 몸가짐 등
겉모습의 변형 내지 가면을 통해서 실현되었다. 추레한 옷차림, 굶주
림에 고통 받는 몸짓과 처량한 눈빛 등을 동원해 자신에게조차 낯
설고 이질적인 몸으로 육화시킴으로써 세계와 타인 앞에 불쑥 출현
하여 온정을 호소하였다. 어느 노숙인의 표현대로, '노숙'이라는 행위
는 이제 하나의 '일'이자 '직업'-물론 부정되는 노동-으로 이미 자리 잡
고 있었다.

제2절 집 없는 존재의 타자성

1. 운명공동체에서 낯선 타자로 마주한 '가족'

가. 떠맡음에서 짐스러운 존재로 마주선 '가족'

애초에 노숙인들의 타자경험은 탯줄을 끊고 세상 밖으로 내던져짐
과 동시에 '가족'이라는 공동체에 묶여진, 거부할 수 없는 숙명적 관
계에서 시작되었다. 특히 유년기 기억 속에 가장 선명하게 떠오르는
가족의 형상은 '가난과 굶주림 그리고 질병으로 고통 받고 짓눌린 얼
굴' 그 자체였다. 비록 부모가 있더라도 '오랜 세월 병석에 누워' 있거
나, '놀음에 빠져' 가족의 생계를 책임지지 못했고, '그날 먹을 때거리
조차 없을' 만큼 궁핍함에 시달리던 가족의 얼굴엔 당장이라도 '온 식
구가 굶어 죽을 것만 같은' 절박한 공포가 집안 가득 감돌고 있었다.
바로 생존 자체가 가장 시급한 문제였다.

"돈 벌수 있는 사람이 하나도 없었기 때문에 우리식구가 거의 죽는 줄 알았어요." 〈참여자1〉

굶주림에 고통 받는 가족의 얼굴은 더 이상 지켜볼 수 없는, 보살피고 떠맡아야 할 절박한 책임을 어린 이들에게 말없이 요구하고 있었다. 말하자면 가족은 거부하지도 빠져나갈 수도 없는 운명의 족쇄처럼 이들에게 무한한 떠맡음을 말없이 요구해오는 최초의 타자였다. 그날 필요한 '쌀과 연탄을 마련하기' 위해 학교 대신 거리에 나가 '신문을 돌리거나 공사판에서 벽돌을 날랐고', '돈을 벌어야' 한다는 일념 하나로 연고도 없는 낯선 '서울에 혼자 올라와' 온갖 밑바닥 생활에 뛰어들었다. 벗어날 길 없는 가난의 굴레로부터 자신과 가족을 구원해줄 양식을 구할 수 있는 곳이라면 어디라도 마다하지 않고 찾아갔다. 평생 '병마에 시달리던 어린 동생'을 살리기 위해, 또 '하루가 멀다 하고 커가는 어린 자식새끼들'을 양껏 먹이고 편히 재울 수 있는 '판잣집이라도 장만하기' 위해 거센 모래바람이 불어 닥치는 타국의 사막 한 가운데서 기꺼이 몸을 던져 일했다.

"당뇨병인데 눈도 백내장으로 안 보이고 뼈만 남았어, 뼈만. 아닌 게 아니라 아까운 동생 그거 하나 살리려고 내가 사우디, 이라크 그렇게 떤 거라구." 〈참여자4〉
"애들이 커나가는데 많이 먹잖아. 애들이 너무 먹으니까 야속해. 그럴 때가 있어요. 그리고 나서 도저히 못 견디겠더라구. 그래서 사우디를 다니기 시작했죠." 〈참여자5〉

하지만 어느 순간부터 인생의 내리막길로 치닫는 이들에게 가족이라는 존재는 '괘씸함', '원망스러움', '짐스러움', '버림받음' 등과 같은 표현처럼 이들 곁에서 점점 멀어져갔다. 오로지 가족을 위해서 온 몸이 부서져라 일했건만, 이들을 기다리고 있는 건 따뜻한 가족의 품이 아닌 온갖 변명으로 둘러대는 거짓과 배신뿐이었다. 먼 타국에서 힘겹게 일해 '보내준 돈을 몽땅 날려 버린 형제들'과 '아내의 외도로' 가족과의 갈등은 걷잡을 수 없이 악화되었다. 더구나 힘겨운 노숙의 처지에 내몰린 이들에게 가족은 씻을 수 없는 마음의 상처와 함께 원망의 대상이 되기 쉬웠다. 비록 함께 살지는 못하더라도, 서류상 동거인으로 올려놓았던 주소지에 자신의 주민등록만 남겨놓고 이사를 가버린 가족들의 처사가 '너무도 괘씸하고 야속했고,' 때론 '얼굴 한번 보여주지 않고 자식을 내버린' 부모가 그저 원망스러울 따름이었다.

> "얼굴도 한번 보여주지 않고 이렇게 지내게 했다는 게 좀 원망스러운 게 많아요." 〈참여자3〉
> "다른 아파트로 이사가 버리면서 내 주민등록만 내버리고 가버렸더라구. 우리 형님이… 그래가지고 내가 연락도 안하지. 생각만 해도 괘씸해." 〈참여자8〉

이제 삶의 기반을 모두 잃어버린 참여자들에게 가족은 더 이상 책임질 수도, 그렇다고 기댈 수도 없는 짐스러운 존재가 되어 있었고, 삶의 벼랑 끝에 내몰려 유랑 길을 떠돌다보니 생사조차 알 수 없을 만큼 가족과는 단절된 삶을 살아가고 있었다. '몸이 아프거나 다쳐도' 가족에겐 짐만 될 뿐이었고, 장성한 '자식들의 결혼식에도 가보지' 못한 채 가슴앓이만 하였다. '병들고 죽을 때가 되어도 가족에게 알리지 않고 홀로 거리의 행자로 죽겠노라'는 모진 다짐을 되새길 만큼 가족이란 존재는 이미 이들에게 결코 돌아갈 수 없는 낯설고 짐스러운 타자로 마주 서있을 뿐이었다. 그리고 이제 이들이 유일하게 기댈 곳은 노후의 위태로운 삶을 구원해줄 얼마간의 '연금'과 언젠가 죽을 때가 되면 병든 몸을 의탁하고 장례까지 치러줄 '요양시설'뿐이었다.

> "실제 아버지는 살아 계신지 모르겠어요. 집에 통 연락을 안 해가지고…" 〈참여자6〉
> "형제는 4남 2년데… 멀어지더라구요. 내가 없이 살아서 그런지. 그래 연락도 끊고." 〈참여자8〉
> "생명보험. 나는 그거 하나만 내가 믿고 있는데, 한 19년인가? 연금이 17만 얼마씩 들어갔다고. 그거 하나밖에 없어. 가진 거는. 이때까지."
> 〈참여자4〉
> "음성 꽃동네에 가서 거기서 봉사나 하다가 죽을까 해. 장례는 치러줄 거 아니여?" 〈참여자5〉

나. 부재의 자리에서 더욱 그리운 가족의 '향수'

한편 일부 노숙인들에게 가족은 애초에 그 어떤 기억도 남아있지 않거나 관심과 애정을 한 번도 느껴보지 못하는 낯선 존재일 뿐이었다. 그것은 마치 자신의 체험의 지평 속에서 그 어떤 의미도 형성되지 못하는 낯선 기호이자 부재의 언어였다. 이유도 모른 채 부모로부터 버림받아 유년기를 '고아원에서' 자라거나 '남의 집에서 더부살이 하던' 기억만이 가족의 빈자리에 채워져 있었다. 배고프고 외로운 성장기를 보내는 동안 가족이나 일가친족 중 어느 누구도 자신을 찾아온 적은 없었다. 비록 가정이라는 울타리에 대한 기억이 일부 남아있는 이들의 사정도 별반 나을 게 없었다. 부모의 이혼으로 조부모 슬하에 내맡겨지거나 재혼가정에서 유년기를 보내며 추억에 남을만한 '가족사진 한 장도', '부모의 정을 제대로 받아본 적도 없다' 보니 가족에 대해 뭐라고 표현해야 할지 좀처럼 말문을 열지 못했다. 이처럼 낯선 기호로 마주대한 가족의 부재는 고단한 떠돌이 삶이 늘 예고하듯이 혹독한 세상살이로 이어졌다. 한창 '부모 밑에서 어리광이나 부릴 나이에' 이미 세상 밖에 내던져져 온갖 냉대와 폭력에 시달려야 했고, '억울한 누명을 뒤집어쓰는' 일들도 다반사였다. 성인이 되어 직장이나 사회생활을 하더라도 '남들에게 당당하게 다가서지도 못하고 주눅이 든 채' 늘 짓눌려 살아야 했다.

"어머니의 정이라든가, 아버지의 정이라든가 모르고 자랐죠."

〈참여자6〉

"가족? 남의 얘기다. 이젠 가족이라는 개념은 사라진지 오래됐어요."

〈참여자7〉

"저 사람이 내가 일가친척도 없고 가족도, 형제도 없고 부모도 모르고 살아왔다는 걸 알면 나를 어떻게 대할까? 이런 거 때문에 현재는 많이 짓눌려서 살고 있죠." 〈참여자3〉

그런데 그 부재의 빈자리가 커질수록 가족에 대한 그리움은 더욱 간절하게 피어올랐다. 때론 가족의 흔적을 찾아 오래전 떠나온 '고향마을에 찾아가 보거나 신문사와 방송국에 찾아가 도움을 청해보기도 했지만' 도무지 찾을 길이 없다는 사실에 허탈감은 더해갔다. 또한 명절날 서울역 광장 벤치에 쭈그리고 앉아 '가족끼리 손잡고 고향에 내려가는' 풍경을 지켜보거나, 주말 꼬지를 하러 찾아간 교회 문밖에서 '아이들과 미사를 보고 나오는 가족들을 바라볼 때'마다 가슴 한 구석이 찡하게 아려왔다. 더구나 노숙하는 동료들 가운데 누군가 '고향에 내려간다!'는 소리라도 듣게 되면 한순간 고향집 생각에 한없이 마음이 무거워졌고, 그나마 가끔씩 '관공서에 들러 호적등본을 떼어보면서' 서류상으로나마 가족의 근황을 살피며 위안을 삼는 것이 고작이었다.

> "많이 찾아봤죠. 그리움도 많았고. 그런데 내가 4살 이전에 어떤 일로 헤어졌는가에 대해서 전혀 아는 게 없다보니까 찾을 길이 없더라구요." 〈참여자3〉
> "근데 명절 같은 때, 사람들 막 서울역에 나가보면 가족들이 손잡고 가는 거 보면 가족을 찾고 싶은 마음도 있긴 있는데…" 〈참여자2〉

더구나 춥고 배고픈 거리세계에 내던져진 이들에게 가족이라는 존재와 그 부재함은 단지 피붙이에 대한 그리움을 넘어서 그 무엇으로도 비교할 수 없는 숭고한 이상향으로 기획 투사되기도 하였다. 특히 이들이 그리는 가족의 이상향에는 언제나 '어머니'에 대한 향수가 짙게 깔려 있었다. 오랜 타향살이와 험악한 거리생활에 '몸이 다치거나 아플 때', 불현 듯 '외로움이 복받쳐 오를 때면' 환영처럼 이들 앞에 나타나 지치고 병든 육신을 포근히 감싸주었고, '이제 모든 것이 끝났다'는 절망의 탄식과 함께 깊은 상실감 속에 빠져 허우적거릴 때마다 이들을 위로해주고 회복시켜주는 존재는 바로 어머니였다. 이처럼 노숙인들의 기억 속에 어머니는 뿌리에 대한 상실감을 최초로 안겨준 존재이자, 자식을 위해서라면 뭐든지 희생하고 헌신하는 유일한 존재였다. '언제나 자식들 걱정에 눈물 지우시는' 어머니 모습이 자꾸 떠올라 마음은 한없이 무거워졌다. 결코 되돌아갈 수 없음을 잘 알기에 더욱 빛을 발하는 노스탤지어처럼 이상향으로 그려지고 있는 가족은 그 존재 자체만으로도 '타고난 하나의 복'이자, 자신의 존재를 온전히 떠맡길 수 있는 세상에서 가장 안전한 보호막으로 표상되었다.

> "아마 어쩔 수 없는 본능적으로 잠재된 것이 나타나는 것 같애. 몸이 너무 아프다보면, 죽을 때가 다 되면… " 〈참여자7〉
> "가족이 있다는 것은 타고난 하나의 복이고… 정신적으로나 물질적으로나 가족이 있다는 자체만 가지고도 큰 힘이 되요." 〈참여자3〉
> "가족하면 나는 어머니! 어머니밖에 생각이 안나요. 어머니 얼굴이 그래(자꾸) 보여. 떠올라가지고 '아이고 이놈아, 이놈아!' 하시는…"
> 〈참여자8〉

2. 그때마다 '그들7)'과 '우리8)'의 얼굴로 만나는 노숙인

가. 부정적인 시선과 함께 머무는 '그들'로서 노숙인

우선 연구 참여자들은 낯선 거리세계에서 만난 기존 노숙자들에 대해 자신의 존재가능성을 위협할 수 있는 '부정적인 존재'로 기술하였다. 험한 거리세계의 '그들'은 감히 대적할 수 없는 위협적이고 두려운 존재로 다가왔다. '아무런 이유도 없이 두들겨 맞거나 돈까지 빼앗

---

7. 하이데거에 따르면, '그들'은 '공동존재'의 부정적인 측면, 공동존재의 결핍양태를 의미한다.
8. 여기서 공동존재란, 인간 현존재가 세계 내 존재로서 함께 살아가는 '우리'를 일컫는다. '우리'는 '공동존재'의 긍정적인 측면을 의미한다.

기는' 일은 다반사였고, '강제로 술을 먹여 꼬지나 앵벌이를 시키거나' '노인들에게 거침없이 욕설을 퍼붓거나 거친 행동을 일삼는' 등 그들의 행태는 최소한의 '인격마저 포기해버린 짐승'이나 다름없었다. 그야말로 '힘 있는 사람만이 살아남을 수 있는 약육강식'의 법칙이 거리세계를 지배하고 있었고, 언제 터질지 모를 시한폭탄마냥 늘 팽팽한 긴장감이 감돌고 있었다. 하지만 강압적인 그들못지 않게 두려운 존재는 질병을 앓고 있는 노숙자들이었다. 그중에서도 전염성 질병을 앓고 있는 이들과는 '곁에서 잠을 자거나, 술도 함께 마시지 않는' 등 노숙자 무리로부터 철저히 '왕따'시켰고, 항상 일정한 물리적인 거리를 유지하였다. 사정이 이렇다보니 '몸이 아파도 내색하지 않거나 가급적 자신의 치부를 밖으로 드러내지 않는 것'이 그들 세계의 암묵적 규칙이 되어 있었다. 이처럼 거리세계에서 만난 노숙인들의 관계는 '주고받는 말 한마디에도 쉽게 예민해지는 탓에 늘 서로의 눈치를 살펴야 했고', '언제든지 뒤돌아서 떠나버리면 관계도 끝나버릴' 만큼 매우 취약하고 느슨한 사이였다.

"서울역에선 나이가 없어요. 나이가. 꼬지 안 해오고, 술 안 사주면 막 차고. 약육강식! 힘 있는 사람은 살고, 힘없는 사람은 맨 날 꼬지 해가지고 술 받치고." 〈참여자2〉

"노인들한테 막 욕이나 하고, 침이나 뱉고, 지 싫으면 막 내 뱉고…" 〈참여자4〉

"서로들 치부를 안 드러낼라고... 아파도 아프지 않은 척, 속에 병이 있어도 쉽게 안 알려요. 아파도 저 혼자 끙끙 앓거나 몰래 약 타먹던지 그러지, 절대 아픈 내색을 안 해요." 〈참여자5〉

한편 참여자들은 겉모습에서부터 생활습관, 사고방식에 이르기까지 자신들과는 이질적인 타자들에 대해 거리[9]를 두면서 그때마다 못마땅한 태도를 강하게 표출하였다. 충분히 일할 수 있는 나이임에도 불구하고, '여기저기 빈둥거리며 공짜 밥에 길들여져 노숙에 중독되어가는' 젊고 건강한 노숙자들부터 그저 '먹고 자는 일 외엔 어떤 관심이나 의욕도 없이' 만사태평인 만성 노숙자들에 이르기까지 그저 답답하고 한심하게 느껴질 뿐이었다. 더구나 '온종일 술에 찌들어 온몸에서 악취를 풍기며 공공시설들을 제집처럼 들락거리고', '거의 매일 주변상가들을 찾아다니며 손이나 벌리는' 노숙자들과는 아예 상대조차 하지 않았다. '상거지'나 다름없이 살아가는 그들 탓에 자신처럼 선량한 우리 노숙자들까지 한 패거리로 넘어가거나 주위 인심과 시선이 점점 인색해지기 때문이었다. 한마디로 '술 먹고 담배 피우는 것 외에 할 줄 아는 게 없는 개망나니들'에게 그 어떤 기대를 거는 것조차 무의미할 뿐이라는 것이다.

> "그 사람이 지금 먹는 데는 딱 세군데 밖에 없어. 서울역, 용산, 서소문. 여기 밖에 몰라, 먹는 데를. 그래 지 배 부르면 만사태평이지."
> 〈참여자4〉
>
> "무슨 노숙이 벼슬도 아니고, 몸도 좀 단정히 정리하면서 타면 누가 뭐라고 그러겠냐고. 냄새도... 내가 봐도 '참 이건 아니다' 짜증나는데 일반사람들 누가 좋다고 그러겠노?" 〈참여자7〉
>
> "일반인들을 노숙자들이 너무 많이 괴롭히고 있어요. … 노숙자들 와

---

9. 우리는 흔히 '거리'를 물리적 공간 개념으로 사용하는데 익숙해 있다. 하지만 이때 '거리'라는 용어는 타인과의 관계성격을, 더 정확히 말하면 인간이 대상세계와 타인과 유지하고 있는 관계의 근본성격을 드러내준다. 그런 의미에서 거리는 늘 '실존적'인 의미를 담고 있다.

가지고 손 벌리고. 이 가게 하나 하고 있으면, 하루에 손 벌리러 오는
사람들이 너무 많은 거예요." 〈참여자1〉

나. 타인에 대한 보살핌을 통해 거리 좁혀진 '우리'로서 노숙인들

그런데 모든 것이 낯설고, 추위와 배고픔에 힘겨워하던 참여자들
에게 선뜻 도움의 손길을 내밀어주는 노숙자들도 존재하였다. 대개
이들은 처음 거리노숙에 내몰려 고통을 겪는 이들에게 없어선 안 될
중요한 길잡이가 되어주었다. 참여자들은 자신들보다 거리생활에 대
한 경험이 풍부한 '기존 노숙자들을 따라다니며 함께 밥을 얻어먹고,
꼬지를 배우고, 서로의 잠자리를 지켜주면서' 힘겨운 거리생활을 견
뎌낼 수 있었다. 또한 '몸이 아프면 무료진료소에서 약을 타다 주고',
굶주린 동료들을 위해 대신 밥이나 먹을거리를 챙겨 주는' 등 의지할
데 없는 이들끼리 서로 보듬어 주는 '가족이나' 다름없었다. 처음에
는 낯선 타자로 경계하던 이들은 배려거리를 함께 나누면서 어느새
서로의 존재를 보살펴주고 마음써주는 든든한 '동지'가 되었다. 그것
은 바로 낯선 타인과 실존적 거리가 좁혀진 '우리'라는 공동체의 회복
을 의미하는 것이자, '타인의 상처와 고통'을 진정으로 '이해'할 수 있
는 계기가 되었다.

> "다 우리 쪽 레벨이라 같이 놀고, 저녁에 모여 술 한 잔 먹던 동지고,
> 친구였다고." 〈참여자7〉
> "내가 지하도 밥도 못 먹고 있으면 친구들이 타다 줘야 먹고…"
> 〈참여자8〉
> "솔직히 지금 지내는 사람들이 한식구라고요. 저처럼 의지할 데 없

는 사람이 장난치고, 욕해도 받아주고. 딴 데 가라고 해도 안가요."

〈참여자2〉

거리세계의 일상을 공유하며 함께 머물고 있는 '공동존재'로서 '우
리'는 '그들'의 존재방식과의 다름, 다시 말해 긍정적인 자기해석 과정
을 통해 그때마다 '우리'로서의 정체성을 구성해 나갔다. 한 참여자의
표현대로 '노숙을 한다고 다 같은 노숙이 아닌' 것이다. 비록 같은 노
숙의 처지라도, 공동존재로서 함께 머무는 우리는 악취를 풍기는 지
저분한 노숙자들과는 확연히 다른 존재였다. 이를 테면 주위세계에
민폐만 끼치는 '그들'과는 달리, '항상 깨끗하게 몸 관리에 신경을 썼
고,' '잠자리도 깨끗하게 정리하는' 등 주변세계에 가급적 피해를 끼치
지 않으려고 노력하였다. 더구나 일할 생각은 하지도 않고 온종일 술
에 찌들어 난동이나 피우는 그들-노숙자들-과도 분명한 경계를 그었
다. 어디라도 '일을 하려고 애쓰는 사람들끼리 모여 지내거나' 아무리
잠자리가 춥고 불편하더라도, '밤새 술주정을 해대는 그들과는 멀찌
감치 떨어져 가급적 친한 동료들끼리만 어울려' 지냈다. 이처럼 거리
세계에서 만난 타자로서 노숙인과의 관계방식은 주로 '부정과 긍정의
대립' 내지 '저기와 여기라는 거리지움'을 통해 규정짓고 있었다.

"저도, 우리 형들도 다 깨끗한데, 될 수 있으면 빨아서 입어요. 깔끔
하게 하고 다녀야 어디라도 가서 얻어먹더라도 많이 얻어먹을 수 있
고, 냄새나면 꺼리잖아요?" 〈참여자2〉
"거기는 술 먹고 드러누워 있는 사람도 없고, 하다못해 일 있으면 일
나갈려고 그런 사람들이지, 술 먹고 24시간 드러누워 있는 사람이 없
어." 〈참여자5〉

3. 거리세계에서 조우하는 행인들(세인)을 통한 노숙인의 명암

가. 행인들의 부정적인 시선과 폭력 속에 숨어드는 노숙인

거리세계에서 접촉하는 대다수 행인들은 자신들과는 이질적인 존재인 우리-노숙인에 대해 미리부터 부정적인 선입견을 가지고 있었다. 그 중에서도 가장 두드러진 편견으로는 우리-노숙인들을 나태하고 게으른 존재로 치부해버리는 시선이었다. 이를테면 '천성이 게을러서 놀고먹거나' '하루 밥 세끼 공짜로 주니까 일할 생각은 아예 하지도 않고', '사지 멀쩡한 놈이 구걸이나 하고 다니는' 등 대다수 노숙인에 대해 적대적인 언표들이 꼬리표처럼 따라다녔다. 사정이 이러다보니 무료급식소에서 공밥을 먹으로 갈 때마다 '행인들과 눈이 마주치기라도 하면' 자신도 모르게 주눅이 들어 있어 밥조차 편히 먹지 못했다. 행인들은 나름의 사정으로 거리로 내몰린 노숙인들을 '늘 겉모습만 보고' 그들의 방식대로 판단하곤 하였다. 노숙에서 벗어나기 위해 아쉬운 대로 공공근로에 참여하더라도 '사지 멀쩡한 놈이 일 같지도 않은 일을 한다'며 험한 말들과 냉소적인 시선을 거침없이 던져댔다. 또한 거리의 노숙인들은 행인들에게 단순한 호기심거리를 넘어서 그들 세계에 침입해 들어와 언제든지 평화로운 일상을 파괴할지도 모를 위험한 이방인으로 취급되었다. 지하도에서 신문지를 덮고 누워 있으면 '동물원 구경하듯이 빤히 쳐다보거나 발로 툭툭 차고 가는' 경우가 다반사였고, 길거리를 걸어 다니면 '도둑놈 취급을 하며 경계의 눈초리를 떼지 않는' 등 따가운 시선이 늘 등 뒤를 따라 붙었다. 마치 '노숙이 무슨 큰 죄나 되는 것처럼' 행인들은 자신들과는 너무도 이질적인 거리의 존재자들을 그들의 세계로부터 내치면서 경계를 유지하고 있었다.

> "'사지 멀쩡한 놈들이 일도 일 같지 않은 거 한다'고 주민들이 좋은 시
> 선으로 안보거든. 어떤 사람이 그래, '어휴 뒤져라 저런 것도 일이라
> 고 하냐?'고. 더 비참하더라고." 〈참여자7〉
> "종각 같은 데서 누워 있으면 그냥 동물원 구경하듯이 계속 쳐다보
> 고, 발로 차고 가고 많아요." 〈참여자5〉
> "일반사람들이 지나가면서 보는 시선이 전부 도둑놈으로 보이는 거
> 예요." 〈참여자3〉

그런데 이러한 부정적인 시선들과 더불어 종종 자신들보다 약한
우리-노숙인들에 대한 폭언과 폭력이 동반되곤 하였다. 거리에서 잠
을 자는 자신들을 향해 '이렇게 살 바에 뒤지지 뭐 하러 사냐?', '아예
밥을 굶겨야 한다'는 등 가슴에 사무치는 아픈 말들을 내뱉으며 발길
질까지 해대는 행인들에게 속수무책 당할 수밖에 없었다. 그렇다고
우리-자신들과는 비교할 수 없는 권리를 가진 일반 행인들에게 대항
하거나 싸울 수조차 없었다. 왜냐하면 '우리는 숙자고, 지들은 행인
이기에' 싸움이 나면 항상 우리-자신들만 불리해지기 때문이었다. 즉
'그들은 머물 주거지가 있고, 연고가 당당한' 시민인데 반해 '우리는 연
고도 주거도 없이 아무데서나 잠을 자는' 노숙자이기 때문에 그 어떤
맞대응도 늘 행인의 승리로 판가름 날 뿐이었다. 말하자면 행인은 선
량한 시민이고, 우리는 그들을 괴롭히는 불량한 노숙자라는 선입견
이 이미 모든 사태를 결정지었다.

> "일단 나는 숙자고 지는 행인이니까. 그러니 공권력이 와도 일단 행

인 먼저... 주거 있고, 연고 있고…" 〈참여자7〉

"우리가 억울하게 당해도 우리말은 듣지 않아. 그 놈들 편드는 거야.
'니네 노숙자들이 먼저 시비 거니까 그러지'하고, 그래서 웬만한 건
참는다고, 안 싸운다고." 〈참여자5〉

결국 행인들의 부정적인 시선과 물리적인 폭력에 대한 최선의 대응
책은 빛의 세계로부터 도망쳐 어둠의 세계로 기어드는 것이었다. 이
를테면 '발자국 소리만 들어도 괜히 초조해지고 불안해져' 가급적 '행
인들의 눈에 잘 띄지 않게 인적이 드문 곳으로만' 숨어들거나 '낮에는
활동을 하지 않고, 주로 밤늦게 돌아다녔다.' 또한 불필요한 마찰이나
싸움에 말려들지 않기 위해 '무조건 도망을 치거나' 아예 '일반인들과
는 상대하지 않고 피하는 게' 최상의 방법이었다.

"사람들 시선이 너무 안 좋고. 그래서 가급적이면 활동을 안하려고
해요. 이제 숲 속에서 내내 지내고, 밤늦게 돌아다니고... 무조건 일
단 어두운 데만 다니니까." 〈참여자3〉

"저는 싸움나면 도망가요. 도망가는 게 최고 좋아요." 〈참여자2〉

나. 일상의 것들을 향유하는 세인에 대한 갈망

그런데 연구 참여자들이 그때마다 거리세계에서 만나는 행인들은
잊고 있었던 '예전의 추억들'을 상기시키는 동시에 일상의 것들을 당
당히 누리고 살아가는 '동경의 대상'이었다. 한때는 자신도 '부양할 처
자식과 가족이 있었고, 등 붙이고 편히 누울 거처와 아침에 나가 저
녁에 퇴근하는 직장과 일거리도 있는' 등 남들처럼 일상의 것들을 향

유하며 살아 왔다. '주일미사를 보러 손잡고 교회로 들어가는' 가족들, '주말이면 즐거운 여가를 함께 보내는' 가족, 친구, 연인들, 또 '명절날 아이들과 고향으로 향하는' 행인들의 풍경은 불과 몇 해 전까지만 해도 자신들이 누리고 살아온 모습들이었다. 하지만 너무도 친숙하고 당연하게 누렸던 일상은 이제 너무 낯설고 이질적인 타인의 세계일뿐이었다.

> "연휴 같을 때 힘들고, 뭐 고향가고. 남들은 다 가는데 속상하지 사실은." 〈참여자7〉
> "백화점 근처에 큰 사무실이 많잖아요? 대기업 사무실들에서 출퇴근하는 사람들이 제일 부럽다고 할까. 일반인들하고 제일 거리감이 느껴지는 시간…" 〈참여자1〉

이제 거리세계에서 바라본 세상 사람들은 우리-노숙인에게 결핍된 모든 것들을 소유하고 누리는 동경의 대상으로 변모해 있었다. 대기업 빌딩들이 즐비한 대로 한 복판에서 '퇴근하는 직장인들과 마주칠 때면' 거리급식을 받아먹는 자신의 처지가 더욱 초라하게 느껴졌고, 매일 아침이면 어디론가 분주히 움직이며 규칙적인 일상을 살아가는 행인들이 마냥 부러웠다. 그야말로 모든 면에서 자신들보다 월등한 존재였기에 그들 앞에 서면 자신도 모르게 위축감에 빠져들었고 거리감만 더욱 커져갔다. 또한 몸이 아파 치료를 받더라도 '싸구려 약만 처방해주는 우리들과 달리 질 높은 의료혜택을 받는' 일반인들의 사회적 위치와 권리도 한없이 부러울 따름이었다. 더 이상 자신에게 속하지 않는 세상 사람들의 일상을 그저 먼발치에서 지켜볼 때마다 이들은 걷잡을 수 없는 상실감과 서러움에 빠져들곤 하였다. 그리고 상실감이 깊어질수록 세상 사람들을 향한 욕망은 더욱더 깊어졌다. 세인의 삶에 대한 욕망은 화려하지도 대단한 그 무엇도 아닌, 그저 소박하고 평범한 일상의 모습이었다. 즉 이제 오랜 떠돌이 습벽을 그만 접고 '사는 동안 추하지 않게' 다시 일자리를 잡아서 남들처럼 '보증금 있는 방을 얻고 저축도 하며 가정도 이루는' 여느 평범한 사람들의 일상세계로 돌아가는 것이 마지막 바람이었다.

> "일반 의료보험카드가 있는 일반인들은 쉽게 얘기해서 약도 백 원짜리 쓰는데, 우리 같으면 이, 삼십 원짜리 쓰지." 〈참여자5〉
> "다른 사람들은 학식도 있고. 그런데 내가 비교되는 거죠. 위축감이 들고, 그런 건 빨리 잊어야 되는데, 쉽게 안 되더라구요…" 〈참여자6〉

다. 고통 받는 노숙인을 관대하게 품어주는 행인들

물론 거리세계에서 만난 행인들 가운데는 헐벗고 굶주린 노숙인들을 관대하게 품어주는 이들도 있었다. 그들은 다양한 삶의 지평에서 거주하는 낯설고 먼 존재자들임에도 불구하고, 노숙인들에게 생존에 필요한 물질적인 양식과 더불어 진정어린 위로와 격려의 말을 건네주는 고마운 타인들이었다. 추위에 떨며 잠 못 이루는 자신들에게 다가와 '내복과 침낭 등을 가져다주거나' '넉넉한 술 인심과 노잣돈까지 양손에 지워주었고,' '따뜻한 차 한 잔을 건네며 말벗이 되어주는' 등 행인들의 관심과 배려 덕분에 고단한 거리의 삶을 잠시나마 견딜 수 있었다. 또한 자신들의 존재를 '있는 그대로 인정해주고', '용기와 희망이 담긴 편지를 매일 건네주는' 종교인들과 진술한 대화를 나누게 되면서 마음속 짐을 조금이나마 덜어낼 수 있었다. 그들은 굶주림과 추위에 고통 받는 노숙인들에게 단지 결핍거리만을 대신 떠맡아 주는 것이 아니라 파괴된 마음의 상처까지 어루만져주는 타인들이었다.

> "영안실만 가도 널린 게 술이에요. 말 한마디 잘 하면 술은 다 주거든." 〈참여자7〉
> "근데 목사하고도 대화를 해보고 하니까 조금은 후련해. 이 마음속으로 안정감을 되찾는 것 같고, 후련하고. 뭐 짐을 좀 더는 것 같고 그런 마음이 들어요." 〈참여자5〉

진심어린 관심과 애정을 보여준 행인들은 어느새 노숙인들이 본받고 싶은 존재가 됨으로써 참여자들은 자포자기에 빠져 있던 자신의 존재를 다시 떠맡고 세상을 향해 조금씩 몸을 움직였다. '오랜 약물의 늪에서 벗어나 세상 속에 작은 힘이 되고자 장기를 기증하거나' '꼬지를 다니는 교회에서 꾸준히 봉사활동도 하였고', '비슷한 처지에 있는 이들에게 힘을 보태기 위해' 다양한 노숙인 지원활동에 동참하기도 하였다.

> "어디 봉사하러 간다던가, 헌혈도 하고. 교회에서 할 수 있는 일들은 많이 하려고 노력해요. 예배 끝나면 노인 분들 앉아계시면 밥도 타다 드리고, 이렇게 생활해요." 〈참여자2〉
> "큰 거시기는 없고. 집회 같은 거 한다면 모여서 가고. 철거민 집회에 가고. 그냥 내 일인 거 같고. 나도 쪽방 생활하니까. 그래서 내가 참여를 해." 〈참여자8〉

4. 배제와 포섭의 원리에 따라 작동되는 사회적 보호 장치들[10]

가. 거리의 인간쓰레기를 축출해내는 '치안경찰'과 '철도 공안원'

거처 없이 거리를 떠돌아다니던 노숙인들에겐 늘 공권력의 감시와 통제가 따라다녔다. 특히 거리의 치안과 질서유지를 담당하던 경찰들은 '단지 거리를 배회한다는 이유로 또는 술 먹고 소란을 피운다'는 이유로 우리-노숙인들을 '인간쓰레기 취급을 하며 무조건 잡아 들였고', '조서 한 장도 작성하지 않고' 대부분 아동보호소나 부랑인시설 등으로 넘겨버렸다. 애당초 거리노숙자들에겐 '인권이라는 것 자체는' 존재하지 않았다. 치안경찰들은 공권력을 동원해 노숙자들을 거리에서 합법적으로 잡아들임으로써 마치 '노숙 자체가 없는 것처럼' 깨끗하고 안전한 사회 이미지를 구축하는 업무를 담당해왔다. 물론 최근에 와서는 '예전과 같은 강제적인 수용방침은 다소 완화[11]되었지만', 공원이나 길거리에서 부딪히는 경찰들뿐 아니라 역사에서 근무하는 철도 공안원들은 대다수 노숙인들이 거리 두고 두려워하는 존재임에 틀림없었다. 그들은 춥고 배고픈 우리들에게 따뜻한 말 한마디 건네주기는커녕 '오히려 범죄자 취급을 하며 몰아내거나' 행인들에게 부당

---

10. 특히 노숙인에 대한 사회적 보호 장치의 전략에 관해서는 「노숙인 담론분석- 푸코의 권력개념을 통해」에서 선행적으로 분석되었다. 물론 이 때 노숙인 담론의 발화주체는 노숙인의 목소리가 아닌, 노숙인 문제를 다루고 분석하고 그 대안을 모색하는 다양한 학계, 언론, 민간단체 등의 논의들을 주요대상으로 삼고 있다(석희정·이혁구, 2004).

11. 참여자들의 진술에 따르면, 예전에 비해 거리노숙인의 인권이 많이 향상되었지만, 국가적인 행사를 유치할 때면 거리질서와 안전상의 이유로 거리노숙자들을 강제 수용하는 방침이 어김없이 되살아난다고 하였다. 불과 얼마 전에도 '국제행사(부산 APEC/2005)를 개최하기 위해 도심 내 역사나 공원 등과 같이 눈에 띄는 공공장소에서 생활하는 거리 노숙자들을 대대적으로 단속하려던'(6, 8) 공권력에 대항한 노숙인들의 항의시위가 이를 뒷받침해주고 있다.

한 폭행을 당하더라도 '노숙자 말은 아예 무시해버리고, 늘 주거와 연고가 있는 일반시민들의 편에' 서 있었다. 또한 '출근시간에 일반 시민들에게 피해가 가지 않도록 대합실이나 지하도에서 잠자는 노숙자들을 밖으로 내쫓아내거나' '사고나 말썽이 생기지 않도록' 등 공공시설 주변에 있는 거리 노숙자들의 동태를 상시적으로 감시하고 통제하였다. '인간이하의 푸대접을 받으며 급기야 공안원들에게 맞아 죽음으로까지 내몰리는' 최악의 사태가 터지더라도 노숙인들에겐 공권력이라는 거대한 힘 앞에 맞설 힘조차 없었다.

> "옛날에는 행려자, 부랑자라고 다 쳐 가둬넣고 그랬는데. 노숙이 없는 것처럼 보였거든? 다 가둬넣고 숨겨 뒀으니까. 막말로 쓰레기라고 강제로 막 다 집어 넣어갖고." 〈참여자7〉
> "제가 막 거리를 돌아다니니까, 남대문 경찰서 소년계에서 데려다가 (아동보호소에) 집어넣어주고. 또 도망쳐 나오고… 거기도 밥 먹다시피 들락거렸던 곳이예요." 〈참여자6〉
> "또 어려운 문제가 경찰한테 부딪히는 거예요. 밤늦게 돌아다니면 '여기 있지 말고 저쪽으로 가'고 되레 범죄자 취급을 하고…"
> 〈참여자3〉
> "공권력 앞에 싸울 힘이 없잖어, 우리는. 그게 불의인지 알고, 당연히 인간이하의 대접을 받고." 〈참여자5〉

나. 훈육의 명분아래 폭력을 자행하는 수용소 관리자들

그런데 일부 참여자들은 '유년시절 길거리를 배회하다 영문도 모른 채 낯선 수용시설에 끌려가' 결코 떠올리고 싶지 않은 끔찍한 기억을 가지고 있었다. 그곳은 한번 들어가면 '가족이 찾아오기 전에는 절대 밖으로 나갈 수 없는' 외부세계로부터 철저히 차단된 '유배지'나 '강제 수용소'나 다름없었다. 수용소 관리자들은 '흰색은 정상인, 노란색은 소위 똘아이(정신질환자), 빨간색은 사상범 식으로' 수감자들을 유형 화시켜 분리 수감하였는데, 이렇게 함으로써 수감자들을 보다 손쉽 게 식별하고 관리할 수 있었다. 하지만 수감자들을 향한 훈육과 통 제의 이면에는 늘 폭력의 광기가 도사리고 있었다. 시도 때도 없이 수용소 관리자들의 무자비한 집단구타에 시달리기 일쑤였고, 언제 닥칠지 모를 무차별적인 폭력에 겁 질린 수감자들은 하루하루 죽음 의 공포에 떨어야 했다. 또한 '체벌과 감시 속에 강제노역을 나가야 했고', '위문공연을 준비하기 위해 몇일 동안 잠도 못자고 연습을 해 야 하는' 등 수감자들은 관리자들의 요구에 따라 움직이는 꼭두각시 나 다름없었다. 이처럼 수용소 관리자들의 얼굴에는 외부세계를 향 한 관대함과 내부에 대한 억압과 잔혹성이 마치 야누스의 얼굴처럼 공존하고 있었다.

"또 신상기록을 흰색은 정상, 노란색은 돌아이, 빨간색은 약간 사상범 식으로 신상카드를 만들어갖고 분류를 했다니까. 자기네들이 관리하 기 쉬우니까 그리 차트를 만들어서…" 〈참여자7〉
"거기서 무지 맞았어요. 항상 배고프고. 당시 소년소대에 있었는데, 구타가 굉장히 심했어요. 주위에 보면 사람을 구타하다가 사망하게 되면 야산에다가 묻고, 어마어마했어요." 〈참여자6〉

다. 희망은커녕 비참함만 더해가는 생계지원대책

연구 참여자들은 대체로 정부에서 제공되는 각종 지원체계들과 그 전달업무를 맡고 있는 담당공무원들에 대해 강한 '불만'을 드러냈다. 특히 일에 대한 의지와 욕구가 강한 참여자들에게 자활근로나 공공근로는 오히려 좌절감만을 안겨주고 있었다. '대낮에 골목으로 몰려 다니면서 대충 쓰레기나 담배꽁초를 줍고', '관리자들의 눈치를 살피며 어영부영 시간만 때우다 돌아가는' 일 같지 않은 일이 도무지 내키지 않았고, 자립에 대한 희망은커녕 자신들의 처지만 더 비참해질 뿐이었다. 애초에 노숙자들의 자립과 자활을 위한 취지로 만들어졌음에도, '근로능력이나 적성은 전혀 고려하지 않고, 그저 눈 가리고 아웅 하는 식으로' 획일화된 일거리 대책에 울화통이 치밀어 올랐다. 더구나 이러한 일자리대책이 대부분 한시적으로 운영되다보니 방을 얻더라도 사업이 중단되면 '방세를 감당하지 못해 다시 거리로 나올 수밖에' 없는 악순환만 되풀이 될 뿐이었다. 결국 정부의 안이한 행정관행과 무관으로 자신들만 피해를 입고 있었다.

> "사람 더 병신 만드는 거 같애. 9시부터 시작해 갖고 오전근무하고, 2시까지 하는데, 일도 일 같은 걸… 말이 자활근로지, 이건 자활근로가 아니거든." 〈참여자7〉
> "방세를 못 내면 올라오게 돼있어요. 지금은 뭐 일한다지만, 또 취로사업(공공근로)이 끝날 거 아니에요? 그러면, 또 올라와야죠."
> 〈참여자2〉

또한 생계지원[12]을 담당하는 전담 공무원들은 지나치게 서류업무에만 치중하고, 노숙인들에게 생색내기에 급급한 관료적인 존재로 묘사되었다. 힘겨운 노숙생활에서 벗어날 방편을 찾기 위해 지역 사회복지과를 찾아갔지만, 담당 공무원들은 대개 자신들과 상담하는 것조차 귀찮게 여기거나 그저 형식적인 행정절차에만 관심을 가졌다. '부양가족이 있거나 거주지가 없다는 이유로' 생계지원 신청조차할 수 없었고, '개인적인 재정이나 금융조사도 모자라 부모 재산까지 모두 다 까발렸고', '쥐꼬리만 한 돈이나 주면서 큰소리치듯이' 생색내는 공무원들의 고압적인 태도에 치욕스러움마저 느껴야 했다. 더욱이 까다로운 심사를 통과해 수급을 받게 되더라도, 관할 구역 공무원들에게 사생활 전반에 걸쳐 관리 감시를 받아야 했다. 비록 수급을 받는 처지였지만, 나름대로 생존을 위한 자구책으로 틈틈이 '아르바이트를 나가거나' '장사거리를 알아보더라도' 담당 공무원에게 발각되면 수급이 바로 끊겨버리기 때문에 '그들의 감시망을 피해 몰래 일을 할 수밖에' 없었다.

> "그냥 서류만 가져가면 '한 달에 얼마예요.' 늘 그런 식이라고. 안일하게... 그냥 공무원은 귀찮으니까 그냥 서류만 갖고 그러고. 그게 참 안타깝다 그거야." 〈참여자7〉
> "근데 일을 내놓고 할 수가 없어요. 안 그러면 동사무소에서 알게 되면 수급자격이 바로 끊기게 되니까." 〈참여자6〉

이처럼 정부의 형식적이고 소극적인 지원방식과 태도에 대해 노숙

---

12. 여기서는 주로 '국민기초생활수급권'을 일컫는다.

인들은 강한 불만을 표출하였다. '가난한 이들은 거들떠보지도 않고, 남아도는 돈으로 민간업자들의 배만 불려주거나' '거리노숙에 대한 정확한 실태조사도 하지 않고 가만히 앉아서 볼펜만 굴리고', '정작 지원을 받아야 할 우리 노숙자들에겐 공밥 이외엔 아무런 지원도 하지 않고,' '말로만 떠들어 대는' 정부의 방관적인 태도에 불만을 품고 있었다. 더욱이 이들은 노숙문제를 더 이상 개인의 문제로만 여기지 않았다. '가난은 나라님도 구제하지 못한다는 말은 다 옛말'이고, 이제 '노숙문제는 정부가 마땅히 떠안아야 할 짐이자 국민에 대한 책임'으로 인식하고 있는 것이다. 말하자면 노숙자도 엄연히 '인권을 지닌 국민이기에' 당연히 정부의 지원을 받을 권리와 자격이 있는 존재'라는 것이다. 이들이 바라는 인권의 모습은 결코 거창한 자격 요구가 아니었다. 거리에서 난장을 까는 노숙자들에게 '최소한 먹고 살 수 있는 일거리'와 '공동주거지라도 마련해주길' 바랄 뿐이었다. 이처럼 정부에 대한 불만이 커질수록 노숙인들은 인간으로 살아갈 최소한의 기본권에 대한 요구 또한 더욱 간절해졌다.

> "저 사람들은 자기 눈으로 확인 안하잖아요? 밑에서 올리는 종이만 보고 결정을 하는 거 아니에요?" 〈참여자3〉
> "가난은 나라님도 구제하지 못한다고 하지만은 그건 다 옛말이고. 어차피 그건 정부가 안고 가야할 짐이거든? 국민이니까... 아니 그러면 못났다고 국민의 권리가 아니에요?" 〈참여자7〉
> "그래도 한 인간인데, 최소한 기본권 같은 것도 보장해주고 그랬으면..." 〈참여자2〉

라. 도덕적 리더십으로 군림하는 민간단체들[13]

연구 참여자들은 노숙자들의 인권을 보호해주고, 물심양면으로 온정의 손길을 내밀어준 민간단체들에 대해 고마움과 동시에 형식적으로 변질되어가는 지원방식과 실무자들의 관료적인 태도에 상당한 불만을 드러냈다. 우선 춥고 배고픈 거리를 배회하는 노숙자들에게 '무료급식과 잠자리 등을 제공해주고', '공권력을 동원해 강제로 수용시키지 못하도록' 감시활동을 전개한 민간단체들의 노력 덕분에 거리 노숙인의 인권과 사회적인 인식이 많이 개선되기도 하였다. 하지만 어느 순간부터 민간단체들은 거리 노숙자들에게 적잖은 반감을 불러 일으키는 존재가 되어 있었다. '일반인들은 도저히 먹지 못하는 험한 배급음식에다' '배고픈 노숙자들의 사정은 아랑곳 하지 않고 예배에만 치중하는' 종교단체들과 '늘 하자있는 물품들만 나눠주는' 민간단체들의 형식적이고 무성의한 태도에 고마움은커녕 거친 욕설만 돌아갈 뿐이었다. 소위 민간단체에서 근무하는 실무자들 - 거리상담가, 쉼터 관리자, 기관 사회복지사 등 - 이나 전문가 집단들 역시 거리노숙자들에 대한 진정어린 관심은 더 이상 찾아볼 수 없었다. '거리 노숙자들 덕분에 생겨난 직업'임에도 불구하고, 정작 거리 노숙자들의 어려움에는 귀 기울이지 않고 '가식적인 말만 실컷 늘어놓거나' '책상 앞에서 그냥 볼펜이나 굴리는 사람들'로만 느껴질 뿐이라는 것이다. 한마디로 도움을 주는 취지는 좋지만 '진심으로 우러나온' 성의가 담겨 있지 않은 타인의 배려는 어떤 효과도 기대하기 어렵고, '내거 주고도 뺨 맞는' 꼴이라는 것이다.

---

13. 여기서 '민단단체'는 연구 참여자들이 주로 접해온 '종교/사회복지/시민단체' 등을 일컫는다.

"지금은 인권이 좋아지다 보니까네. 확실히 공권력을 동원해갖고 강
제로 가두지는 안잖아. 또 그래 못하게끔 단체들이 일어나고 조직의
장들이 일어나니까..."〈참여자7〉

"가식적인 말! 말만 신나게 늘어놓고. 그 사람들은 솔직히 그게 직업
이잖아요? 자기가 먹고 살기 위해서 어쩔 수 없이 나와 있는 사람들
같아요.."〈참여자6〉

"말로만 쉼터 들어가라고 그러는데, 그냥 와서 대화만 조금 얘기하
다가 가버려요. 어떻게 보면, 없는 게 나을지도 몰라요."〈참여자2〉

더구나 무분별한 물질적 지원으로 거리노숙자들을 점점 무기력한
존재로 길들이거나 자신들의 홍보수단으로 이용하는 민간단체들에
대해서도 불편한 심기를 드러냈다. 즉 '무료급식은 기본이고, 시도 때
도 없이 가져오는 야식거리들과 교회구제금에 의지하게 되면서 거리
노숙자들을 짐승으로 만들어 놓았다'는 것이다. 또한 '새벽에 잠든 노
숙자들을 깨워 양말 하나 던져놓고 카메라를 마구 들이대거나 배식장
면을 홍보사진으로 찍어대는' 등 기관 이미지를 포장하는데 열을 올
리는 이들 단체들의 모습에 반감만 더욱 커져갔다. 이렇게 서로 경쟁
하듯이 '돈이 되는' 노숙인 지원사업에 뛰어든 민간단체들의 이면에는
정부나 시의 보조금을 더 많이 받아내기 위한 '장삿속이' 깔려 있다는
것이다. 그 밖에도 여러 기업체들에서 받은 각종 기부금들을 '가난한
이들에게 나눠주지 않고 중간에 가로채는' 민간단체들의 비윤리적인
행태나 실질적인 대안을 제시하지 않으면서 '그저 말로만 떠들어대는'
빈민운동단체들의 활동에 대해서도 불만을 드러냈다.

"지금 여러 단체에서 밥을 많이 주는데, 사실 그거 노숙자를 키우는

행위밖에 안 되는 거예요." 〈참여자1〉

"괜히 새벽에 와가지고 자는 사람 깨워놓고 양말 한 조각 던져놓고 가고... 가만 보면 그 뒤엔 카메라 들이대고 그러더라구요. '우리단체에서 이런 일하고 있소' 알릴려고." 〈참여자6〉

"우리가 고객이야 사실은. 시에서 관리를 못 하니까네... 하청준거지. 자기들 피알(홍보)도 있지만, 교회가 떼 지어 사람 막 모아놓고 사진 찍어대고. 서로 다 장삿속이잖아요?" 〈참여자7〉

마. 언론매체[14]를 통해 이방인으로 표상되는 노숙인

연구 참여자들은 자신들과 같은 노숙인을 다루는 언론매체들에 대해서도 이중적인 태도, 즉 긍정적인 측면과 부정적인 측면을 동시에 표출하였다. 우선 언론매체들의 긍정적인 측면에 대해 악명 높은 부랑인수용소에 수감된 경험이 있던 일부 참여자들에 따르면, 언론매체들의 집요한 추적과 보도 덕분에 강제 수용소에서 자행된 인권유린 사건들이 세상 밖으로 드러날 수 있었고, 그 후 수용시설들에 대한 대대적인 재점검과 개선이 이루어졌다고 평가하였다. 또한 90년대 말 IMF 사태가 터지면서 다양한 언론매체들의 보도를 통해 거리노숙자들에 대한 사회적인 동정여론이 확산됨으로써 이들을 더 이상 게으르고 나태한 '거지가 아닌 IMF의 희생자'라는 인식의 변화가 이루어질 수 있었다. 다시 말해 노숙인에 대한 논의의 중심에는 언제나 언론매체가 존재하였고, 이들이 형성하는 여론 덕분에 굶주린 거리노숙자들이 다양한 지원과 혜택들을 받을 수 있게 되었다는 것이다.

---

14. 여기서 언론매체는 연구 참여자들이 직간접적으로 경험한 TV, 신문사 등과 같은 대중매체들을 일컫는다.

"형제원에 있다가 나오고 난 뒤에, 바로 막 사건이 막 터지는 바람에 수용시설이 한번 재검증 들어 갖고, 그런 다음엔 잘 된 거 같애. 그 시설들 다 폐쇄시켜 버리고. 그러니 그 사람들이 다 (거리로) 몰려나온 건 사실이야. 그것만 봐도 인권이 좋아진 건 사실인기라."

〈참여자7〉

"그전에는 노숙자들을 그냥 거지라고 불렀죠. 사람들도 그냥 거지라고 인식했고. 그런데 이 IMF가 터지면서 듣기 좋은 말로 노숙자를 IMF의 희생자라는 식으로 매스컴에서도 많이 얘기했고, 일반인들도 그런 동정을 많이 했어요. 그래서 밥 주는 단체도 많이 생겼고, 옷이나 이불 같은 것도 많이 가져다주고 했거든요." 〈참여자1〉

하지만 언론매체들의 긍정적인 영향 못지않게 부정적인 측면도 컸다. 말하자면 언론매체들의 왜곡된 보도 탓에 우리 거리노숙자만 피해를 본다는 것이다. 그 중에서도 연구 참여자들이 가장 많이 언급하는 불만은 거리노숙자들을 단순한 호기심거리나 왜곡된 이미지로 몰아세우는 언론매체들의 보도 관행이었다. 특히 '자정 넘어 잠자리에 들이닥쳐 질문공세를 하거나 카메라와 사진을 마구 찍어대고' 열심히 살려고 노력하는 모습보다는 '술 먹고 거리에 쓰러져 있거나 싸움질에 얼굴이 찢기고 터지는 모습만' 찍어서 내보내는 편파적인 언론매체들로 인해 대다수 노숙인들에게 적잖은 피해를 안겨준다는 것이다. 이런 부정적인 보도 때문에 일반시민들조차 거리노숙자들을 '게을러서 일도 하지 않는 존재'로 바라봄으로써 이제는 정부조차도 노숙문제에 대해 손을 놓고 있다며 답답한 속내를 표출하였다. 그럼에도 불구하고 연구 참여자들은 여전히 언론매체들의 긍정적인 역할을 기대하고 있었다. 대다수 선량한 노숙자들의 '왜곡된 이미지를 다시 바로 잡아주고' 박스집을 짓고 힘겹게 거리에서 살아가는 노숙자들의 열악한 생활환경을 '텔레비나 언론에서 더 자주 보도해서 거리 노숙자들을 업신여기지 말고, 인간으로 살아갈 기본권을 보장해주길' 간절히 바라고 있었다.

> "그 때도 추적60분에서 한번 취재해 갔잖아요? 그 KBS... 안 좋은 면만 찍었더라구요? 진짜 열심히 살려고 노력하는 사람도 많은데, 왜 술 먹고 그러는 모습만 보여주고, 그러니까 시민들이 보는 눈이 굉장히 따갑게 느껴지는 거예요. 언론에서도 이젠 관심 없고..."
>
> 〈참여자6〉
>
> "예전에 서울역에서 박스집 짓고 그런 적 있었거든. 좀 많이 텔레비고, 언론이고 해서 그런 걸 많이 (보도)했으면 좋겠어요, 그래도 한 인간인데, 최소한 기본권 같은 것도 보장해주고 그랬으면... 물론 많이 방송하면 (개선)되겠죠." 〈참여자2〉

5. 집 없는 존재의 타자성에 대한 현상학적 해석

가. '우리' 안의 '이방인'으로서 노숙인

인간은 그 자신이 지탱하고 있는 세계를 바탕으로 다양한 타인들을 만나며 이때 세계는 이미 공동세계로서 '우리'에게 열려져 있다. 마찬가지로 거리세계에서 노숙인들은 결코 혼자가 아닌 타인들과 더불어 있었다. 그렇다면 노숙인이 머물고 있는 세계에서 조우하는 타자들은 어떤 존재인가? 먼저 노숙인이 낯선 거리세계에서 만난 타인

들[15]은 노숙의 생존방식을 공유하며 자신과 더불어 존재하는 공동
존재로서 '우리[16]'를 형성하고 있었다. 말하자면 우리란 실존의 체험
을 통해 거리 좁혀진 존재자들의 존재양식인 것이다. 이때 우리의 얼
굴은 낯설고 거친 거리세계에서 생사고락을 함께 겪으며 늘 곁에서
지켜주는 '동지'이자 온정의 손길을 내밀어주는 따뜻한 '이웃'과 '가족'
의 형상으로 표현되었다. 타인의 존재가능성을 위해 그때마다 서로
의 근심거리들을 떠맡아주거나 보듬어주는 가운데 공포에 떨던 세
계는 비로소 친숙하고 편안한 생활세계로 바뀔 수 있었다. 이제 나
와 타인들 사이에 존재하던 '이질성'은 사라지고, 배려거리를 함께 나
누고 거주하는 '일상성'이 우리의 세계를 지배하고 있었다. 따라서 노
숙인 자신과 타인들을 우리라는 공동존재로 묶어주는 관계의 근원
적 의미는 바로 '보살핌과 떠맡음'을 통해 보다 '친숙하고 편안해진 일
상성의 회복'임이 밝혀졌다. 또한 거기엔 자신과 같이 집 없이 떠도는
다른 노숙인들에 대한 진정한 이해가능성이 이미 함께 속해 있었다.

그런데 노숙인들의 담화 속에서 '우리'의 존재방식은 종종 이질적인
'이방인'-그들-과의 구분 짓기를 통해 정체성을 구성하고 있었다. 다시
말해 이방인으로서 그들은 공동체를 하나로 묶어주는 정체성의 기준
을 제공해주며, 누가 우리에게 속하고 아닌지를 구분해주는 '상징적

---

15. 하이데거에 따르면 "타자는 그들로부터 자아가 부각되는, 나 이외의 나머지 사람 전부라
는 뜻이 아니다. 타자들은 사람들이 대개 그들로부터 자신들을 구별하지 않고 그들 속
에 섞여 있는 그런 사람들이다"(하이데거, 1927). 이에 반해 레비나스에게 타자는 자아와
의 분리를 통해서 존재한다. 즉 나와 너의 분리가 가능해야만 절대적 이질성을 지닌 타
자를 비로소 만날 수 있는 것이다(김연숙, 2000). 우리는 이러한 타자성의 문제를 하이
데거의 입장에서 분석해보고자 한다.

16. '우리'란 누구인가의 문제는 하이데거의 '세인'의 다른 이름을 가진다. 즉 일상성 속에서
나와 같은 존재구조를 가진 남들을 '세인'(Das Man)이라고 부르고, 그 세인의 존재양식
의 변양태가 평균적 일상성 속에서 살아가는 나와 타자라고 말한다(하이데거, 1927).

기표'였다. 텍스트에서 우리와 그들을 구분 짓는 기준은 존재의 '부정
과 결핍'에 대한 '타자화된 시선'과 '거리두기'를 통해 이루어졌다. 우선
그들의 얼굴은 '짐승', '양아치', '질병보균자' 등과 같이 우리의 세계에
언제든지 침입해 들어와 폭력을 휘두르고 생명을 위협할 수 있는 두
려운 존재였다. 그들 세계에는 도무지 인격이라는 것이 부재하였고 오
로지 약육강식의 법칙이 지배하고 있었다. 또한 우리의 동질성은 '정
화된 몸'과 '노동력'을 통해서 그들과 거리를 두었다. 이를테면 주위세
계의 배려거리에 길들여져 일에 대한 의욕을 상실한 채 온종일 길거
리를 빈둥거리며, 술과 잠에 찌들어 지내는 그들은 '상거지'나 '개망나
니'와 다를 바 없었다. 특히 지저분한 차림새와 온몸에 악취를 풍기며
매일같이 남들에게 손이나 벌리며 주위세계에 민폐를 끼치는 그들은
더 이상 아무런 희망도 길어낼 수 없는 타락한 존재였다. 이렇게 자
기 몸조차 포기해버린 그들과는 달리, 우리는 언제나 청결하고 위생
적으로 몸을 관리하였고 결코 타인들에게 피해를 끼치거나 공중질서
를 어지럽히는 짓 따위 하지 않는 책임 있는 존재였다. 또한 주위세계
를 기웃거리며 구걸로 생활하는 그들과는 달리, 우리는 일에 대한 의
욕을 내려놓지 않고 늘 부지런히 일거리를 찾아다니며 열심히 노동하
는 세상 사람들의 존재방식을 유지하고 있었다.

이처럼 참여자들은 거리에서 만난 타자들을 그때마다 노숙인 자신
과 거리를 좁히거나 멀리하는 방식으로 관계를 맺고 있었다. 즉 전자
는 노숙인 자신의 이해가능성 속에 이미 함께 머물고 있는 친숙한 타
자들로서 '우리'라면, 후자는 우리의 존재방식과는 동떨어진 습관에
사로잡힌 이질적인 타자들로서 '그들'과의 거리두기와 저울질 - 타인
화된 시선 - 을 통해 노숙인 자신의 정체성을 구축해나가고 있었다.

나. 차이지우는 동시에 같아지려는 '익명적 대중'으로서 일반 행인들

　노숙인들은 거리세계에서 자신과 같은 처지의 노숙인들뿐 아니라 익명의 행인들과도 다양한 방식으로 더불어 있었다. 그렇다면 거리세계에서 노숙인이 조우하는 타자들로서 행인들은 누구이며, 노숙인은 어떻게 그들과 관계를 맺고 있는가? 말하자면 거리세계에서 만난 행인들을 통해 노숙인은 어떻게 자기 자신을 구성하고 있으며, 이들 관계의 궁극적인 의미는 무엇인가? 거리세계의 노숙인들이 빈번하게 접촉하는 행인들은 그때마다 '이중적인' 방식으로 그 모습을 드러냈다. 즉 자신들과는 이질적이고 힘없는 타자로서 노숙인들에게 거침없는 폭언과 폭력을 마구 휘두르는 위협적인 '폭군'의 얼굴과 노숙인에겐 결핍된 일상의 것들을 향유하고, 시민적 권리를 당당하게 행사하는 '정주민'의 얼굴이 공존하고 있었다. 어둠이 내린 깊은 밤이면 잠자리에 찾아와 가슴에 사무치는 말들을 내뱉고, 마구 발길질을 해대는 행인들은 그야말로 광기에 사로잡힌 폭군이나 다름없었고, 익명의 발자국 소리에도 초조해지고 불안해질 만큼 노숙인의 존재가능성을 위협하는 두려운 존재였다. 이런 광기어린 폭군의 모습과는 반대로 행인들은 노숙인 자신들이 가지고 있지 못한 것들을 향유하는 동경의 대상이기도 하였다. 그들은 생존에 필요한 양식거리를 채워줄 안정적인 일자리에서 노동하고, 가족과 함께 여가를 즐기며 안전한 거처를 가지고 있는 부러운 타인들이었고, 그러한 행인들의 삶은 결핍자로서 노숙인이 그토록 바라마지 않는 삶의 '전형'이기도 하였다. 이처럼 거리세계에서 노숙인들은 자신도 모르는 사이에 이미 행인들의 행동거지, 생활방식, 습관 하나, 하나에 자신의 존재가능성을 기투하고 있었다. 비록 오래전 무의미한 일상세계를 등지고 집을 떠나 거리세계에서 머물지만, 그 방황의 길에서 노숙인들은 그 어떤 응답도 듣거나 길어내지 못한 채 그저 평균적인 세상 사람의 모습으로 돌아가길 바라고 있었다.

그렇다면 거리세계에서 노숙인과 행인들은 어떻게 관계를 맺고 있으며, 그 관계의 본질적인 의미는 무엇인가? 서로 다른 이해의 지평 속에 더불어 있는 노숙인과 행인들의 관계 방식은 크게 두 가지[17] 방식으로 대별되었다. 그 하나는 물리적인 폭력과 욕설을 휘두르며 자신들의 거주세계로부터 낯설고 이질적인 존재자들을 내치고 '밀어내는' 방식이었고, 다른 하나는 생존에 필요한 물질적인 양식거리와 더불어 진정어린 위로와 격려의 말을 건네주며 '품어주는' 방식이었다. 우선 행인들은 대개 노숙인에 대한 부정적인 선입견을 그대로 표출시킴으로써 자신들과는 이질적인 타인들과 분명한 세계의 경계를 긋고 거리를 두는 닫힌 태도를 취하였다. 이를테면 노숙인들에게 '거지', '부랑인', '도둑놈', '인간쓰레기' 등과 같은 온갖 부정적인 말들을 덮어씌움으로써 이 이방인을 자신들이 살아온 세계로부터 밀어내버렸다. 행인들은 자신보다 열등한 노숙인들을 얕잡아보고, 함부로 대했고, 그런 그들에게 대항할 힘조차 없는 노숙인들은 구석지고 어두운 공간 속으로 숨어들거나 부당한 일을 당해도 참아 넘겼다. 그런데 행인들이 낯선 이방인을 밀어내는 행위의 기저에는 출신조차 알 수 없는 이방인들이 부지불식간에 자신들의 집에 침입해 들어와 평온한 일상을

---

17. 물론 두 가지 방식 외에도 무시, 냉담 등의 태도도 언급되긴 했지만, 여기서는 참여자들의 담화 속에서 가장 많이 언급되었던 관계방식만을 범주로 다루었다. 이러한 범주화는 하이데거의 타자에 대한 심려방식과도 일맥상통하고 있다. 그의 해석에 따르면, "인간관계는 타인의 배려거리를 대신 해결해주는 방식과 타인의 실존을 위해 마음써주는 가능성 사이에서 그때그때마다 만나는 타자와의 관계방식에 따라 그 혼합 형태는 무수하게 있을 수 있다(하이데거, 1927)."

송두리째 깨뜨릴 수 있다는 '두려움' 내지 '공포심'이 깔려 있었다. 그러한 두려움은 세인의 입소문을 통해서 더 크게 확대되고 조장되었다. 그렇기 때문에 행인들이 낯선 이방인을 향해 취할 수 있는 최선의 방도는 그들을 해악한 존재로 앞서 규정짓고, 경계태세를 늦추지 않는 것이다. 물론 모든 것이 박탈된 이방인의 궁핍한 얼굴을 외면하지 않고, 이들의 고통을 기꺼이 떠맡아주고 끌어안는 행인들도 존재하였다. 그들은 자신의 입으로 향하던 빵을 꺼내 자신과는 전혀 다른 자에게 나누는 '윤리적인' 존재였다. 이처럼 낯선 이방인들을 향한 행인들의 배려에 자포자기에 빠져 있던 노숙인들은 용기와 희망을 품고, 스스로 자신의 존재를 열어나가는 의지와 함께 어두운 은둔의 공간에서 조금씩 벗어나올 수 있었다. 특히 노숙인들은 자신의 모습을 '있는 그대로 인정해주는' 타인들의 배려심에 굳게 닫혀있던 마음의 문을 열게 되었고, 비로소 진정한 '대화'를 나눌 수 있었다.

노숙인과 행인들이 맺는 관계의 본질은 '서로 차이지우는 동시에 같아지려는 세상 사람들[18]'의 모습으로 요약할 수 있다. 노숙인들은 그때마다 도처에서 만나는 행인들의 시선과 몸짓을 스스로 내면화시킴으로써 어느새 자기 자신을 타자로서 대면하고 있었다. 즉 자신의 의지와는 상관없이 행인들이 던지는 눈길 하나 하나에 수동적으로 연루되어 그들이 말하거나 행동하는 방식에 따라 말하고 움직이는 것이다. 이처럼 '행인의 시선과 말' 속으로 용해되어버린 노숙인은 '도처에 머물고 있지만, 어디에도 머물 수 없는 존재'로서 '이방인'의 얼굴을 자신의 의식 속에 깊숙이 각인시키고 있었다. 타인들의 호기

<hr>

18. 여기서 세상 사람들이란 하이데거의 'das Man'과 일맥상통한다. 일상세계 속에서 우선 대개 존재하는 노숙인과 행인들을 의미한다. 즉 일상적으로 환경세계에 몰입해 부지불식간에 남들에 의해 지배되어 자기를 망각한 채 살아가는 모습이다.

심과 시선에 의해 해석되어 스스로에게조차 낯선 존재자로 자기 자신을 마주대한 노숙인은 일상세계의 익명적 존재로 떠도는 세상 사람들의 변양된 모습으로 '행인들과 더불어 일상세계 머물고' 있었다.

다. 배제와 포섭을 통해 노숙인을 예속화시키는 사회적 보호자들

이제 우리는 마지막으로 노숙인에 관한 사회적인 보호망이 구체적으로 어떤 타자들을 통해 구현되고 있는지를 검토하고자 한다. 우선 대개 노숙인을 포함한 사회적 취약계층에 대한 합법적인 책무와 권한을 위임받은 타자들은 치안경찰, 철도공안원, 보호시설관리자, 사회복지공무원, 거리상담자, 민단단체 종사자, 언론매체 등과 같이 우리에게 너무도 익숙한 얼굴들이었다. 그들은 사회 안전과 공중질서를 유지하고, 사회적 약자에 대한 보호와 사회정의를 실현하는 '상징적 표상'으로 도처에 존재하고 있었다. 이 합법적인 사회적 보호자들은 추위와 굶주림에 고통 받는 노숙인들의 생명과 안전을 지켜주고, 주린 배를 채워주고, 편안한 잠자리를 제공해주었다. 또한 노숙인에 대한 왜곡된 시선과 추락된 인권을 개선시켜주는 등 사회적 약자들을 대변하고 보호해주는 그야말로 선한 윤리적 주체로서의 위상을 지니고 있었다. 하지만 윤리적이고 관대한 얼굴 이면에는 광기어린 폭력의 그림자가 부지불식간에 고개를 쳐들고 있었다. 이제 정의로운 얼굴은 온대간대 없이 사라지고, 그 자리엔 무자비한 폭력을 행사하거나 부정적이고 냉소적인 시선을 던지는 악의 얼굴이 들어섰다. 깜깜한 어둠 속에 불현듯 나타난 감시자들의 주먹질에 속수무책 당할 수밖에 없었고, 조금만 비위에 거슬리거나 시키는 일에 불복종하면 때와 장소에 관계없이 집단구타에 시달려야 했다. 또한 일상화된 거리 상담조차 귀찮은 듯 가식적인 말만 내뱉거나 냉소적인 시선으로 노숙인들을 폄하하는 보도관행에는 더 이상 이질적인 타자를 향한 어떤 배려심도 존재하지 않았다.

　마치 야누스의 얼굴처럼 선과 악이 이중적으로 공존하는 사회적 보호자들이 노숙인에게 행사하는 지배원리는 무엇인가? 그것은 바로 합법적 권력을 동원해 배제와 포섭의 방식으로 노숙인들을 끊임없이 예속화시키는 것이다. 먼저 그들이 수행하는 '배제'의 방식들로는 길거리에 배회하는 노숙인들을 감시하고, 조금이라도 문제의 소지가 있는 이들을 색출하여 잡아가두는 것이다. 특히 그들이 가진 공권력은 거리노숙이나 부랑을 거리질서를 파괴하는 범죄행위로 취급함으로써 보호소나 부랑인시설 등에 합법적으로 감금할 수 있는 권한을 지니고 있었다. 또한 연고지도, 집도 없는 이방인들은 그때마다 사회적 여론을 주도하는 언론매체들의 매서운 시선에 의해 나태하고 게으른 존재에서 시민들에게 피해를 주는 위험한 존재로까지 내몰리게 되면서 주위세계로부터 추방되었다. 이렇게 자신들의 거주지인 거리세계로부터 내쫓겨난 노숙인들은 신원확인 과정을 거쳐 수용시설이나 보호시설 등에 보내졌고 그곳에서 일거수일투족을 감시당하며 획일화된 규칙에 따라 움직이는 수동적인 대상이 되었다. 더구나 일상세계로부터 격리된 공간에는 늘 폭력의 가능성이 도사리고 있었다. 물론 먼 유배지와 같은 수용시설이 아닌 일상세계에 거주하더라도 사회적 보호자들의 감시와 통제의 시선으로부터 자유로울 수는 없었다. 이들은 대개 고정된 거처 - 쪽방, 고시원 등 - 에서 머물면서 자활이나 공공근로에 참여하는 등 정부의 공적인 안전망에 귀속(포섭)되어 보호받고 있었지만, '보호와 '관리'라는 명목으로 일상생활 전반에 걸쳐 일선 공무원들의 통제를 받았다. 결국 배제와 포섭의 궁극적인 목적은 사회적 규범체계에 적응하지 못하고 끊임없이 탈주를 감행하는 이방인들을 우리와 같은 동질적인 존재가 되도록 '길들이는데' 있었다. 이처럼 노숙인들을 길들이는 가장 손쉬운 방식은 생존에 필요한 물질들을 즉각적으로 채워주는 것이었다. 이러한 사회적 배려 덕분에 더 이상 노동하지 않고도 어디서든 배불리 먹을 수 있게 된 노숙인들은 특정 때마다 민간단체들의 홍보수단이 되거나 언론매체들의 가십거리로 등장하는 자신들의 모습에 역설적으로 존재의 '비참함'을 호소하고 있었다.

제3절 집 없는 존재의 공간성

1. 거리노숙 이전에 머물던 거주 공간들

가. 답답하고 끔찍한 통제와 감시의 공간들

이미 유년시절부터 정상적인 울타리의 상실 내지 부재로 거리를 방황하며 떠돌아다니던 일부 참여자들은 '고아원'과 '부랑인보호시설' 등 정부의 위탁시설에서 유년시절을 보냈다. 이들이 머물던 고아원은 그저 먹고 잠잘 수 있는 기본적인 숙식 제공 외에는 개개인에게 따뜻한 관심은 부재하였고, 정해진 일과표에 따라 움직이는 삭막하고 답답한 통제의 공간으로 상기되고 있었다. 비록 시설마다 조금씩 차이는 있었지만, 어차피 보육시설들은 이들에게 자신의 존재를 온전히 내맡기고 안식을 취할 수 있는 참된 거주지가 될 수 없었다.

"고아원에서는 의외로 원장이 신경을 안 써요. 우리 고아원 애들끼리

신경 쓰지, 신경 쓰는 사람이 없거든." 〈참여자2〉
"종교단체에서 하는 거니까 자유가 보장되고, 수녀님들이 관리하고
이런 데였으니까. 몰라, 또 집에 가고 싶데?" 〈참여자7〉

청소년기에 접어들면서 자신의 정체성에 혼란을 겪으며 급기야 보
육시설을 도망쳐 나온 참여자들은 길거리에서 신문을 돌리거나 버
스나 지하철에서 볼펜, 껌 등을 팔아 번 돈으로 끼니를 때웠고, 만화
방이나 쪽방에서 그날그날 잠자리를 해결하거나 돈이 없을 때는 길
거리에서도 노숙을 하기도 했다. 하루 벌어 하루 먹고 사는 짐스럽고
고단한 생활에 짓눌린 이들은 새로운 세계를 향해 무작정 열차에 몸
을 실었고, 종착지인 부산역에 내렸다. 그곳에서 몇 일째 노숙을 하
던 참여자들은 88올림픽 개최로 강화된 거리단속에 걸려들어 당시
악명을 떨치던 '**복지원'에 끌려 들어갔다. 참여자들의 진술에 따르
면 그곳은 말이 '부랑인보호시설'이었지, 서슬 퍼런 감시와 폭력이 난
무하는 '집단강제수용소'나 다름없다고 말하였다. 그곳을 강제수용소
라고 불리는 이유는 굶주림과 구타는 말할 것도 없고, 한번 잡혀 들
어가면 가족이 찾아오기 전에는 절대로 밖으로 나갈 수 없기 때문이
다. 또한 수감자들의 신상카드를 만들어 이들의 일거수일투족을 상
시적으로 감시하고 관리하였다. 이처럼 거대한 규모의 수용소는 수
천 명에 달하는 수용자들을 향한 감시의 시선과 함께 무시무시한 폭
력의 그림자가 드리워져 있었고, 밥을 먹거나 노역을 나갈 때마다 여
기저기서 흉흉한 입소문들이 떠돌 만큼 늘 죽음의 공포가 도사리는
공간으로 기억되고 있었다.

"말 그대로 강제수용소예요. 거리나 역전에 돌아다니는 사람들 잡아

다가 가족이 찾아오기 전에는 절대로 못나가는 데예요. 뭐 구타는 말
할 수도 없고, 구타하다가 사망하면 야산에다가 묻고..." 〈참여자6〉

나. 낯선 타향살이의 임시거처들

가난의 질곡에서 벗어나 먹고 살 길을 찾기 위해 연구 참여자들이
고향을 등지고 향한 세계는 바로 낯선 도시 서울이었다. 이 거대한
도시공간은 노숙인들에게 혹독한 시련과 동시에 새로운 기회가 펼
쳐지는 삶의 터전이었다. 고된 노동과 온갖 홀대를 견뎌가며 남들처
럼 '결혼도 하고 안락한 보금자리도 마련하는 등' 마침내 정주의 꿈
을 이루어낸 듯싶었지만, '한순간 매달려온 생계수단을 잃어버림으로
써' 친숙하게 머물던 삶의 터전은 어느새 낯설고 텅 빈 공간으로 탈
바꿈하였다.

> "서울에 올라와 가방만 15년 만들었어요. 나중에 내 조그만 공장도
> 가지고 나름대로 성공했다고 느끼고, 돈도 좀 보태드리고 그럴 때도
> 있었죠." 〈참여자1〉
> "6식구가 월세방에서 살았는데, 사우디에 두 번 갔다 오니까 판자촌
> 이라도 내 집을 장만했지. 그런데 조금 여유가 생겨서 집 짓는 일을
> 하다 IMF가 딱 걸리잖아. 그래 완전 쫄딱 망해버렸네. 또 가정적으
> 로 애들 엄마하고 안 좋은 게 있어갖고..." 〈참여자5〉

노숙인들이 노숙 이전에 머물던 거주공간은 불안정한 생계거리와
오랜 세월에 걸친 방랑의 습벽만큼이나 다양하게 편재하였다. 대부분
하루 벌어 하루 먹고 사는 일용직 노동일을 나가면서 그때마다 경제

적인 여건에 따라 주로 쪽방이나 여관/여인숙, 고시원과 같은 숙박시설이 아니면 만화방이나 다방 등과 같은 휴식공간부터 심지어는 대중목욕탕이나 24시간 사우나 등에 이르기까지 대체로 불안정한 거처들을 옮겨 다니며 지내왔다. 대개는 일거리가 최소한 한 달 이상 유지되고 경제적인 여유가 있을 경우 쪽방이나 여관에서 생활하였다. 여관은 주로 막노동 계통에서도 노임이 높은 기능공이나 여러 건설현장을 떠돌아다니는 배태랑 일꾼들이 월세를 내고 일정기간 머무는 거처였다. 비교적 소음이 적고 조용한 분위기에서 마음 편하게 잠을 자거나 휴식을 취할 수 있었다. 또한 고시원이나 쪽방에 비해 큰 방에는 냉장고와 TV 등 가전용품들이 갖춰져 있어 간단한 식사와 여가생활도 가능했고, 무엇보다 욕실이 딸려 있어 편리한 편이었다. 이처럼 조용하고 넓은 방에서 타인의 방해를 받지 않고 마음 편히 사적인 생활을 유지할 수 있는 반면에, 대개 계절과 경기의 영향을 많이 받는 노가다 일감이 끊기면 다시 나올 수밖에 없는 임시거처였다.

> "돌 일을 하면서 내가 여관생활을 했거든? 부평에서 일을 하면서 27만원씩 내고. 딴 데보다는 크지. 고시원 같지 않고. 냉장고도 사고 모든 걸 다 사놨지." 〈참여자4〉

흔히 달방으로 불리기도 하는 쪽방은 노숙 이전부터 또는 노숙에서 벗어난 후에도 대다수 참여자들이 가장 많이 머물던 거처였다. 주로 서울역, 남대문, 종로 일대에 밀집해 있는 쪽방촌은 여관보다 방세가 저렴해 주로 노점장사를 하거나 일용직 노동자, 정부의 지원을 받아 공공근로에 참여하는 기초수급자들과 같이 도시의 최하층 빈민들이 모여 들어 머물고 있는 곳이었다. 쪽방은 어른 한 사람이 누우면 방안이 꽉 들어찰 정도로 비좁았고, 변변한 살림도구도 제대로 갖출 수 없을 만큼 열악한 공간이었다. 더구나 여럿이 공동으로 사용하는 화장실은 앉기조차 불편할 정도로 비좁고, 악취가 풍기는 변기 옆에 달린 수도꼭지에서 흐르는 물을 받아 간신히 세면을 해야 했다. 여름철엔 창문조차 없는 '방에 갇혀 지내는 것이 너무 답답하고 불편해서 차라리 선선한 바람이 부는 거리에서 노숙을 하는 편이 더 낫다'고 말할 정도로 거주환경은 열악한 편이었다. 또한 비슷한 사람들끼리 모여 매일 술이나 먹고 난동을 부리는 등 하루도 조용한 날이 없는 쪽방은 여건만 된다면 당장이라도 벗어나고 싶은 공간이었다. 대다수 참여자들은 쪽방을 비나 추위로부터 몸을 보호하고 잠을 잘 수 있다는 것 외에는 돈이 없기에 어쩔 수 없이 머물 수밖에 없는 곳이라고 부정적으로 말하였다.

> "한신 용역이라고 거기 미장일을 다니면서 한 달에 20만 원짜리 쪽방을 얻어서 있다가. 근데 겨울이 되니까 일이 또 없어. 그래 방세 낼 돈이 없어." 〈참여자5〉
>
> "나는 그 동넬 뜨고 싶어. 술이나 먹고 순 싸움을 안 하는 날이 없어, 온종일. 그리고 쪽방에선 살림도 못하고. 옛날같이 보증금 있는 넓은 방으로 가고 싶어." 〈참여자8〉

주로 서울역이나 영등포역 등 역사 주변에 밀집해 있는 '만화방'과 '다방'은 저렴한 이용료로 숙식을 해결할 수 있고, 인력시장이 가까이 있다 보니 일거리에 대한 정보들을 손쉽게 얻을 수 있어 대개 물건장사나 막노동 등과 같이 그날 벌어 그날 먹고 잠 잘 곳을 구하는 일용직 노동자들이 자주 이용하는 공간이었다. 특히 서울역 주변 일대

에 즐비한 만화방들은 대개 24시간 영화가 상영되는 휴식공간과 별
도로 잠을 잘 수 있는 방을 따로 마련해 놓고 있어 몇 달씩 생활하는
이들이 많았다. 또한 다방은 별도로 잠을 잘 수 있는 공간이 없는 것
을 제외하면 만화방과 유사한 방식으로 운영되고 있었다. 주로 영등
포역 일대에 오래된 다방들은 주야간으로 정해진 이용요금을 내면 음
료수나 차 한 잔을 마시면서 비치된 TV에서 상영되는 영화를 자유롭
게 보거나 의자에 앉아 잠을 잤다. 하지만 겨울철이면 유독 일거리를
구하지 못하고 되돌아온 만화방에는 수심이 가득 찬 노가다 일꾼들
이 모여앉아 겨우내 혹독한 추위만큼 침울한 분위기가 감돌고 있었
다. 매일 새벽마다 인력시장에 나가보지만, 한 달에 절반 이상은 일을
하지 못하고 허탕만 치는 날들이 지속되면서 웃고 떠들던 사람들로
북적거리던 만화방은 조금씩 한산해졌다. 하지만 경제적인 사정이 더
나빠지게 될 경우 대중목욕탕이나 사우나에서 잠을 자기도 하였다.

> "만화가게에 노가다 하는 사람들이 많은데, 겨울에 새벽에 나가서 일
> 이 없이 돌아올 때가 한 달에 30번 나가면 20번은 허탕이에요. 그 정
> 도가 되면 사람이 포기상태가 되요." 〈참여자1〉
> "영등포에 학다방, 희다방이라고 있거든요. 유명해요. 커피숍 비슷한
> 데, 3천원을 내고 음료수 한잔 나와요. 앉아서 생활하고 의자에서 자
> 는 거예요." 〈참여자2〉

한편 '쉼터'는 거리노숙자들이 주로 겨울을 나기 위해 정부의 지원
으로 운영되는 임시보호시설이다. 일부 참여자들은 날씨가 추워 길
거리에서 노숙을 하기 어려운 동절기에 주로 숙식이 무료로 제공되
는 쉼터에 입소해 생활하였다. 하지만 복지관이나 종교단체에서 운

영하는 쉼터는 단체생활에 요구되는 여러 규제와 제약들이 많았고, 쉼터 관리자들에게 일상생활 전반에 걸쳐 일일이 간섭을 받아야 했다. 우선 쉼터에 들어가면 음주나 약물은 절대 할 수 없었고, 근로능력이 있는 입소자들은 공공근로나 자활근로에 참가해야 했다. 일을 하지 않더라도 평일 낮 시간에는 무조건 쉼터 밖으로 나가야 했고, 귀가 시간도 정해져 있었다. 또한 정해진 규칙들을 상습적으로 어기거나 문제를 일으키는 경우에는 강제 퇴출되어 최하 3개월에서 길게는 6개월까지 다른 쉼터에도 입소할 수 없었다. 이렇게 규제가 심하고 마음 편히 휴식을 취하거나 자유롭게 지낼 수 없는 쉼터에 입소하길 꺼려한다고 말하였다. 하지만 이들이 쉼터를 꺼려하는 것은 단지 이런 규제들 때문만은 아니었다. 오랜 세월 외지로 떠돌아다니던 습벽 탓에 규제와 간섭이 많은 쉼터생활에 적응을 하지 못하고, 더구나 무엇 하나 마음대로 행동할 수 없는 쉼터에 입소하기를 꺼려하였다.

> "쉼터는 너무 규제를 많이 해요. 낮에도 나가 있어야 하고 그러면 하루 종일 돌아다녀야 되요. 그런 게 싫으니까 쉼터생활을 안하는 사람들이 많죠. 또 밖에서 몇 년씩 생활하다가 들어가서 생활하려니까 적응을 못하고..." 〈참여자2〉

2. 거리노숙의 장(場)으로 열려진 일상의 공간들

가. 노숙인의 둥지로서 서울역과 주변일대

일반적으로 '서울역'은 서울을 대표하는 교통의 요충지로 일반인들이 기차나 지하철을 타고 이동하는 장소로 인식되고 있지만, 거리노숙자들에게 서울역은 생존에 필요한 기본적인 양식거리와 다양한 정보들을 얻을 수 있는 장소로 매우 중요한 의미를 지니고 있었다. 우선 서울역은 추위에 떨고 굶주린 거리노숙자들이 가장 많이 찾아드는 장소였다. 그 이유는 처음 노숙을 하게 되면 가장 큰 걱정거리가 바로 잠을 자고 먹는 문제인데, 서울역은 낯설고 두려운 거리생활에 필요한 잠자리와 끼니를 동시에 해결할 수 있는 장소이기 때문이었다. 서울역 주변일대는 마치 거대한 난민촌을 방불케 할 만큼 수많은 거리노숙자들이 서로 바람막이가 되어 잠자리를 형성하고 있었고, 각종 사회단체와 종교단체에서 제공하는 무료급식소가 함께 자리 잡고 있었다. 또한 매일 수많은 행인들이 이용하는 서울역은 무료배식 외에도 돈이나 옷가지 등 거리노숙에 필요한 여러 구호물품들을 얻을 수 있고, 무료한 시간을 때울 수 있는 휴식공간들이 많기 때문에 노숙자들은 좀처럼 서울역 주변을 벗어나지 않았다. 이처럼 서울역은 아는 노숙자들과 어울려 생활하고 잠자리와 먹을거리가 넉넉하게 보장되는 가장 대표적인 생존의 터전이었다.

> "말들로, 또 텔레비전에도 나오고, 서울역 노숙자들... '거기에 가면 자는 데가 있겠지.' 저녁에 여기에(서울역에) 와보니까 그냥 지하도에 쫙 있더라구." 〈참여자5〉
> "서울역에 있으면서 텔레비전 보고, 저녁때는 파출소 옆에 지하도 있죠? 거기서 자고, 아침 4시나 5시에 일어나서 또 서울역에서 놀다가 자고, 또 거기서 쫓아내면 잠깐 공원 같은 데서 자고, 비가 올 때는 저 지하철 타고 자고." 〈참여자2〉

또한 서울역에는 집을 잃고 오갈 데 없는 이들에게 추위를 피해 잠을 잘 수 있는 쉼터와 공공근로나 취로사업 등 일자리에 관한 다양한 정보를 제공해주는 '거리상담소[19]'가 자리 잡고 있었다. 특히 거리상담소는 주로 처음 노숙을 하는 이들이 안전한 잠자리와 식사 그리고 일자리 정보를 얻기 위해 자주 이용하는 곳이었다. 그런 이유로 기존노숙자들보다는 직장을 잃은 실직자나 노숙경험이 거의 없는 일용직 노동자들의 발길이 많이 드나드는 곳이기도 하였다. 또한 서울역은 새벽인력시장이 형성되어 있어 일손을 구하고 일거리를 찾는 이들이 상시적으로 모여 드는 장소였다. 건설현장 오야지들은 2, 3일에 한 번씩 이곳에 나와 친분이 있는 노숙자들에게 일감정보를 전해주거나 필요할 때마다 일꾼들을 직접 데려 가기 때문에 일거리를 찾는 노숙자들이나 일용직 노동자들이 주로 서울역 주변에서 머물고 있었다. 특히 추위가 누그러들고 날이 풀리면 서울역 광장을 비롯한 주변 일대는 일거리를 찾는 수많은 노숙자들로 북적거렸다.

> "다시서기 컨테이너 박스가 그때는 여기(서울역)에 있었다고. 그때가 2000년도고만. 가서 얘기했더니, 거기서 이대 성산복지관을 소개시켜줬지." 〈참여자5〉
> "오야지가 서울역에 자주 나오는 사람이거든요. 아는 사람 있으면, 일거리 있을 때 모아 가고 그랬어요. 그 형하고 일을 열댓 번 나갔어요. 이삼일에 한번은 꼭 나오고, 우리 밥 먹는데 와서 '몇 일 있다가 일이 있으니까 대기하고 있어라.'고 말하고..." 〈참여자2〉

---

19. 외환위기 이후 서울역에는 거리노숙자들에게 귀가지원, 의료서비스, 쉼터소개, 취업알선 등을 제공하기 위해 상시적인 상담소가 설치되었는데, 흔히 노숙자들은 이 상담소를 '컨테이너 박스'라고 부른다(다시서기센터, 2006).

그런데 서울역은 가히 노숙자 천국이라는 말이 나올 정도로 생존에 필요한 다양한 배려거리들이 제공되는 곳이다 보니 무료로 나눠주는 것이라면 하나라도 더 얻기 위해 수많은 노숙자들이 한꺼번에 몰려들어 늘 치열한 몸싸움과 경쟁이 벌어졌고, 크고 작은 안전사고와 문제들이 자주 발생하였다. 대개 술값을 마련하기 위해 여러 명이 지나가는 행인들에게 구걸을 하였고, 길거리에 앉아 온종일 술판을 벌이곤 하였다. 더욱이 술판을 벌이고 난 자리에는 온갖 쓰레기와 오물더미가 널려 있었고, 술에 취해 길바닥에 쓰려져 자는 노숙자들을 어디서나 발견할 수 있었다.

> "뭐 준다면 모여! 서울역 사람들이 대부분 그래요. 이 사람들이 욕심이 많아요. 서울역에서 밥 먹고 나서 빵 같은 거 주면, 세네 개씩 타다가 나중엔 다 버려요." 〈참여자2〉
>
> "쉽게 얘기해서 밥 먹으로 가면서 '개밥 먹으러 간다.' 이런다고."
> 〈참여자5〉
>
> "서울역에 있는 사람들은 아예 타치를 못합니다. 그 사람들은 진짜 막 나가고 있어요. 술도 지나치게... 술이 없으면 못사는 사람들이죠."
> 〈참여자1〉

이렇듯 서울역은 수많은 인파들로 북적거리는 곳이다 보니 거리노숙자들을 향한 낯선 타인들의 시선과 위협이 끊이지 않았고, 공권력의 감시와 제재가 많은 곳이기도 하였다. 역 주변에 상주하는 삐끼나 불량배들의 갈취와 폭력이 난무하는 서울역은 나이나 인격은 존재하지 않고, 오로지 물리적인 힘만이 지배하는 약육강식의 공간이었다. 지붕 없는 거리에서 생활하는 노숙자들의 거동 하나하나에 구경꾼들의 호기심어린 눈길이 끊이지 않았고, 행인들의 발소리와 온갖 소음 때문에 밥은 고사하고 잠조차 제대로 이루지 못하였다. 더구나 서울역은 역무원과 경찰들의 감시와 제재가 많은 장소로, 이들은 역 대합실이나 노숙금지구역 등 공공시설에서 잠을 자거나 난동을 부리는 노숙자들을 밖으로 쫓아내거나 제재하였다. 때로는 철도 공안들의 과도한 진압으로 죽음에로 내몰린 노숙자의 사망소식이 주변으로 퍼져나가면서 분노에 휩싸인 거리노숙자들의 격렬한 시위가 벌어지기도 하였고, 연말이 되면 이들의 영혼을 달래주기 위한 추모제가 열리기도 하였다. 이처럼 공권력의 감시와 통제 속에 서울역 광장은 삶의 벼랑 끝에 내몰린 수많은 거리노숙자들의 참담한 생존과 비참한 죽음이 공존하는 장소였다.

> "서울역에 가면 싸우는 사람들, 특히 약한 사람들 것 뺏어먹는 사람들이 좀 있어요. 양아치죠, 양아치! 그런 사람 꽤 있어요." 〈참여자6〉
> "옷도 그렇고, 그리고 냄새 풀풀 나가지고 돈 달라고 그러고 그러면 그 공안 애들이 내쫓아 내요." 〈참여자4〉
> "그 때 여기(서울역) 있는 사람들이 이제 막 공안들한테 맞아서 죽었다는 소리 듣고 듣고 일어났거든? 그날 저녁에 밥 먹으로 가면서 말이 전달이 되니까, 막 몰려든 거여." 〈참여자5〉

나. 일상의 틈새를 비집고 찾아다니는 장소들

한편 노숙생활에 어느 정도 적응을 하게 되면 주로 서울역에서 머물던 노숙자들 가운데 일부는 서울역에서 다소 멀리 떨어진 주변지역으로 잠자리를 옮기거나 활동영역을 넓혀 나갔다. 잠을 자는 장소가 바뀐다는 것은 그곳에서 얻게 되는 다양한 물질적인 보상들을 포기한다는 의미를 지니고 있었다. 그것은 동시에 서울역이 아닌 다른 지역에서 또 다른 생존의 길을 찾아다닌다는 의미이기도 하였다. 인터뷰 당시 일부 참여자들은 서울역이 아닌 남산공원과 종로일대에서 머물고 있었는데, 그 이유는 술주정과 싸움질로 늘 어수선한 분위기에 젖어 있는 서울역이 싫어졌고, 가급적 타인의 방해를 받지 않고 조용한 잠자리를 찾기 위해서라고 말하였다. 하지만 서울역과 마찬가지로 이들이 주로 잠을 자는 장소를 선택하는 가장 큰 기준은 늘 무료급식소가 가까이 있는 곳이었다.

이렇게 잠자리와 먹는 문제가 어느 정도 해결되면 노숙자들은 본격적으로 꼬지에 눈을 돌리게 된다. 특히 도심에 있는 교회는 노숙자들이 가장 많이 꼬지를 하러 가는 곳이었다. 예배가 끝나고 나면 노숙자들은 구제헌금을 한 푼이라도 더 받기 위해 이른 아침부터 수많은 교회들을 찾아다녔다. 이렇게 매일 다리품을 팔다 보면 구제금을 많이 주는 교회들을 알게 되고, 자신들이 선호하는 교회 예배시간에 맞춰 이동경로를 정해놓고 돌아다녔다. 흔히 꼬지를 보는 가장 빠른 지름길이라 할 수 있는 꼬지경로는 일반인들은 알 수 없는 도심의 뒷골목을 따라 여러 갈래 길로 열려있었고, 때로는 꼬지를 통해 친분이 쌓인 목사나 장로 등의 배려로 잠자리까지 제공받기도 하였다.

> "한 3~4일 동안은 그렇게 고심하고 고심한 끝에 어떻게 돈 받는 데를 알게 된 거지. 교회에서... 이 교회에 가서 500원을 받고 하루에 한 열두 군데를 돌아다닌다고..." 〈참여자4〉
>
> "이런 계통의 애들은 코스라고 그러는데. 잘 주는 데가. 뭐 영등포구,

동대문구, 마포구 등 자기가 다녀본 데로 끼리끼리 2~3명씩 가는데...”
〈참여자5〉

또한 도심 한가운데 펼쳐진 거대한 상권지역은 거리노숙자들에게
중요한 생존의 터전이었다. 서울역 주변으로 뻗어 있는 남대문시장,
명동의 뒷골목, 동대문 운동장에서 멀리 영등포시장에 이르기까지 재
래시장과 상점들에서는 매일같이 수많은 종류의 생활용품들이 버려
졌다. 노숙자들은 시장이나 상점에서 버려진 고물이나 쓰레기들을 주
워 고물상에 내다 팔거나 헌옷보관함에 있는 옷가지나 신발 등을 주
워 입었고, 또 술값이나 담배 값을 벌기 위해 주로 여성이 운영하는
식당이나 미용실 등에 들어가 손을 벌리기도 하였다.

"헌옷보관함에 있는 옷이 많으니까 옷이 더러워지면, 빨기 귀찮으니
까 버리고 그 옷 주워 입고, 아니면 고물상가면 옷이 많아요."
〈참여자2〉
"주위 상가 같은 데 다니면서 그냥 돈 달라고 손 벌리는 거예요. 손
벌리면 상가에서 한 참 바쁠 때 안 나가고 서서 손 벌리고 있으면 돈
을 줄 수밖에 없어요." 〈참여자1〉

그 밖에도 도심의 각종 공공시설들은 노숙자들에겐 추위와 비바람
을 막아주고, 무료한 일상을 때울 수 있는 장소였다. 즉 무료급식소에
서 밥을 먹고 나면 남는 시간을 때우기 위해 공공도서관에 가서 영
화나 만화책 등을 보거나 백화점 주변에 마련된 편의시설을 이용하
였다. 또 공중화장실에서 몸을 씻거나 빨래를 하였고, 추위와 더위를
피해 냉난방이 잘 되는 지하철을 타고 잠을 자거나 꼬지를 보러 다니

기도 하였다. 특히 계절에 따라 노숙자들이 머무는 장소들도 다양하게 바뀌었다. 따뜻한 봄부터 무더운 여름에는 그늘이 많고 선선한 바람이 부는 도심의 공원이나 지하도 위, 백화점 주변의 휴식 공간이나 냉방이 잘 되는 지하철 안에서 잠을 자거나 휴식을 취했고, 찬바람이 불기 시작하면 추위를 피해 지하도나 역사 등 공공시설 안으로 들어가 생활하였다. 이렇게 도심에 있는 다양한 공공시설들은 일상의 용도나 목적 이외에도 거리노숙자들에게 그때마다 잠을 자거나 휴식을 취할 수 있는 장소였다.

> "9시에 일어나서 남산 도서관에 가요. 비디오도 보고, 유선방송도 보고, 오후엔 용산 (도서관) 가서 보고..." 〈참여자2〉
> "(공중)화장실에 들어가서 문 잠그고 샤워도 하고, 빨래도 하고, 또 말려서 입고 다니고 그래." 〈참여자4〉
> "날이 추우면 해가 올라 올 때까지 서울역 같은데 가서, 덜 추운데 바람 피해서 가서 자고. (서울역)대합실도 있고..." 〈참여자5〉

3. 거주지의 상실을 통해 드러나는 거주공간의 의미들

가. 외부로부터 자신의 몸을 지켜주는 '안식처'

연구 참여자들에게 거주공간은 일차적으로 계절과 날씨 등 외부환경의 위협으로부터 몸을 보호해주고, 마음의 안정과 평안을 가져다주어 규칙적인 일상생활을 유지할 수 있게 해주는 '안식처'로서 의미 부여되고 있었다. 이러한 공간은 단지 생존에 필요한 기본적인 양식거리를 채우는 것뿐 아니라 어느 누구의 눈치도 보지 않고 마음 편히 휴식을 취하고, 독립적인 생활이 가능한 사적인 공간 속에서 자유롭게 머무는 열린 공간을 의미하였다. 말하자면, 안식처로서 거주공간은 외부세계와 분명한 경계를 지음으로써 심신의 안정과 사적인 활동영역을 보장해주는 가장 안전한 은닉처였다.

> "예전에 느끼지 못했던 것들... 내가 이렇게 조그만 공간이라도 만족하는 편인데, 일단은 내 마음에 뭐라 그럴까, 평안을 느낀다고 그럴까요?" 〈참여자1〉
> "나만의 공간이니까 내 맘대로 할 수 있죠. 누구 눈치 안보고. 또 휴식처죠. 쉴 수 있는 곳이죠. 아무 눈치안보고." 〈참여자6〉

나. 노동과-함께 하는-거주함

또한 참여자들에게 거주공간은 일상의 양식거리들을 채워줄 노동을 통한 땀의 대가로서 주어지는 공간이었다. '정상적인' 혹은 '안정적인' 거주가 가능하기 위해선 안정적인 직업과 고정적인 수입 그리고 물리적인 거처가 갖추어져 있어야 하는데, 그 중에서도 물리적 거처는 단연 자신의 노동을 통해서만이 얻어질 수 있는 것이었다. 그렇기에 거주와 노동은 늘 상보적인 관계를 유지하고 있다고 볼 수 있다. 다시 말해 노동을 통해 자신이 머물 터전을 마련할 수 있고, 거주지를 유지하기 위해서는 노동을 해야 하기 때문에 이들에게 거주함은 언제나 '노동과-함께 하는-거주함'을 의미하였다. 이처럼 거주공간은 자기 자신을 스스로 책임질 수 있는 자립의 토대로서 내일의 노동을 가능케 해주고, 또 고된 노동의 피로를 씻어주는 휴식처이다. 하지만 공식적인 노동세계로부터 퇴출당하고, 일할 의지조차 상실해버린 이들에게 거주공간은 더 이상 머물 수 없는 낯설고 짐스러운 공간으로 대면되고 있었다. 더구나 거주지가 부재하다는 것 자체만으로 타인과 더불어 일상세계에 참여하거나 일할 기회도, 정부의 생계지원 등과 같은 사회적인 제반 권리조차 박탈당하였다.

> "나한테 의무를 준거지, 뭐. 책임감. 거주지에 있을라면 뭘 해야 하는 건 당연한 거고, 그걸 유지하려면 뭘 반복도 해줘야 하고." 〈참여자7〉
> "면접을 보러 가면 나이에서 일단 제한이 걸려요. 그리고 나이가 되면 두 번째는 거주지가 걸려요." 〈참여자3〉
> "거취할 데만 있으면 일이라도 다니고. 자신 있게 일할 수 있어요. 거주지만 확실하고 이러면. 거주지만 확실하게 해결되면 동에서 수급자로 지원해준다고." 〈참여자5〉

다. 의미 있는 타인과 더불어 머무는 거주함

대다수 참여자들은 유년시절부터 가난과 질병만이 가득 들어찬 어둡고 울적한 거주공간에서 머물러왔다. 집은 가난과 궁핍함에 찌들고 텅 비어 있거나 아예 기억 자체가 부재하는 낯선 공간이었고, 성인이 된 후에도 남들처럼 가정을 일구거나 의미 있는 그 누군가와 함께 살아본 경험조차 부재한 경우가 많았다. 이러한 관계성이 결핍된 거주공간은 늘 어둡고 외로운 잠자리 그 이상의 의미를 갖지 못하는 텅 빈 공간이었다. 아무도 반겨주는 이 없는 텅 빈 거처는 온갖 세파에 찌들고 힘겨운 노동으로 고단해진 심신을 밀어 넣는 하룻밤 잠자리 공간에 불과했다. 홀로 있는 방 안에는 아침부터 저녁까지 매일 빈

술병들만 어지럽게 채워지고 있었다. 그렇기에 의미 있는 타인의 경험
이 부재한 이들에게 거주공간은 단지 몸을 누이고 생존에 필요한 물
질적 수단들을 채우는 일상의 소비 이외에도, '가족' 내지 '이성'과 같
은 특별한 의미를 부여해줄 타자들이 함께 존재해야 한다고 말하였
다. 즉 의미 있는 타인과 더불어 거주함으로써 비로소 거주공간은 주
어진 삶에 대한 책임감을 부여해주는 토대로서 참된 의미를 지닐 수
있었다. 그렇기 때문에 타인과 더불어 삶을 공유할 수 없는 홀로 있
는 거처는 단지 물리적인 덩어리에 불과할 뿐이었다.

> "옛날에 방이 있고, 전철장사하면서 돈을 벌고 그럴 때도 이 방에 들
> 어오는 자체가 굉장히 싫고, 누구랑 같이 있는 게 좋고 그런데요. 같
> 이 살 수 있는 능력이 안 되니까..." 〈참여자1〉
> "여자 사귀거나 방 얻어서 동거하고 그런 적은 한 번도 없어요."
> 〈참여자2〉
> "그냥 하루를 안주하는, 생활하는 그런 거였죠. 솔직히 말해서..."
> 〈참여자7〉

4. 집 없는 존재의 공간성에 대한 현상학적 해석

인간에게 거주 공간은 시간과 공간의 분할을 통해 삶의 행위(실존
활동)가 구성되는 실존의 장소를 함축하고 있다. 그렇다면 노숙인, 즉
집 없는 몸으로 체험한 공간의 의미를 어떻게 해석할 수 있을까? 연
구자는 참여자들의 다양한 거주방식과 체험에 대해 부여하는 의미들
을 다시 반성해봄으로써 연구자의 언어로 재해석하였다.

가. 어디에도 머물지 못하고 부유하는 '타향'의 장소들

연구 참여자들에게 거주공간은 머물던 곳이 어디이건 잠시 발걸음을 멈추고 쉬어가는 임시거처 그 이상의 의미를 지니지 못했다. 애초에 집은 그 누구에게도 따뜻한 관심을 제대로 받아보지 못한 삭막하고 텅 빈 공간이었고, 보육시설은 늘 감시와 통제가 지배하는 공포의 공간이었다. 이들이 머물던 공간은 다시는 되돌아가고 싶지 않은 악몽 같은 기억으로 남아 있거나 낯설고 고단한 타향살이의 흔적들로 채워져 있었다. 더구나 출세와 성공을 향한 욕망이 모여드는 대도시는 누구에게나 삶의 기회가 열려 있지만 한순간에 쓸모없는 폐기물이 되어 버려질 수도 있는 냉혹한 공간이었다. 바로 그 누군가의 불운이 연구 참여자들이 머물던 일상의 공간에 찾아들었다. 어느 날 갑자기 친숙했던 삶의 터전이 낯설고 생경한 공간으로 탈바꿈해 버린 순간, 정주를 위해 공들였던 모든 노력은 헛되고 무의미해질 뿐이었다. 이 기괴한 대도시에는 녹지조성과 재개발 등으로 거주지로부터 내쫓겨나고 생계수단마저 잃어버린 노숙인들이 거리 곳곳에 틈새를 비집고 살아가고 있었다. 하지만 그보다 더한 비극은 생존을 위해 이들이 하는 일들 가운데 하나가 재개발지역의 강제철거 용역 일이었다. 바로 자신이 머물던 거주지로부터 추방된 자들이 노숙인의 위기에 내몰린 존재자들을 몰아내기 위해 동원되는 것이었다. 그리하여 거대한 욕망의 소용돌이에 함닉된 도시 공간은 살붙이고 살아갈수록 실상 그 어디에도 거주하지 못하고 떠도는 먼 타향으로 느껴질 뿐이다. 이제 노숙인들에게 물리적 거처로서 집은 남들처럼 안락함이 보장되는 보금자리도, 부동산 열풍에 휩쓸린 욕망의 대상물도 아닌 고된 노동으로 피곤에 지친 몸을 잠시 쉬었다 지나가는 잠자리 그 이상의 의미를 지니지 못하였다.

나. 일상의 틈새를 비집고 기생하는 '공공'의 공간

　노숙인들에게 노숙 이전까지 머물던 거처는 더 이상 몸이 살지 못하는 공간, 다시 말해 주민등록 주소지에만 남겨진 가상의 공간일 뿐이었다. 즉 노숙 이전에 머물던 쪽방이나 쉼터에 자신의 이름을 올려놓고 가끔씩 동사무소에 찾아가 말소여부를 확인하는 것 외에는 달리 어떤 의미도 부여받지 못했다. 하지만 거주지의 상실을 온몸으로 앓고 그 무의미성에 시름하던 노숙인들에게 거주공간은 이제 소박한 잠자리로서 자리 잡고 있었다. 최소한 그들이 머무는 곳엔 물리적 공간에 대한 탐욕은 존재하지 않았다. 처음에는 낯설고 두렵게만 느껴졌던 일상의 공간들이었지만 머물 곳이 없는 노숙인들에게 또 다른 생존의 가능성을 열어주는 더 할 나위 없는 양식처가 되었다. 조금만 발 빠르게 움직이고 눈치껏 사람들의 비위를 맞추면 주위세계는 그 어떤 곳과도 비교할 수 없는 풍족하고 편안한 공간으로 열어 밝혀져 있었다. 끼니는 대부분 거리급식소에서 해결하였고, 몸이 아프면 거리진료소를 찾아가 약을 타 먹었고, 날씨가 나빠지면 전철이나 버스를 몰래 타고 잠을 자거나 교회꼬지를 다녔다. 돈을 벌기 위해 굳이 힘들여 노동을 해야 할 필요도, 그럴 욕구도 사라졌다. 도심의 곳곳에는 얼마 쓰지 않고 버려진 생활용품들로 넘쳐났고, 돈을 지불하지 않고도 각자 필요한 만큼 취할 수 있었다. 여기저기 떠돌아다니는 신세에 물건을 보관해둘 장소도 마땅치 않기에 물질에 대한 욕심도 무의미해졌다. 물론 서울역을 비롯한 공공시설들은 정해진 시간 외에는 편히 쉬거나 잠을 잘 수 없는 공공의 장소였고, 이미 일반시민들에게

점유의 우선권이 주어져 있는 타인의 공간이었다. 대개 거리노숙자
들은 일상에 주어진 권리를 당당하게 향유할 수 없는 자격부재자였
기 때문에 이들이 공공장소를 지속적으로 점유하는 것을 결코 허용
하지 않았다. 그럼에도 불구하고 노숙인들은 공공의 공간을 자신의
필요에 따라 무단으로 점유하며 자신만의 은둔 장소를 만들어 놓았
다. 때로는 자유롭고 안락한 안식처로서 때로는 규율과 감시의 시선
이 도사리는 삭막한 도시감옥으로 끊임없이 변주하는 일상 공간 사
이에 작은 균열과 틈새를 만들어냄으로써 노숙인들은 그 사이 공간
속에서 기생하는 법을 터득해 나가고 있었다. 도시공간에 뒤엉켜 붙
어있던 욕망의 껍데기들이 떨어져 나간 바로 그 순간, 노숙인들에게
공간의 의미는 새롭게 열어 밝혀지고 있었다. 일정한 거처를 정하지
않고 물과 풀밭을 찾아 옮겨 다니며 목축을 하여 살아가는 유목민처
럼, 일상의 거처로부터 추방당한 노숙인들은 거대한 숙주의 몸-도시
공간-에 들러붙어 자기 자신을 보호하고 머물 은둔지를 손수 짓게 됨
으로써 비로소 거주의 의미를 깨닫게 되었다.

다. 거주상실을 통해 노스텔지아로 그려지는 '거주'의 의미

이미 오랜 세월 여기저기 홀로 떠도는 습벽에 젖어 살아온 참여자
들에게 물리적인 거주공간은 낯설고 두려운 동시에 상실감만 안겨주
었고, 자신과는 무관한 공간으로 멀게만 느껴졌다. 그럼에도 대다수
참여자들은 한결같이 오랜 떠돌이 생활과 거리노숙에서 벗어나 안전
하게 머물 수 있는 안식처를 갈망하고 있었다. 대체로 이들이 바라
는 거주공간은 예전처럼 규칙적으로 노동을 하고 저축도 하면서 남
들처럼 소박하고 평범한 보금자리를 마련해 정착하거나 생존에 찌든

도시를 떠나 시골에서 농사를 짓고 가축을 키우며 자연과 더불어 여생을 보내고 싶어 하였다. 노숙인들은 결코 거주에 대한 갈망을 내려놓지 않았고, 그러한 기대함 속에서 일상에 대한 활력을 조금씩 되찾아갔다. 비록 이러한 소망이 실현될 수 없는 헛된 꿈일지라도, 권태롭고 무기력하게 가라앉은 일상에 생기를 부여해줌으로써 다시 일상의 관심거리에 눈을 돌리고 미래를 준비하게 만들었다. 이렇게 참여자들이 상실된 거주의 의미를 찾아다니는 행위는 흡사 잃어버린 고향을 그리워하며 떠도는 유랑민들의 모습을 닮아 있었다. 고향은 유년기 추억이 담겨있는 지리적인 공간이지만, 애초에 집을 잃고 거리에서 살아가는 이들에게 고향은 더 이상 어디에도 존재하지 않는 동경의 장소로 자리 잡고 있었다. 명절이나 휴가철이 다가올 때마다 수많은 인파로 북적거리는 서울역 광장 벤치에 앉아 떠올리는 고향은 더 이상 실재하는 고향집이 아니라 각자의 상상 속에 떠올려진 고향, 다시 말해 냉혹한 거리노숙의 비바람과 서글픔을 견뎌낼 수 있을 만큼 크게 부풀려진 이상향으로서 그려지고 있었다. 이처럼 거리노숙자들이 애타게 그리워하는 고향은 영원한 안식처로서 더욱더 빛이 났고, 바로 그곳은 그 누구도 가보지 못한 노스텔지아에 대한 끊임없는 향수였다. 비록 까마득한 기억의 언저리에 자리 잡고 있는 고향은 외롭고 고생스런 타향살이로 지친 거리노숙자들이 언젠가는 되돌아가고 싶은 마지막 귀소 본능지인 동시에 언제나 모성에 대한 포근한 숨결과 그리움이 가득 차오르는 실존의 안식처나 다름없었다.

제4절 집 없는 존재의 시간성

1. 이미 세상을 떠도는 운명에로 이끌리는 '허기(虛氣)'

누군가에겐 평범한 보금자리와 안락한 생활이 보장되는 일상은 노숙인들에겐 애초부터 부재하거나 이미 상실되어 버린 '무'의 시간이었다. 즉 '배고픔을 채워줄 넉넉한 양식도', '어떤 애정과 관심도 결핍된' 세계에서 섬뜩하고 스산한 허기를 난생 처음으로 체험한 이들은 순간순간 덮쳐오는 죽음의 공포로부터 도망치듯 세상 밖으로 뛰쳐나갔다.

> "제가 13살 때 집을 나와 가지고 나 혼자 살기 시작한 거죠. 아무래도 집안에서 돌봐줄 사람도 없고. 관심이 전혀 없었죠, 관심이!"
> 〈참여자6〉
> "아버지 돌아가시니까 정말 대책이 않서더라구요. 15살 때 서울로 돈 벌겠다고 올라왔는데..." 〈참여자1〉

이렇듯 자신의 의지와는 무관하게 이미 부재의 시공간에 내던져진 노숙인들은 마치 떠돌이의 고단한 운명을 예감하듯이 세상 어디에도 뿌리내리지 못하는 '습벽'에 젖어 들었다. 물론 떠돌이의 습벽 속에서도 자기 존재의 짐을 떠맡는 일은 그 누구도 대신해 줄 순 없었다. 그때마다 '내가 벌어서 내가 먹고 잠자는 곳을 구했고', '가진 것도, 배운 것도 없는 몸으로 힘겨운 노동일에 매달려' 자신의 생계를 스스로 책임졌다. 하지만 아무리 열심히 일을 하더라도 궁핍한 '하루살이 인생'에서 벗어날 길은 없었다. 늘 빠듯한 생활에 돈벌이가 되는 곳이라면 어디든 쫓아 다니다보니, 어느새 떠돌이 습벽이 이들의 삶 자체를 지배하고 있었다. 자신도 남들처럼 '한곳에 말뚝 박고 싶지만', '유년시절부터 이어진 방랑의 습관'을 고치기란 결코 쉬운 일이 아니었다. 그런 습벽에 젖어 있는 노숙인들에게 정착하는 삶은 잠들고 있던 텅 빈 부재의 고통을 다시 일깨우는 동시에 그 자체로 커다란 두려움이었다.

> "저는 직장생활을 오래 못해요. 그게 습관을 한 번 들여놓으니까 계속 그렇게 되더라구요. 정을 못 주겠더라구요. 저도 한곳에 말뚝 박고 싶은데, 그게 안 되더라고. 그게 의지대로 안 되더라구요. 솔직히 제가 혼자니까..." 〈참여자2〉
> "막말로 먹여 살릴 마누라가 있는 것도 아니고, 에라 마, 그냥 내 힘 있는 데까진 내가 벌어먹다가 힘 떨어지면 죽지. 막 이런 생각으로 막 사는 거죠." 〈참여자7〉
> "하루살이 인생이죠. 하루 벌어가지고 하루 쓰고, 하루 벌어 하루 쓰고..." 〈참여자6〉

2. 일상의 '권태로움' 속에 언뜻 내비치는 존재의 '불안'

한때는 노숙인들도 평범한 세상 사람들처럼 정착의 꿈을 품기도 하였다. 힘겨운 노동 속에서 삶의 희망을 발견하였고, 나름대로 경제적 기반을 잡게 되면서 잠시 '성공에 대한 자부심에' 도취되기도 하였다. 오랜 고생과 인내 끝에 경제적인 독립도 이루었고, 조금씩 저축도 하면서 '남에게 아쉬운 소리 안하고' 살만큼 일도 잘 풀렸고 비교적 안정된 삶으로 정착하는 듯싶었다. 하지만 어느 순간부터 매일 반복되는 일상에 무료함과 따분함이 밀려들었고, 걷잡을 수 없는 '권태로움'에 빠져 들기 시작했다. '지난 10년간 전철장사로 먹고 살아왔지만, 더 이상 전철을 타는 것조차 싫어졌고', '온종일 일터에 묶여 지내다보니' 다른 취미거리를 배워 보거나 남들처럼 여가를 즐길 시간조차 없었다.

> "나는 좋았던 것이 그 가방에서 희망을 봤거든요? 보통 어려운 사람들이 다 그렇지만, 맨주먹으로서는 어느 정도 성공한 셈이다, 스스로 '자부심'도 느껴볼 때도 있었고요." 〈참여자1〉
> "개인적으로 활동을 하면서 돈을 26살 때까지 천 칠백(만원)정도 벌었어요. 꾸준하게 필요한 거만 쓰고 저금하고 그랬는데, 그런대로 남한테 아쉬운 소리 안하고 잘 지내왔어요." 〈참여자3〉

권태 속에서 규칙적으로 움직이던 일상의 리듬은 조금씩 어긋나고 깨어지기 시작했다. 이미 익숙해진 작업들임에도 '잦은 실수로 몸을 다쳐 일을 그만두는 경우가 잦아졌고', 또 일상의 지루함을 달래기 위해 '동료들과 매일 밤 술집이나 노래방을 기웃거리는 일이' 유일한 삶의 낙이었다. 때로는 외롭고 힘겨운 타향살이에 '술과 약물에 흠뻑 취해 한강 다리를 수없이 찾아갔고', '음주운전으로 죽음의 고비를 넘길 만큼' 이들의 일상은 무너져 내렸다. 바야흐로 친숙했던 일상의 모든 것들에 염증을 느끼면서 자신이 머물던 세계는 전적으로 무의미성 속으로 가라앉고 있었다. 지금껏 자신을 둘러싼 모든 관계들-부모, 형제, 처자식, 친구 등도 모조리 끊어져 나갔다. 자신이 머물던 그 세계 속에서 이들은 더 이상 아무 것도 할 수 없었다. 마치 친숙한 세계가 온통 낯설어지는 섬뜩한 불안에 빨려드는 순간이었다. 불안은 노숙인들이 일상적으로 친숙하게 안주할 모든 거주지를 무너뜨렸고, 더 이상 아무런 의미도 찾을 수 없는 그 세계로부터 이들을 고립시켜 버렸다. 더 이상 '자신의 존재조차 지탱할 힘을 모두 잃어버린' 노숙인 들은 마지막 순간까지 부여잡던 일상의 배려방식을 놓아버리고 생경한 거리세계로 내쫓겨났다.

> "솔직히 나 돈도 재밌게 벌어봤고요? 그런데 좀 방탕한 생활을 많이 했어, 사실. 노는 거 술 먹고 노래방 가는 이런 거. 낙이 그런 거 밖에 없었던 것 같애." 〈참여자7〉
>
> "일을 하고 술을 한 4병인가, 5병인가 마셨다고. 오토바이를 타고 가다가 뒤집어져 가지고... 죽다 살아난 거야. 이제는 뭐 다 싫어. 운전하는 것도, 면허증 따기도 싫고." 〈참여자4〉
>
> "13만 원짜리 쪽방에서 살다가 돈이 다 떨어지고 방세도 못 내 가지고, 그러다가 어쩔 수 없이 쫓겨나게 된 거죠." 〈참여자3〉

하지만 언제 어디서 덮쳐올지 모를 낯선 거리세계의 온갖 '위협가능성' 앞에서 '두려움'에 짓눌린 노숙인들은 그때마다 절박한 심정으로 결핍된 배려거리들을 찾아 쉴 새 없이 뛰어다녔다. 주위세계의 위협에 내몰려 '보다 안전한 잠자리들을 찾아 떠돌았고, 밀려오는 배고픔에 거리 곳곳에 있는 무료급식소들을 찾아다녔다.' 세계의 무의미성 앞에 처해있던 불안은 순식간에 잠재워졌고, 낯설고 위협적인 세계의 공포 앞에서 어찌할 바를 모른 채 당혹감에 사로잡혔다.

3. 노숙의 일상에서 또 다시 피어오르는 나날의 '지루함'

낯설고 위협적으로 다가오던 거리세계에 겁 질려 있던 노숙인들은 타인들의 배려와 관심에 기대며 새로운 생존방식에 차츰 빠져들었다. 즉 주위 동료들과 함께 보다 안전한 잠자리를 형성하고, 무료급식소에서 끼니를 해결하고, 꼬지와 구걸로 그때마다 필요한 용돈을 마련하는 등 새로운 생존방식에 적응하면서 낯선 세계로부터 엄습해오던 당혹감과 다급함도 사라졌다. 어느새 거리노숙은 중독성이 강한 습벽으로 자리 잡고 있었다. 때로는 노숙의 생존방식이 너무도 창피하고 비참하게 느껴졌지만, 어쩔 수 없는 일이었다. '더 이상 일하지 않아도 배를 넉넉히 채울 수 있었고', '조금만 다리품을 팔면 담배값과 술값은 어디서든' 구할 수 있었다. 하지만 시도 때도 없이 나누어주는 구호물품과 매일 반복되는 구걸행위에 익숙해진 노숙인들은 '아예 일에 대한 의지조차 내려놓은 채' 노숙세계에 한없이 빠져들었다. 밤마다 허기진 배를 채워줄 야식거리를 가져오는 시간만 기다렸고, 매일 배식시간과 예배시간, 지하철 운행시간 등 주위세계의 시간에 맞추어 거리 곳곳을 배회하며 '시간을 때우고' 있었다. 이렇게 길거리에서 온종일 시간을 때우는 것은 마치 '시간을 죽이는 것이나' 다름없었다.

> "차라리 예배 떳떳이 들이고, 뭐 돈 몇 천원 받는 거 이게 차라리 떳떳하니까. 어차피 주일 지키고." 〈참여자7〉
> "이 시간 보내는 거... 그야말로 시간을 죽이는 건데, 이 아침에 눈뜨면 굉장히 깜깜해요. 오늘은 어디 가서 시간을 보내나..." 〈참여자1〉
> "일을 못 갔을 때는 보라매공원에서 시간을 때워야 돼요. 그러면 엄청 답답해요, 시간도 더 안가고. 시간을 때우려니까..." 〈참여자2〉

노숙의 일상은 언제나 '기다림'의 연속이었다. 그런데 이러한 기다림에는 늘 알 수 없는 갈증과 더불어 짜증이 솟구쳐 올랐다. 시간이 지날수록 주위세계의 배려방식에 대한 불평불만의 목소리는 더욱 커져갔다. 노숙인들이 불평을 퍼붓는 대상은 바로 정부, 언론, 사회복지시설, 종교단체 등 자신들의 생존과 안전을 보살펴주고, 늘 곁에서 배려해주는 타인들이었다. 하지만 어느 순간부터 그들은 자신들의 존재 가능성을 위협하거나 악용해먹는 질타의 대상이 되곤 하였다. '인격적인 대우는 말할 것도 없고, 무성의한 태도와 배려에' 오랜 기다림까지 더해질 때면 노숙인들은 '거친 욕설을 퍼붓거나 불쾌한 속내를' 거침없이 드러내는 등 자기존재의 가능성을 타인에게 떠넘겼다.

> "배가 고픈데, 8시에 와서 무슨 한 시간씩이나 예배를 보고하면 짜증나죠." 〈참여자1〉
> "국가로부터 대책을 세워서 처리를 할 수 있는데도 불구하고, 언론을 통해서 떠들어 대는 걸 보니까 노숙자 수가 너무 많은 거야."
> 〈참여자3〉

분명 노숙인들의 시간은 다양한 타인들과 함께 펼쳐지고 있었지만, 그들의 일상은 세상 사람들의 거울 속에 결핍된 존재의 우울한 모습을 끊임없이 비쳐보는 시간으로 채워져 가고 있었다. 한때는 그들처럼 '당당한 시민이었지만', 이제는 그들 속에서 '초라함과 수치심을 느껴야 했고', 그들과 더불어 있지만 늘 '외롭고 쓸쓸할 수밖에 없었다.' 세상 사람들과의 끊임없는 비교 속에 노숙인들은 초라하고 남루한 자신의 모습을 감추기 위해 늘 일반인들과 일정한 거리를 두거나 인적이 드문 곳으로 숨어들었고, 자연스럽게 낮과 밤이 뒤바뀌는 생활주기에 따라 하루의 일과가 펼쳐졌다. 이처럼 타율의 시공간 속에 내던져진 노숙인들은 자신의 시간을 찾지 못한 채 그가 머무는 세계와 더불어 있는 타인들에게 자신의 존재가능성을 떠넘기며 끊임없이 죽음으로부터 도피하고 있었다.

> "행인들이 '저 멀쩡한 놈이 밥 먹고 할 일 없어서 노숙을 한다.' 이런 시선들 때문에 그게 좀 두렵고 사실. 그걸 피하다가 보니까 나 혼자만 활동을 하게 된 거죠." 〈참여자3〉
> "여기 생활하는 사람들이 보면 일반 사람들하고 상대를 안 하려고 피해요." 〈참여자5〉
> "학력이 조금 있는 사람들은 장래가 총망되는 기술을 배우니까, 그 사람들은 기술을 배워 취직만 하면 월급이 보장되잖아요?"
>
> 〈참여자1〉

4. '죽음'으로부터 도망쳐 일상의 평온을 기대함

주위세계의 관심과 배려에 안주하게 되면서 노숙인들의 하루는 무료한 일상의 '지루함'을 달래기 위해 '온종일 술독에 빠져' 있거나 도박에 몰입하는 것이다. 처음엔 수치심과 두려움 때문에 한, 두잔 마시기 시작하던 것이 어느새 술 없이는 단 하루도 넘길 수 없을 만큼 일상의 대부분을 차지하였다. 또한 환각제로 울적한 기분을 통제하기도 하였다. 말하자면 술과 약물은 울적한 기분에 사로잡힐 때마다 짐스러운 존재의 무게로부터 벗어나기 위한 노숙인들의 주된 도피수단이 되었다. 하지만 술에 찌들어갈수록 몸과 마음은 걷잡을 수 없이 황폐해져갔고, 급기야 통제력마저 상실해버린 채 한순간 모든 것들을 삼켜버렸다. 술에 취해 길거리에 쓰러져 잠이 들 때마다 '죽음'은 한층 더 가까이에 다가오는 듯했다. 하지만 잠에서 깨어나 몸의 온기를 느끼는 순간, 죽음은 아직 이르지 않았고, 거리의 일상은 다시 시작되었다.

> "명절 때 애들 손 붙잡고 열차 타고 이런 거 보면 참... 그럴 때는 이런 저런 생각 안하려고 술을 잔뜩 먹어." 〈참여자5〉
> "노숙을 하게 되면 찾는 게 일단 술이더라구요. 뭐 주위사람들도 그런 사람들이 대부분이니까, 싸우기도 많이 싸우고, 상담 나온 사람들한테 해코지도 많이 했었고." 〈참여자6〉
> "부인이지. 뭐. 그거 안 먹으면... 돌아 버려요." 〈참여자7〉

낯선 거리세계에서 죽음은 이미 가까이 있으면서도 언제나 회피되는 방식으로 체험되었다. 춥고 배고픈 거리세계에서 이름 모를 동료 노숙인들의 죽음을 목격하거나 흉흉한 입소문들을 들을 때마다 언젠가는 자신들에게도 닥칠 수 있는 일로 여겨져 늘 예민한 상태에 젖어 있었다.' 그들은 겨울철 노숙으로 동사하거나 무자비한 폭력으로 억울한 죽음을 당한 주위 동료들이었기 때문이다. 타인의 비참한 죽음 앞에 격한 흥분과 분노에 휩싸였지만, 정작 앞에 나가서 싸울 이들은 아무도 없었다. 타인의 죽음은 결코 나의 죽음으로 인수될 수 없었다. 더구나 죽음이 자신의 것으로 직감하게 되는 순간 덮쳐오는 공포 속에 전율하던 노숙인들은 죽음의 위협으로부터 황급히 도망쳐 빠져나갔다.

> "서울역에서 (노숙하는) 사람 죽었을 때, 대치하잖아. 근데 쌈 나면 나
> 중에 자기한테 저기할까봐 사람들이 잘 참석을 안 해요. 대부분 빠져
> 나가서 뒤에서 큰 소리 치지. 정작 앞에 나가서 (싸움을) 할 사람은
> 아무도 없어요. 다들 꺼려해요. 모이는 것도 싫어하고." 〈참여자2〉

이처럼 결핍된 존재자들의 간절한 바람은 세상과 타인이 머무는 그
장소로 다시 들어가는 것이었다. 즉 세상 사람의 세계에 들어가 다시
노동을 하고, 거주를 하는 평범한 일상을 기대하고 있었다. '살아가
는 동안 남들에게 아쉬운 소리하지 않고, 소박하게 여생을 마무리하
는 것'이 유일한 희망이었다. 대개 노숙인들은 일상세계를 살아가는
타인들의 삶에 자신의 존재가능성을 부단히 던지면서 그때마다 까닭
없이 엄습해오는 죽음에 대한 불안으로부터 등 돌리고, 생존에 필요
한 물질들과 호기심거리가 넘쳐나는 주위세계로 눈을 돌렸다. 그곳
은 죽음의 불안을 잠재우고, 타인들과 더불어 일상의 안락함과 평정
심이 지배하는 곳이기 때문이다.

> "앞으로 한 10년 정도만 저금을 해도 내 노후가 어느 정도 보장이 되
> 거든요. 내가 사는 동안에 추하지 않게 당당하게 살아갈 수 있는 거,
> 고게 내 희망이에요." 〈참여자1〉
> "그걸로 기도하고 있어요. 방 얻는 거하고, 배우자하고..." 〈참여자2〉
> "이렇게 어렵게 지내다 보니까 일하는 사람들이 그렇게 부러울 수 없
> 는 거예요." 〈참여자3〉
> "65세 넘으면 음성 꽃동네에 가서 봉사나 하다가 죽을까 해. 거기선
> 묻어는 줄 거 아니여? 장례는 치러줄 거 아니여? 좋게 하든, 나쁘게
> 하든? 〈참여자5〉

5. 집 없는 존재의 시간성에 대한 현상학적 해석

여기서 우리는 노숙인의 시간성을 분석하기 위해 '죽음'이라는 사태에 대한 노숙인들의 근본 기분을 하이데거의 시간 개념에 기대어 해석해보고자 한다. 우선 하이데거의 시간성 개념에는 흔히 우리가 알고 있는 '흐름'의 성격은 존재하지 않는다. 그에 따르면 과거-현재-미래로 연속해서 흘러가는 시간이 있고 거기에 우리가 실려서 함께 가는 것이 아니라, 인간의 마음씀이 시간적 구조를 가지고 있다는 것, 즉 늘 우리가 자신의 존재가능성을 위해 마음 쓰는 방식 그 자체가 시간성이며, 그런데 이러한 마음씀의 구조는 '세계 내부적으로 만나는 존재자에 몰입 〔퇴락〕 해 있음으로서 자기를 앞질러 〔기투성〕 이미 어떤 세계 내에 있음 〔피투성〕 '[20]이라고 규정된다.

가. 일상을 파고드는 '허기' 또는 '나날의 지루함(권태)'

우선 거주지를 상실한 노숙인들은 늘 알 수 없는 갈증과 허기에 젖어 있었는데, 그러한 기분은 그들이 머물던 세계와 긴밀하게 연관되어 있었다. 즉 이들이 머물던 거주세계는 늘 스산하고 울적한 기운이 감도는 장소들로 상기되곤 하였는데, 그곳은 바로 굶주림과 상실, 그리고 죽음의 그림자가 깊게 드리워진 '텅 빈' 무(無)의 처소였다. 결코 발설할 수 없는 어두운 비밀을 간직한 채 이들은 태어나 마주한 최초의 공간에서 도망치듯 뛰쳐나갔다. 그 후 세상 어디에도 체류하거나

---

20. 이러한 시간성의 구조를 실제 삶의 언어로 말하자면, 우리는 '매양 전향적으로 앞을 내다보면서 행위를 통해 존재자와 만나며 살되 살아온 자기를 뒤에 가지고 있다'는 의미로 풀이할 수 있을 것이다(소광희, 2004).

정박하지 못하는 노숙인들의 일상을 지배하는 기분은 다름 아닌 '권태로움', 즉 '나날의 지루함'이었다. 물론 권태는 누구나 일상 속에서 느끼는 기분이다. 차이가 있다면 세상 사람으로 느끼는 권태는 욕망의 과잉된 충족 속에 피어오르는 지루함에 좀 더 근접해 있었고, 노숙인들에게 그것은 애초부터 채워지지 않는 존재의 허기와 쌍을 이루고 있었다. 낯선 세계에서 짐을 풀고 고된 노동을 통한 거주의 일상이 자리 잡기 시작하면 이들은 다시 떠날 채비를 하였다. 왜 노숙인들은 정주의 삶을 포기하고, 끝도 없이 떠도는 것일까? 어딘가에 뿌리를 내리는 일이야말로 이들에겐 '텅 빈' 부재의 장소에 남겨지는 섬뜩한 일이기 때문은 아니었을까? 어쩌면 노숙인들의 기억 깊숙한 곳 어딘가에 말로는 표현할 수 없는 존재의 어두운 '구덩이'가 가로새겨져 있는 것은 아닐까? 참여자들의 담화로부터 그러한 사태를 직접적으로 포착할 수는 없었다. 다만 연구자는 노숙인들의 오랜 유랑의 습벽 속에서 드문드문 내비치는 정주에 대한 두려움이 생의 순간마다 세계의 무의미성과 마주치는 사태를 통해 유추해 볼 수 있을 뿐이다.

나. 일상의 무의미성 앞에서 피어오르는 '불안'

비록 집 없는 존재의 운명이었지만, 타인들과 더불어 살아가는 세계 속에서 노숙인들은 잠시 정주민의 삶을 꿈꾸기도 하였다. 아니 고된 노동과 인내 끝에 '정주민'으로서 자기 자신을 의심하지 않고 당당하게 살아왔다. 하지만 정주의 삶은 한낱 꿈에 지나지 않았다. 반복되는 일상의 지루함과 따분함이 땅거미처럼 밀려올 때면 노심초사 공들여온 세계는 무의미성으로 가라앉기 시작했다. 친숙하게 머물던 세계는 더 이상 아무 것도 할 수 없는 낯설고 두려운 세계로 탈바꿈하였고, 갑자기 피어오른 불안 속에서 존재의 짐스러움을 발견한 이들은 믿어 의심치 않았던 친숙한 세계로부터 안주할 수 있는 거주지를 모두 빼앗겨버렸다. 불안은 타인들과 더불어 친숙하게 배려해온 세계를 내려놓게 만드는 동시에 그사이 망각했던 자기 자신을 되찾는 순간이기도 하였다. 하지만 낯선 거리세계에 내몰려 공포에 사로잡힌 이들은 생존의 절박함에 요구되는 것들을 찾아 쉴 새 없이 뛰어다녔다. 분명 종전과는 다른 삶이지만, 노숙인들은 낯선 거리의 생존방식에 적응해가며 새로운 일상에 빠져들었다. 그리고 일상은 어김없이 권태를 불러일으켰다. 그것이 일상적인 거주세계이건, 낯설고 위협적인 거리세계이건, 일상 속에 자리 잡은 순간부터 노숙인들의 시간은 고유한 자신을 망각하고, 또 다시 세상 사람으로 던져졌다. 이처럼 노숙인의 시간은 반복되는 일상의 권태로움과 불현듯 세계의 무의미성에 불안해하며 낯선 세계로 내몰려 결핍된 일상을 기대하는 순환적 구조를 이루고 있었다. 이러한 노숙인의 시간성을 우리는 '이미 세계를 떠도는 운명에 던져져 도처에 도사리는 위협가능성과 죽음의 공포로부터 도망쳐 결핍된 일상의 것들을 끊임없이 기대하는 시간'으로 규정한다.

제5절 '집-없음'을 통한 거주의 근원적 의미

1. 집 없음의 실존적 체험을 통해 드러난 거주 이야기

연구 참여자들의 집 없음 - 혹은 거주상실 - 의 체험은 크게 세 가지 중심적인 주제를 중심으로 순환되는 구조를 이루고 있다. 참여자들의 문예작품과 생애사적 내러티브에 대한 현상학적 반성을 통해 드러난 의미를 중심으로 노숙인의 거주 체험에 대한 이야기를 재구성하면 다음과 같다.

가. 궁핍하고 어두운 세계 속에 찌들고 짓눌린 거주의 체험

1

연구 참여자들은 유년시절부터 하루 한 끼조차 제대로 챙겨먹지 못할 만큼 굶주림에 짓눌려 살아왔다. 삶을 지탱해줄 최소한의 양식조차 부재하는 뼈아픈 현실을 깨닫는 순간 이들은 가난의 질곡에서 벗어나기 위해 허기진 울타리를 박차고 서울로 향한다. 이 거대한 도시공간은 이들에게 혹독한 시련과 동시에 새로운 기회가 펼쳐지는 삶의 터전이었다. 고된 노동과 온갖 홀대를 견뎌내며 '남에게 아쉬운 소리 안하고' 살만큼 정주의 기반을 이루어낸 듯싶었지만, 몸이 노동에 묶여 있는 한, 늘 짐스러운 존재의 무게가 따라붙었다. 고된 노동의 대가로 배고픔에서 벗어나고 머물 거처도 마련할 수 있었던 반면에, 이른 아침부터 늦은 저녁까지 일터에 얽매인 몸은 매일 밤 부족한 잠과 피로에 지쳐 곯아 떨어졌다. 날이 밝으면 어김없이 고된 노동으로 무거워진 몸과 마음을 다독이며 각자의 일터로 나가 땀 흘리며 하루하루 안간힘을 다해 버티고 있었다. 매일 반복되는 일상에 무료함과 따분함이 밀려들었고, 걷잡을 수 없는 '권태로움'에 빠져 들기 시작했다. '지난 10년간 전철장사로 먹고 살아왔지만, 더 이상 전철을 타는 것조차 싫어졌고,' '온종일 일터에 묶여 지내다보니' 다른 취미거리를 배워 보거나 남들처럼 여가를 즐길 시간조차 없었다. 그러던 어느 날 노동의 일상에서 파묻힌 몸은 어느 순간부터 제대로 움직이지 않기 시작했다. 유연하던 손놀림은 뻣뻣하게 굳어졌고, 부주의로 몸을 다쳐 몇 개월씩 일손을 내려놓기도 하였다. 온몸에는 피로가 진을 치듯이 찌들어갔고, 누구도 대신해 줄 수 없는 '살려고 해야 한다'는 근심조차 이미 무기력 속에 마비된 몸을 일으키기엔 역부족이었다.

고단한 타향살이로 밀려드는 울적함을 달래기 위해 환각제를 복용하거나 매일 밤 변두리 술집들과 노래방을 기웃거렸다. 술에 흠뻑 젖어 음주운전을 하다 전복사고를 당하거나 일하던 손목을 칼로 그으며 자해행위를 하는 등 이미 몸은 스스로 짊어지고 있던 모든 것을 거부하고 밀어내고 있었고, 손에는 온종일 술병이 쥐어져 있었다. 피로와 무기력은 그동안 자신의 존재가능성을 위해 짊어지고 부여잡아왔던 그 모든 것들을 손에서 내려놓게 하였다. 여전히 자연적 혹은 일상적 태도 속에서 반성된 의식은 '일을 나가야 한다.'는 책무를 상기시켜주었지만, 소금자루처럼 늘어지고 무거워진 몸은 일터로 향하던 발걸음마저 멈추게 하였다. 아슬아슬하게 부여잡아왔던 일손도 끊겨버리고, 몇 달째 방세조차 내지 못하는 지경에 이른 것이다. 더구나 IMF 경제 위기가 발발하면서 국내경기가 악화되었고, 설상가상으로 값싼 국외 노동력이 국내로 몰려들면서 그나마 아쉬운 대로 나가던 허드렛일 자리도 구하지 못했다. '일하지 않으면 먹지도 말라'는 격언을 일생의 신념으로 여기며 일손을 부여잡았던 몸은 생존의 절박함에 내밀려 새벽마다 인력시장을 나가 닥치는 대로 일거리를 찾아보지만, 나이, 불안정한 거주지, 장애 등 온갖 제약들에 가로막혀 매일 허탕만 치고 빈손으로 되돌아왔다. 하지만 결핍된 것들을 찾아 채우려고 온힘을 다해 매달릴수록 그것들은 손가락 사이로 속절없이 빠져나가버렸고, 하루 벌어 하루 먹고 사는 무일푼 신세에 지쳐버린 몸과 마음은 걷잡을 수 없이 무너져 내리기 시작했다.

참여자들이 노숙 이전에 머물던 거주공간은 불안정한 생계거리와 오랜 세월에 걸친 방랑의 습벽만큼이나 다양하게 편재하고 있었다. 대부분 하루 벌어 하루 먹고 사는 일용직 노동일을 나가면서 그때마다 경제적인 여건에 따라 주로 쪽방이나 여관/여인숙, 고시원과 같은 숙박시설이 아니면 만화방이나 다방 등과 같은 휴식공간부터 심지어는 대중목욕탕이나 24시간 사우나 등 임시거처들을 옮겨 다니며 지냈다. 하지만 계절과 경기의 영향을 많이 받는 생계수단이 한순간 끊기게 되면서 친숙하게 머물던 삶의 터전은 어느새 낯설고 텅 빈 공간으로 탈바꿈하였다. 생존을 향한 출구가 꽉 막혀 버리고 삶의 궁지에 내몰린 참여자들은 자신의 존재를 지탱해온 안식처를 잃어버린 유랑민마냥 어깨를 들썩이며 흐느껴 울었다. 불과 얼마 전까지도 거칠고 고된 노동의 멍에 속에 격전을 치르던 몸은 그 예속으로부터 해방됨과 동시에 귀속된 세계로부터 획득할 수 있었던 소유의 지반을 모두 잃어버리고 말았다. 그것은 자신을 보존하던 물질, 대상, 도구로부터 튕겨져 나와 벌거벗겨지는 체험이었다.

이렇듯 자신의 의지와는 무관하게 일상의 시공간으로부터 떠밀려난 노숙인들은 마치 떠돌이의 고단한 운명을 예감하듯이 세상 어디에도 뿌리내리지 못하는 '습벽'에 젖어 들었다. 물론 떠돌이의 습벽 속에서도 자기 존재의 짐을 떠맡는 일은 그 누구도 대신해 줄 순 없었다. 그때마다 '내가 벌어서 내가 먹고 잠자는 곳을 구했고', '가진 것도, 배운 것도 없는 몸으로 힘겨운 노동일에 매달려' 자신의 생계를 스스로 책임졌다. 하지만 아무리 열심히 일을 하더라도 궁핍한 '하루살이 인생'에서 벗어날 길은 없었다. 늘 빠듯한 생활에 돈벌이가 되는 곳이라면 어디든지 쫓아 다녔고, 어느새 떠돌이 습벽이 이들의 삶 자체를 지배하고 있었다. 자신도 남들처럼 '한곳에 말뚝 박고 싶지만', 이미 '유년시절부터 이어진 떠돌이 습관'을 고치기란 결코 쉬운 일이 아니었다.

2

무기력 속에 휩쓸려 모든 짐을 내려놓고, 추위와 비바람이 몰아치는 바깥세계로 추방되자마자 몸은 섬뜩한 공포 속에 사로잡혀 어둠의 공간 속으로 빠져들었다. 세계의 무의미성 앞에 처해있던 불안은 순식간에 잠재워졌고, 낯설고 위협적인 세계의 공포 앞에서 어찌할 바를 모른 채, 당혹감에 사로잡힌다. 어두컴컴한 밤이면 더욱 또렷하게 들리는 온갖 소음과 발자국 소리에 몸은 극도로 예민해져 있었다. 언제 들이닥칠지 모를 낯선 위협과 한기가 가득 차오르는 땅바닥에서 몇 날 밤을 잠조차 이루지 못하고, 제대로 끼니를 챙겨 먹지 못한 몸은 헐벗고 굶주린 걸인마냥 앙상하게 말라갔다. 공원 벤치나 지하도 통로에 웅크리고 잠을 자거나 길거리에서 밥을 먹을 때마다 마주치는 낯선 행인들의 눈길과 손가락질에 몸은 실오라기 하나 걸치지 않고 벌거벗은 양 창피하고 수치스러워 항상 인적이 드문 곳으로 기어들었다.

세계의 어둠 속에 짓눌려 있을 때 참여자들이 체험하는 인간관계도 온통 낯설고 부정적인 색채로 그려졌다. 우선 가장 빈번하게 접촉하는 행인들은 대개 자신들을 나태하고 게으른 존재로 치부하거나 그들 세계에 침입해 들어와 언제든지 평화로운 일상을 파괴할지도 모를 위험한 '이방인'으로 취급하였다. '천성이 게을러서 놀고먹거나' '하루 밥 세 끼 공짜로 주니까 일할 생각은 아예 하지도 않고', '사지 멀쩡한 놈이 구걸이나 하고 다니는' 등 적대적인 언표들이 따라다녔고, 마치 '노숙이 무슨 큰 죄나 되는 것처럼' 그들 세계로부터 내치면서 경계 짓고 있었다. 이러한 부정적인 시선에는 대개 폭언과 폭력이 뒤따랐다. 거리에서 잠을 자는 자신들을 향해 '이렇게 살 바에 뒤지지 뭐하러 사냐?', '아예 밥을 굶겨야 한다.'는 등 가슴에 사무치는 아픈 말들을 내뱉거나 발길질까지 해대는 행인들에게 속수무책 당할 수밖에 없었다. 그렇다고 자신들과는 비교할 수 없는 권리와 힘을 가진 행인들에게 대항하거나 싸울 수조차 없었다. 왜냐하면 '우리는 숙자고, 지들은 행인이기에' 싸움이 나면 항상 우리-자신들만 불리해지기 때문이었다. 결국 그들의 부정적인 시선과 물리적인 폭력에 대한 최선의 대응책은 빛의 세계로부터 도망쳐 어둠의 세계로 기어들어 익명적 존재가 되는 것이었다.

하지만 참여자들이 가장 두려워하는 타자는 뭐니 뭐니 해도 자신들의 일거수일투족을 감시하고 통제하는 치안경찰과 철도 공안원이었다. 이들은 '단지 거리를 배회하거나 술 먹고 소란을 피운다'는 이유로 노숙인들을 마구 잡아들였고, 행인들에게 부당한 폭행을 당하더라도 '노숙자 말은 아예 무시해버리고, 늘 주거와 연고가 있는 일반 시민들의 편에' 서 있었다. '일반 시민들에게 피해가 가지 않도록 대합실이나 지하도에서 잠자는 노숙자들을 밖으로 내쫓아내거나' '사고나 말썽이 생기지 않도록' 등 공공시설 주변에 있는 노숙인들의 동태를 상시적으로 감시하고 통제하였다. '인간이하의 푸대접을 받으며 급기야 공안원들에게 맞아 죽음에로까지 내몰리는' 최악의 사태가 터지더라도 거리의 노숙인들에겐 공권력이라는 거대한 힘 앞에 맞설 힘조차 없었다.

그 뿐만 아니라 정부의 노숙인 지원사업과 담당공무원, 노숙인의 인권을 보호해주고, 다양한 관심과 물질적인 도움을 제공해준 민간단체들과 언론매체들에 대해서도 강한 '불만'을 드러냈다. '근로능력이나 적성은 전혀 고려하지 않고, 눈 가리고 아웅하는 식으로' 획일화

된 정부의 일거리 대책에 울화통이 치밀어 올랐고, '쥐꼬리만 한 급여
에 큰소리치듯이' 생색내는 공무원들의 고압적인 태도에 치욕스러움
마저 느껴야 했다. '거리노숙에 대한 정확한 실태조사도 하지 않고 가
만히 앉아 볼펜만 굴리고, 말로만 떠들어 대는' 공무원들의 방관적인
태도를 대할 때마다 재기에 대한 마지막 기대감마저 무너져 내렸다.
또한 시간이 지날수록 노숙인들에게 무관심해지는 민간단체들과 언
론매체들에 대해서도 적잖은 섭섭함을 표출하였다. '일반인들은 도저
히 먹지 못하는 험한 배급음식이다' '배고픈 노숙자들의 사정은 아랑
곳 하지 않고 예배에만 치중하는' 종교단체들, '늘 하자있는 물품들만
나눠주는' 민간단체들의 형식적이고 무성의한 태도에 더는 고마움을
느낄 수 없었다. 더구나 무분별한 물질적 지원으로 노숙인들을 점점
무기력한 존재로 길들이고, 자신들의 홍보수단으로 이용하는 민간단
체들, 단순한 호기심거리 내지 왜곡된 이미지로 몰아세우는 언론매
체들의 왜곡된 보도 행태에 대해 강한 피해의식을 느끼고 있었다. 이
처럼 연구 참여자들은 늘 주위세계에 다양한 타인들과 더불어 있었
지만, 자신의 존재가능성이 깊고 어두운 존재의 구덩이 속에 갇혀 짓
눌리고 움츠려 있을 때면 그들을 감싸주고 살펴주던 관계의 끈은 어
느새 자신의 존재를 속박하는 족쇄처럼 조여 왔고, 그 타자들을 향
해 불평을 끊임없이 투사시켰다.

나. 존재의 짐을 떠맡고 삶의 틀을 구축해가는 거주의 체험

1

참여자들은 가난의 멍에와 상처뿐인 고향을 등지고 낯선 타향에서
주린 배를 채우고 머물 거처를 마련하기 위해 닥치는 대로 일거리에

뛰어들었고, 고단한 노동 속에 자신의 몸을 내던졌다. 허기진 배를 채우기 위해 거리에 나가 신문을 돌리거나 껌팔이, 구두닦이로 그날 끼니를 해결했고, 철이 들면서부터 힘쓰는 노동일을 찾아 홀로 객지를 떠돌아다녔다. 배운 것도, 가진 것도 없는 맨몸 하나로 막노동판에서부터 봉제공장, 김양식장, 중국집 등에 들어가 허드렛일들부터 시작해 기술을 익혔고, 뜨거운 불과 기름에 데고, 연장에 찍혀 상처투성이가 된 손발은 나무토막처럼 굳은살이 배어갔다. 잔업수당이나 휴일은 고사하고, 일을 하다 다쳐도 제대로 된 치료나 보상조차 받지 못한 채 여기저기 골병이 들었지만 노동만이 자신의 존재를 온전히 지켜낼 수 있는 유일한 길이었다. 오직 안락한 삶을 위해 그 어떤 욕구와 고통도 참아가며 노동에 얽매인 참여자들은 마침내 그토록 바라던 '홀로서기'를 할 수 있었다. 앞으로 어떤 시련이 찾아올지 꿈에도 생각지 못한 채 주어진 일상이 영원히 지속될 것만 같았다.

2

그러던 어느 날 타향살이의 예견된 운명이 성큼 덮쳐온다. 바로 물리적인 거처마저 잃은 '노숙인'이 된 것이다. 낯설고 두려운 거리세계에서 추위와 굶주림에 헐벗은 참여자들은 밀려오는 배고픔을 도저히 견딜 수 없게 되자, 거리 곳곳에 위치한 무료급식소들을 찾아다녔고, 식당에 들어가 밥 동냥을 하거나 쓰레기통에 버려진 음식쓰레기를 주워 먹기도 하였다. 하지만 아무리 많이 먹어도 뒤돌아서면 금방 허기가 몰려들었고, 힘겨운 거리생활을 버티기 위해 하루 종일 급식소들을 돌아다녔다. 비바람과 추위에 노출된 몸을 보호하기 위해 고물상이나 헌옷보관함에서 구해온 옷가지들을 두껍게 껴입었고, 지원 단체에서 나눠준 침낭이나 헌 이불을 온몸에 둘둘 말고 지하도,

공원, 길바닥 등 각자 나름의 잠자리에 몸을 눕혔다. 잦은 잔병치레와 체력저하로 건강에 대한 염려가 커지면서 어딘가 몸이 불편하고 아플 때면 평소에 알던 거리진료소나 병의원을 찾아갔고, 건강을 위해 좋아하던 술과 담배를 끊기도 하였다. 몸이 너무 아플 때나 예측할 수 없는 거리생활을 대비해 교회꼬지를 시작했다. 이처럼 온갖 소음과 추위에 떨며 밤새도록 잠을 이루지 못하던 몸은 조금이라도 편히 잠들 수 있는 잠자리를 찾아 헤맨 끝에 자신만의 은신처에 안전하게 몸을 내맡기고, 또 굶주린 배를 넉넉히 채우게 되면서 안정감을 되찾아갔다.

　이처럼 친숙하지 않은 세계에 대한 낯섦과 고통을 겪어낸 끝에 먹을거리와 잠자리에 대한 걱정 없이 안정감을 되찾은 몸에는 가장 몸스러운 습관이 자리 잡고 있었다. 도무지 입맛에 맞지 않은 험한 배급음식도 차츰 잘 먹었고, 자신의 입맛에 맞는 무료급식소들을 알아두었다 배식 시간에 맞춰 찾아다녔다. 다양한 잠자리를 떠돌던 끝에 자신만의 편안한 잠자리에 누울 수 있었다. 가급적 낮에는 공공도서관이나 서울역 대합실, 백화점, 대형문고 등에서 책이나 TV를 보면서 시간을 보냈고, 날씨가 더울 때면 공원 벤치나 지하철 휴게소에서, 추운 날에는 도심을 순회하는 지하철을 타고 부족한 잠을 청하거나 휴식을 취했다. 주말이면 땀과 먼지로 범벅이 된 몸을 씻고, 담배값 등을 마련하기 위해 동료노숙자들과 함께 교회 꼬지를 다니거나 리어커를 끌며 파지나 고물을 줍기도 하였다. 온종일 걸어 다니며 발바닥엔 굳은살이 깊게 들어박혀 심한 통증에 시달렸지만, 어디에도 써주지 않은 무용지물의 몸이 그나마 다리품을 팔 수 있는 유일한 일이었기에 만족하였다. 또한 거리에서 잠을 자기 힘들어지는 늦가을부터는 쉼터에 들어가 겨울을 났다. '제각기 살 길은 널려 있었고 자기하기 나름이었다.' 몸이 고단하고 쉬고 싶을 때면 언제든지 하던 일을 접고 휴식을 취했고, 더 이상 고된 노동에 얽매여 몸을 혹사시키지 않았다. 예전처럼 필요 이상의 물질에 대한 집착이 사라졌고, 주어진 그날그날의 양식거리와 자유로운 거리의 삶에 '만족'하며 몸담고 있는 세계 속에서 자신만의 터전을 구성해 나갔다. 더구나 부양해야 할 처자식도 없이 홀로 살면서 필요 이상의 노동을 거부하고, 저금도 일절 하지 않은 채 생존에 필요한 만큼만 소유하고 소비하는 습관이 자리 잡고 있었다.

3

거칠고 포악한 거리세계에서 생존을 위해 몸부림치고 있을 때, 외롭고 쓸쓸한 참여자들에게 뜻밖의 선물이 찾아왔다. 바로 고단한 거리의 삶에서 한데 뒤엉켜 서로의 치부나 아픔을 감싸주고 보살펴주는 동료 노숙인이었다. 대개 이들은 처음 거리노숙에 내몰려 고통을 겪는 이들에게 없어선 안 될 중요한 길잡이가 되어주었다. 거리의 생존방식에 눈 밝은 노숙자들을 따라다니면서 끼니와 잠자리는 물론이고, 담배값, 술값 등을 비롯한 거리생활에 필요한 여비까지 얻을 수 있었다. 또한 '몸이 아프면 무료진료소에서 약을 타다 주고', 굶주린 동료들을 위해 대신 밥이나 먹을거리를 챙겨 주는' 등 의지할 데 없는 이들끼리 서로 보듬어 주는 '가족'이나 다름없었다. 그렇게 나와 타인의 몸은 함께 꼬지나 노동을 나가고, 어울려 술을 마시고, 서로의 잠자리를 지켜주면서 그때마다 하나의 '거리공동체'를 형성하며 살아가고 있었다. 낯선 타인과 실존적 거리가 좁혀질 때 비로소 '우리'라는 공동존재가 회복되어 '타인의 상처와 고통'을 진정으로 '이해'할 수 있는 계기가 되었다.

또한 거리세계에는 헐벗고 굶주린 노숙인들을 관대하게 품어주는 타자들도 만날 수 있었다. 그들은 다양한 삶의 지평에 거주하는 낯설고 먼 존재자들임에도 불구하고, 노숙인들에게 생존에 필요한 물질적인 양식과 더불어 진정어린 위로와 격려의 말을 건네주는 고마운 타인들이었다. 그들은 추위에 떨며 잠 못 이루는 자신들에게 다가와 '내복과 침낭 등을 가져다주거나' '넉넉한 술 인심과 노잣돈까지 양손에 쥐워주었고' '따뜻한 차 한 잔을 건네며 다정한 말벗이 되어주었다.' 또한 자신들의 존재를 '있는 그대로 인정해주고', '용기와 희망이 담긴 편지를 매일 건네주는' 종교인들과 진솔한 대화를 나누게 되면서 '마음속 짐을 조금이나마 덜어낼' 수 있었다. 그들은 굶주림과 추위에 고통 받는 노숙인들에게 단지 결핍거리만을 대신 떠맡아 주는 것뿐 아니라 파괴된 마음의 상처까지 어루만져주는 타인들이었다. 진심어린 관심과 애정을 보여준 행인들 덕분에 '오랜 약물의 늪에서 벗어날 수 있었고,' 자포자기에 빠져 있던 몸을 일으켜 세워 비슷한 처지에 있는 어려운 이웃들을 위한 '봉사활동'에 참여하거나 '노숙인 지원단체'에 동참하기도 하였다.

이처럼 결핍된 존재자들의 간절한 바람은 세상과 타인이 머무는 그 장소로 다시 들어가는 것이었다. 즉 세상 사람의 세계에 들어가 다시 노동을 하고, 거주를 하는 평범한 일상을 기대하고 있었다. '살아가는 동안 남들에게 아쉬운 소리하지 않고, 소박하게 여생을 마무리하는 것'이 유일한 희망이었다. 대개 노숙인들은 일상세계를 살아가는 타인들의 삶에 자신의 존재가능성을 부단히 던지면서 그때마다 까닭 없이 엄습해오는 죽음에 대한 불안으로부터 등 돌리고, 생존에 필요한 물질들과 호기심거리가 넘쳐나는 주위세계로 눈을 돌렸다. 그곳은 죽음의 불안을 잠재우고, 타인들과 더불어 일상의 안락함과 평정

심이 지배하는 곳이기 때문이다.

다. 단조로운[21] 일상에 매달리는 거주의 체험

1

결핍된 것들이 채워지고 낯선 거리세계에 친숙해진 몸은 지향할 목적도 없이 다시 단조로운 일상 속으로 빠져들었다. 이제 고되고 힘겨운 노동을 하지 않고도 생존에 필요한 물질과 잠자리를 '공짜로' 충족할 수 있게 되면서 몸은 절망뿐인 노동을 거부하고 점점 나른하게 늘어지고, 어느새 따분한 그림자가 짙게 드리워져 있었다. 거리노숙은 중독성이 강한 습벽으로 자리 잡고 있었다. '더 이상 일하지 않아도 배를 넉넉히 채울 수 있었고', '조금만 다리품을 팔면 담배값과 술값은 어디서든' 구할 수 있는 기생살이의 비굴함마저 능히 견딜 수 있었다. 공밥으로 주린 배를 채우고, 꼬지나 구걸이 습관화된 몸은 더 이상 '일을 해야 한다'는 의무 자체를 망각해버린 채, 마치 밥투정을 부리는 '어린아이'나 시도 때도 없이 먹을거리만을 기다리는 동물원 '짐승'처럼 황폐화되어갔다.

노숙의 일상은 언제나 '기다림'의 연속이었다. 시도 때도 없이 나누어주는 구호물품과 매일 반복되는 구걸행위에 익숙해진 노숙인들은 '아예 일에 대한 생각조차 내려놓은 채' 노숙세계에 한없이 빠져들었다. 밤마다 허기진 배를 채워줄 야식거리를 가져오는 시간만 기다렸고, 매일 배식시간과 예배시간, 지하철 운행시간 등 주위세계의 시간

---

21. 이때의 단조로움이란 세상 사람들에 의해 만들어진 습관을 뜻하며 그것에는 언제나 공공성과 편안함(익숙해짐) 등과 같은 것이 속한다. 즉 일상의 기계적이고 무미건조한 되풀이라는 의미가 속해 있다.

에 맞추어 거리 곳곳을 배회하며 '시간을 때우고' 있었다. 이렇게 길거리에서 온종일 시간을 때우는 것은 마치 '시간을 죽이는 것이나' 다름없었다. 그 누구의 초대도 받지 못하는 여분의 시간은 대개 세상 사람들의 거울 속에 결핍된 존재의 우울한 모습을 끊임없이 비쳐보는 상념으로 채워지고 있었다. 한때는 그들처럼 '당당한 시민이었지만', 이제는 그들 속에서 '초라함과 수치심을 느껴야 했고', 그들과 더불어 있지만 늘 '외롭고 쓸쓸할 수밖에 없었다.' 이처럼 타율의 시공간 속에 내던져진 노숙인들은 자신의 시간을 찾지 못한 채 그가 머무는 세계와 더불어 있는 타인들에게 자신의 존재가능성을 떠넘기며 끊임없이 죽음으로부터 도피하고 있었다.

2

주위세계의 관심과 배려에 안주하게 되면서 노숙인들의 하루는 무료한 일상의 '지루함'을 달래기 위해 '온종일 술독에 빠져' 있거나 도박에 몰입하기도 하였다. 처음엔 수치심과 두려움 때문에 한, 두잔 마시기 시작하던 것이 어느새 술 없이는 단 하루도 넘길 수 없을 만큼 일상의 대부분을 차지하였다. 때론 환각제로 울적한 기분을 통제하기도 하였다. 술과 약물은 울적한 기분에 사로잡힐 때마다 짐스러운 존재의 무게로부터 벗어나기 위한 노숙인들의 주된 도피수단이 되었다. 하지만 술에 찌들어갈수록 몸과 마음은 걷잡을 수 없이 황폐해져갔고, 급기야 통제력마저 상실해버린 채 한순간 모든 것들을 삼켜버렸다. 술에 취해 길거리에 쓰러져 잠이 들 때마다 '죽음'은 한층 더 가까이에 다가오는 듯했다. 하지만 잠에서 깨어나 몸의 온기를 느끼는 순간, 죽음은 아직 이르지 않았고, 거리의 일상은 다시 시작되었다. 그런데 낯선 거리세계에서 죽음은 이미 가까이 있으면서도 언제나 회피되는 방식으로 체험되었다. 춥고 배고픈 거리세계에서 이름 모를 동료 노숙인들의 죽음을 목격하거나 흉흉한 입소문들을 들을 때마다 언젠가는 자신들에게도 닥칠 수 있는 일로 여겨져 '늘 예민한 상태에 젖어' 있었다. 그들은 겨울철 노숙으로 동사하거나 무자비한 폭력으로 억울한 죽음을 당한 주위 동료들이었기 때문이다. 타인의 비참한 죽음 앞에 격한 흥분과 분노에 휩싸였지만, 정작 앞에 나가서 싸울 이들은 아무도 없었다. 타인의 죽음은 결코 나의 죽음으로 인수될 수 없었다. 더구나 죽음이 자신의 것으로 직감하게 되는 순간 덮쳐오는 공포 속에 전율하던 노숙인들은 죽음의 위협으로부터 황급히 도망쳐 빠져나갔다.

그런데 노숙에서 벗어나 편안한 거처에 들어가 오늘의 양식거리를 채우기 위해 노동에 몰두하던 몸에도 여전히 일상의 '따분함'이 피어오르기는 마찬가지였다. 정부에서 실행하는 자활근로나 공공근로 등과 같은 일자리에 참여해 아쉬운 대로 노동을 하고, 비좁고 누추한 거처지만, 잠자리가 보장되던 일상 속에 머물던 몸은 온종일 골목을 돌며 담배꽁초나 주우러 돌아다니는 노동세계에, 온종일 술이나 먹고 싸움질로 하루도 조용할 날이 없는 쪽방촌에서, 그리고 매일 밤홀로 잠자리에 들어야 하는 외로운 생활에 견딜 수 없는 염증이 밀려들었다. 더구나 아무리 열심히 일해도 결코 가난의 굴레에서 벗어날 수 없다는 사실을 뼈저리게 체감하게 된 몸에는 조금씩 힘이 빠져나갔고, 때론 지긋지긋한 일상의 자리로부터 벗어나고 싶었다. 그럴 때마다 온갖 고생으로 멍울진 타향살이를 정리하고, 유년기 추억들이 간직된 고향에 내려가 여생을 보내는 꿈에 잠시 젖어들기도 하였다. 하지만 지긋이 감고 있던 눈을 뜨고, 밤새 출렁거리던 취기에서 깨어나면 다시 배려거리를 찾아 세상을 떠돌거나 무료한 시간을 때우는 일상이 어김없이 되풀이되고 있었다.

요 약

이와 같이 연구 참여자들의 거주 체험 속에는 언제나 세 가지 주제가 그들 자신이 처해 있는 시공간 속에서 끊임없이 해석적 순환과정을 거치면서 실존의 의미를 구축하고 있었다. 무엇보다 이들이 머물던 거주공간은 늘 '궁핍'과 죽음의 '공포'가 드리워진 '찌들고 짓눌리는' 존재의 체험이 담겨져 있었다. 이렇게 궁핍과 죽음의 공포에 찌들고 짓눌리는 현상의 본질은 바로 존재 자체의 '짐스러움'이었다. 이들에게 존재함은 짐스러운 것이었다. 이미 세계 속에 머물며 거부할 수 없는 존재의 짐스러움에 짓눌려 있을 때, 참여자들은 더 이상 고정된 거처에 체류하지 못하고, 고단한 타향살이 속으로 끊임없이 내몰리고 있었다. 이들에게 타향은 생존을 위해 어디에도 체류하지 못하는 '기웃거리고 부유하는' 공간이었다. 배고픔의 고통에서 벗어나기 위해 '여기저기' 기웃거려야 했고, 세상밖에 도사리는 죽음의 그림자와 공포로부터 도망쳐 자신을 보호해 줄 은신처를 찾아 '여기저기' 떠돌아다녀야 했다. 하지만 존재의 짐스러움은 동시에 자기 자신뿐 아니라 굶주린 타자 - 가족, 동료 - 까지 떠맡아야 하는 책무를 일깨워 주었다. 이러한 존재의 '떠맡음'은 그야말로 낯선 세계로부터 그때그때마다 들이닥치는 온갖 시련을 참고 견뎌내는 가운데 자신의 존재 가능성을 구축해나가는 실존적 체험으로, 그 본질은 언제나 존재를 '보살피고 지키려는 결단'이 매순간 함께 하고 있었다. 더구나 연구 참여자들에게 짐스러운 존재의 '떠맡음'은 애초부터 낯선 세상 밖으로의 '내쫓겨남'(내지 추방)과 더불어 가능한 일이었다. 다시 말해 내쫓겨난 자가 될 때 비로소 온전히 존재를 떠맡는 자가 될 수 있었다.

그렇다면 이들이 내쫓겨난 세상은 단지 고단함으로 점철된 타향만은 결코 아닐 것이다. 거기에는 자신과 타인의 존재가능성을 위해 마음 쓰고, 배려거리와 잠자리를 함께 나누는 또 하나의 거주공간이 열려 있었다. 내쫓겨난 자에게 열려진 공간은 저녁밥을 지어 이웃과 함께 나누는 쪽방촌이거나, 아픈 동료를 위해 음식과 약을 타다주는 공원 숲, 밤새 잠자리를 곁에서 지켜주는 지하도 통로 등 도시의 빈민지역과 거리노숙의 장소들이었다. 현대적인 도심의 빌딩 숲과 화려한 고층아파트의 그늘에 가려진 그곳에서 거주의 의미가 다시금 물어지고 있었다. 즉 일상의 세계로부터 내쫓겨나 거주의 곤궁함에 내맡겨질 때, 비로소 거주함이 자기가능성으로 인수될 수 있었고 거주의 의미가 구축될 수 있었다. 그럼에도 불구하고 세계의 '낯섦'이 '친숙함'으로 자리잡아가면서 참여자들은 또 다시 단조로운 일상에 매달려 살아가고 있었다. 무료급식소에서 끼니를 때우고, 가끔씩 꼬지를 나가거나 길거리 구걸을 하였고, 지하철을 타고 무료한 시간을 때우는 일상이 반복되고 있었고, 답답함과 따분함이 밀려들었다. 어느 순간부터 거리노숙이 하나의 습관으로 굳어짐으로써 이들에게 거주의 의미는 생존을 위한 도구적 활동으로 전락해버렸다. 그것은 바로 일상적인 거주로의 퇴락을 의미하였다. 이제 주위세계의 타자들은 보다 많은 물질적 지원과 혜택을 얻어내기 위한 구걸대상이 되었고, 거리에서 만난 동료들은 뒤돌아서면 남이 되거나 치열한 생존의 경쟁자로 돌변하였다. 이들이 머무는 장소는 보다 편안한 잠자리를 차지하기 위해 하루가 멀다 하고 자리싸움이 벌어지는 삭막한 공간이 되어 있었다. 이처럼 참여자들에게 일상의 시간은 거주의 의미를 자기화시키지 못한 채, 타율의 시간 속에 내던져져 기다림과 무료함이 채워지고 있었다.

2. 닫힘과 열림의 이중적 통일구조를 통해 드러나는 거주의 의미성

가. 공간의 '닫힘'을 통해 세계와 단절된 일상적[22] 거주의 의미

우선 대개 '집(home)'은 밥을 먹고, 몸을 씻고, 누울 자리가 있는 친숙한 거주공간이다. 거기엔 다양한 생활도구들이 마련되어 있고, 늘 우리 곁에 가까이 있어 눈에 띄지 않을 만큼 거리 좁혀진 공간이다(이종관, 2003). 집은 낯선 외부세계로부터 자신을 보호해주는 바람막이가 되어준다. 즉 외부와의 경계를 통해서 내부로서 집안을 구성할 수 있고, 비로소 존재자의 거주가 가능해진다. 이처럼 친숙한 거주공간에서 우리는 편리한 일상을 향유하며 살아간다. 그러나 이러한 일상의 거주는 세상과 '단절된' 채 나의 만족을 충족시켜주기 위해 존재하는 고립된 삶에 가깝다. 만족은 오직 소유 속에 거주한다. 나의 곁에 있는 가족, 이웃, 동료 역시 나의 필요에 부응하는 부속물일 뿐이다. 나 또한 그들의 도구로 존재한다. 아침이면 제각기 흩어지고 늦은 저

---

22. 여기서 말하는 '일상적'이라 함은 삶의 가치판단체계를 담고 있는 윤리학적 개념이 아니라, 하이데거의 일상성(Alltäglichkeit) 개념에 따라 현존재가 우선 대개 열어 보이고 있는 실존방식, 즉 사람들이 일반적으로 살아가는 삶의 방식을 뜻한다. 그런데 현존재(인간)는 우선 대개 타인들과 함께 있으면서 이 "함께 있음"을 염려한다. 즉 우리는 우리들 자신이 다른 사람들과 다르다는 사실을 염려한다. 그러나 이때의 "사람들"은 우리를 제외한 다른 사람들을 말하는 것이 아니다. 우리들 자신이 바로 "사람들"에 속하며, 우리들 역시 "그들"의 지배를 공고히 하는데 함께 참여하고 있다. 즉 우리는 누군가 우리들과 다른 생각과 다른 행동을 보이면 그를 소리없이 억압하여 우리들에게 동화시키려고 한다. 이처럼 평균적 일상성 속에서 우선 대개 살고 있는 사람 일반, 모든 사람이면서 동시에 아무도 아닌 사람들이 바로 '世人'(세상사람, das Man)이다(하이데거, 1979; 이기상; 1998, 신상희, 2004). 따라서 우리는 '일상적 거주'라는 개념이 거주의 일상적 방식을 폄하하거나 평가하는 것이 결코 아니라는 점에 유념해야 한다. 동시에 그것은 현대인의 실존론적 성격을 드러내고 있다.

녁 집으로 돌아오지만, 가족 간에 대화는 점점 단절되어가고 각자의 방문은 굳게 잠겨 있다. 또한 내가 살고 있는 주택단지의 부동산 시세는 잘 알고 있어도, 어떤 이웃이 살고 있는지 모른다. 그곳에선 늘 누군가를 만나고 있지만, 진정 아무도 만나고 있지 못하다. 일상에 거주하는 모든 존재자들은 기능적 연관관계 속에 하나의 부속품으로 처리되고, 필요에 따라 언제든지 폐기처분되거나 교환될 수 있다. 세계와 단절된 향유의 저편에는 '궁핍'이 존재한다. 그곳은 재활용조차 되지 못하고 폐기된 부속품들이 생존을 위해 배회하고 있다. 하지만 문 닫힌 집 안에 있을 때 우리는 고통 받는 타인의 절규를 듣지 못한다. 우리는 보다 높고 안전한 울타리를 만들어 낯선 이방인을 몰아내고 거리를 두면서 우리 속에 거주한다. 그러면서 우리는 매일 반복되는 일상 속에 거주한다. 규칙적인 시계의 흐름을 따라가듯이 어제와 다르지 않은 오늘을 살고, 그런 오늘과 같은 내일을 기대한다. 일상의 시간은 미처 뒤돌아볼 여유 없이 주어진 일과에 바쁘게 몰입해 있거나 정반대로 지루함 속에 던져져 있다. 우리는 조급한 동시에 지루한 일상의 시간 속에 옭아매어져 있다. 그곳에는 언제나 자신의 존재를 망각한 채 빈말과 호기심거리에 눈 돌리고 만족거리를 찾아 떠도는 존재자들이 머문다.

결국 일상의 거주는 도처에 머물고 있지만, 실상은 그 어디에도 체류하지 못한 채 부유하는 '홈리스의 공간'이다. 그곳은 타자와의 진정한 만남이 부재하는 외롭고 쓸쓸한 고립의 공간이다. 모든 인간은 세상 사람인 동시에 홈리스이다. 이것이 바로 일상에서 거주함이다. 그렇다면 진정한 거주는 어디에 있는 것인가? 그곳은 어릴 적 추억이 간직된 각자의 고향인가? 불행히도 지리적 장소로서 고향은 일상의 거주방식에서 벗어날 수 없고, 이상향으로서 그려지는 고향도 고단한 삶으로부터 도피하는 노스텔지아에 지나지 않는다.

나. 공간의 '열림'을 통해 드러나는 본래적[23] 거주의 의미

인간은 집을 통해서 세계를 만난다. 집은 세계와의 '단절'을 통해 우리 자신을 보호해주는 '은신처(隱身處)'인 동시에 세계와의 '만남'을 가능케 해주는 내부공간이다. 세계와의 단절은 '보호'와 '고립'이라는 집의 양면성을 동시에 드러내준다. 그런데 친숙함에 기반을 둔 거주공간에 더 이상 머물 수 없을 때, 즉 안전하게 보호받을 거처를 '잃어버림'과 동시에 고립된 공간으로부터 '벗어남'으로써 거주의 의미를 그 근원으로부터 길어낼 수 있는 계기가 될 수 있다.

친숙한 거주지로부터 내쫓겨나 거리세계에 내던져진 홈리스는 죽음[24]의 고비와 굶주림의 고통을 통해 비로소 '살아있음(존재함)' 자체에 기쁨과 감사함을 느끼고, 자포자기에 빠져 있던 자신의 존재가능성을 되찾을 수 있었다. 자신을 옭아매던 온갖 겉치레가 벗겨지고, 비바람을 막아줄 집-박스집-을 손수 지어 그 안에 몸을 눕힘으로써 낯선 거리세계에 또 다른 거처가 마련되었고, 이제 몸을 눕힐 수 있는 공간은 어디든지 잠자리가 되었다. 그와 동시에 홈리스에게 집은 더 이상 고립의 공간이 아닌, 세상에로의 '다가섬'이었다. 그곳은 타자와의 만남이 존재하고, 소통이 가능한 열려있는 공간이다. 따뜻한 밥을

---

23. 이때의 '본래적'이라는 개념 역시 윤리적 당위성이 담겨진 의미가 아니라 실존의 자기 가능성을 뜻한다. 이러한 본래성은 세계의 무의미성 앞에 벌거 벗겨지는 실존의 체험을 통해 회복될 수 있지만, 보다 근원적으로는 현존재 자신의 '죽음'-실존적 죽음-을 통해서 가능해진다.

24. 하이데거에 따르면 인간은 죽음을 선구함으로써 본래적인 자기성을 회복하게 되고, 비로소 진정한 거주가 가능하게 된다. 그런 의미에서 우리는 매순간 죽음의 가능성에 던져진 존재자이다.

함께 나누고 고단한 삶을 보듬어주는 타인들을 만날 수 있을 때, 그곳이 어디이든 상관없이 - 쪽방, 쉼터, 거리노숙 등 - 거주의 의미에 바짝 다가서게 된다. 즉 인간의 거주는 타인을 맞이하고 받아들이는 공간의 열림 - 고통 받는 타인을 향한 초월 - 을 통해서 그 본래적 의미가 드러나게 된다. 대다수 노숙인들은 집으로 되돌아가길 희망한다. 하지만 거주의 상실을 통해 이들이 되찾고 싶은 집은 홀로 외롭게 머무는 텅 빈 공간이 아니다. 그곳에는 따뜻한 밥상을 의미 있는 타인들과 '더불어' 맞이할 수 있는 공간이다. 그곳엔 남편과 아내 그리고 자식이 있고, 이웃이 곁에 머문다. 집안에 있는 아내와 자식은 더 이상 나를 위해 존재하는 도구적 존재가 아닌 보살피고 떠맡음으로 주어진 '선물(present)'로 다가온다. 이웃은 고립된 울타리에 갇혀 있는 자신을 벗어나게 해주고, 관대하게 품어주는 '타자들(others)'이다. 결국 노숙인은 공간의 닫힘과 열림 사이를 끊임없이 떠도는 존재이다. 만약 일상에 거주하는 우리 자신도 노숙인과 같이 홈리스의 운명에서 벗어날 수 없다는 사실을 깨닫게 된다면, 우리도 그들처럼 끊임없이 실존의 집을 찾아 떠돌고 있음을 발견할 수 있을 것이다. 최종적으로 어느 홈리스가 읊조리는 시어 속에서 인간의 실존에 내재한 거주(집)의 의미를 회상해 볼 수 있을 것이다.

이제 두 사람은 비를 맞지 않으리라
서로가 서로에게 지붕이 되어 줄 테니까
이제 두 사람은 춥지 않으리라
서로가 서로에게 따뜻함이 될 테니까
이제 두 사람은 더 이상 외롭지 않으리라
서로가 서로에게 동행이 될 테니까

이제 두 사람은 두 개의 몸이지만

두 사람의 옆에는 오직

하나의 인생만이 있으리라

이제 그대들의 집으로 들어가라

함께 있는 날들 속으로 들어가라

이 대지 위에서 그대들은

오랫동안 행복하리라.

- 홈리스의 시 -

〈표 2〉 네 가지 실존범주를 통해 드러난 거주의 이중적 의미구조

실존범주	일상적 거주	본래적 거주
신체성	·외롭고 고립된 삶 ·도구 내지 부속품으로 전락 ·욕구의 만족을 위해 몰두하고 집착함	·존재함 자체에 대한 기쁨과 감사함 ·자신의 존재가능성을 회복함 ·손수 집짓기
타자성	·배제와 경계 짓기(거리두기) ·박탈감과 욕망의 대상 ·'이방인'인 동시에 '홈리스' ·진정한 만남의 부재	·타인을 맞이하고 받아들임 ·보살핌과 떠맡음 ·관대하게 품어줌 ·'가족'인 동시에 '이웃' ·진정한 만남을 통한 '공동체'의 회복
공간성	·은신처인 동시에 빈 둥지 ·편리함과 속도감에 내몰려 부유함 ·고향에 대한 향수에 젖어 있음 ·뿔뿔이 흩어지고 단절됨	·기다림과 맞이함의 공간 : 열린 공간 ·귀소지인 동시에 쉼터(shelter) ·의미 있는 타인과 함께 머무는 집 ·내적 자유와 더불어 평화롭게 체류함 ·모이고 소통함
시간성	·일상의 권태 속에서 '시간 죽이기' ·지루하고 조급하게 옭아매어 있음 ·욕구를 채우고 만족을 기대함	·죽음을 선취함으로써 존재가능성을 인수함 ·힘차고 역동적으로 살아 움직임

결 론

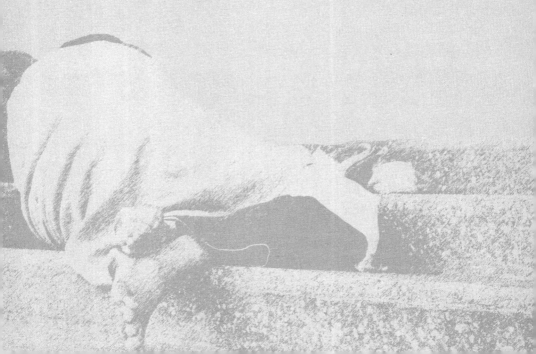

노숙인의 거주상실 체험에 대한
현상학적 탐구

제5장

결 론

　본 연구는 거주지를 상실한 노숙인들을 외부적이고 대상적 차원에서 바라보는 시각에서 벗어나 이들이 자신이 터하는 삶의 세계를 어떻게 이해하고 있으며, 거주의 상실체험을 통해 어떻게 거주의 의미를 구성해나가는지를 현상학적으로 탐구하였다. 이에 따라 노숙인의 체험세계를 보다 심층적이고 총체적으로 드러내기 위해 연구자는 인간의 생활세계를 구성하고 있는 네 가지 실존범주(Life-world Existentials) - 몸, 타자, 공간, 시간 - 를 중심으로 노숙 체험의 본질의미를 찾아나섰다. 이러한 물음을 탐구하기 위해 본 연구는 노숙체험 당사자 8명에 대한 생애사적 내러티브를 통해 얻어진 녹취록과 노숙인들이 직접 작성한 시, 수필, 수기 등을 담은 기록물을 토대로 네 가지 실존범주에 고유한 체험의 의미를 분석하였고, 각각의 범주에서 도출된 주제들을 공통된 실존의 체험으로 다시 유형화시켜 세 편의 이야기로 재구성하였다. 이때 각각의 이야기는 주관적 시간의 흐름을 따라 가면서 기억을 통해 반성적으로 해석한 체험의 의미를 포착하여 하나의 줄거리로 엮어졌고, 최종적으로 집 없는 삶의 체험을 통하여 '거주'의 존재론적 의미를 밝혀보았다.

노숙인 연구는 다양한 학문분야에서 활발하게 진행되어 왔음에도 불구하고, 지금까지 노숙인들이 살아가는 거주공간과 그 의미에 대한 존재론적 탐구는 이루어지지 않았다. 본 연구는 사회복지 정책과 실천분야를 포함해 그동안 노숙인 관련 연구에서 간과해왔던 노숙인들의 거주공간에 대한 실존적 체험을 통해 기존 연구에서 드러나지 않은 거주의 본래적 의미를 밝혀보고자 하였다. 이에 본 연구에서 드러난 결과를 기존의 연구들과 관련하여 논의해보고자 한다.

첫째, 본 연구는 주로 외부자적 시각에서 심각한 사회문제로 다루어져왔던 노숙현상을 세계 속에 거주하는 노숙인들의 고유한 체험을 통하여 총체적으로 이해함으로써 인간의 거주함에 대한 보다 통합적이고 근원적인 해석을 제시하였다. 우리사회에서 노숙인은 대체로 사회적응에 실패했거나 병리적인 문제를 지닌 부정적인 존재 내지 안정된 거주지가 결핍된 주거 빈곤계층으로 규정되어왔고, 이러한 역기능적인 문제에 초점을 두고, 그 원인들을 설명하는 연구들이 대세를 이루었다. 그 중에서도 '노숙문제'에 접근하는 가장 지배적인 논의는 후기 산업사회의 구조적 변동에 따른 사회적, 경제적 낙오와 개인의 부적응 및 일탈(정무성, 1999; 김수현, 1998; 정원오, 1999; 남기철, 2000; 신명호 외, 2003; 황선영, 2004), 노숙의 만성화와 정신질환 유병율의 관련성(인도주의실천의사협회, 1999; 안준호 외, 2001; 송홍지 외, 2000; 윤명숙,

1999 등)을 들 수 있었다. 하지만 집을 잃고 낯선 외부세계에 던져진 존재자들의 노숙 체험에는 단순히 사회적 부적응-낙오, 일탈, 결핍 내지 병리적 증상 등과 같은 역기능적 결과라기보다는 무의미한 일상의 거주방식을 내려놓고, 매순간 낯선 세계 속에 자신만의 거주공간을 만들어감으로써 스스로 거주의 의미를 찾아나서는 적극적인 행위를 담고 있었다. 이러한 노숙인들의 행위는 사회적으로 용인된 규범체계나 가치판단 이전에 이미 생존을 위한 이들의 끝없는 기투적 성격을 있는 그대로 드러내주었다. 기존의 연구들이 노숙인에 대한 일탈적이고 대상화된 담론을 강조하는데 치우쳐왔다면, 본 연구는 내부자의 시각에서 세계 속에 실존하는 노숙인의 고유한 경험을 총체적으로 이해할 수 있는 지평을 제시하였다.

둘째, 본 연구는 인간이 세계에 존재하는 근원적 전제조건으로써 몸, 타자, 공간, 시간이라는 네 가지 실존범주를 통하여 노숙인의 거주상실 체험이 지닌 의미를 심층적으로 해석함으로써 기존 연구에서 간과했던 노숙인의 실존적 주제들을 새롭게 부각시켰다. 우선 지금까지 선행 연구들에서 드러난 노숙인의 몸은 주로 신체적 질환 및 장애 등과 같이 생물학적 '결함'을 지닌 병리적 관점과 나태하고 게으른 동시에 관리되지 않고 방치된 신체적 '무능' 내지 '불결'이라는 부정적인 시각에서 다루어졌다(Snow & Anderson, 1993; Piliavin et al., 1993; 보건사회부, 1995; 신원우 외, 1999). 이에 따라 노숙인의 신체는 불결하고 반사회적인 이미지로 고착되었고, 필연적으로 사회적인 낙인화의 상징물로 표상되었다. 하지만 본 연구에서 참여자들의 몸은 기존의 해석 이전에 이미 그 자체로 세계 속에서 역동적으로 살아 움직이고 있었다. 다시 말해 세계 밖에 내던져진 노숙의 몸은 '추방됨'과 '해방/

자유', '벌거벗겨짐'과 '내맡겨짐', '움츠러듦'과 '찾아나섬' 등과 같은 몸
의 이중적인 지향성을 동시에 품고 있었다. 특히 몸이 눕는 장소로
서 외부세계의 '잠자리'는 단순히 물리적 공간들을 점유하는 방식을
넘어서 실존적인 차원에서 이해된 근원적인 몸의 '장소성'을 밝혀주었
다. 매순간 은신처를 찾아다녀야 하는 노숙의 몸은 이미 몸 자신 속
에 장소적 성격을 은닉하고 있는 셈이다. 궁극적으로 노숙인의 몸은
그때마다 처해진 세계와 세계 사이에 몸 자신을 변형시키는 가운데
스스로 자신의 존재가능성을 구성해 나갔다. 이러한 연구 결과는 그
동안 생물학적, 병리적 관점에서 드러날 수 없었던 노숙인의 몸에 대
한 근원적 의미를, 즉 몸 자신에 본래적으로 밀착되어 있는 거주의 본
질의미를 밝혀주었다.

셋째, 노숙인의 사회적 관계성에 대한 선행 연구들은 대체로 사회
적 연계단절을 통해 노숙의 만성화 과정을 설명하는 경향이 지배적
이었다(Bahr, 1973; Grigsby et al., 1990; 남기철, 2000; 김진미, 2003). 이
러한 논의에 따르면 노숙인의 관계망은 크게 두 가지 방향으로 양분
되는데, 하나는 노숙생활을 하면서 사회적 지지를 상실하게 되면 결
국 사회적 연계가 단절되는 상황에 이르고, 다른 하나는 거리에서 만
난 주위 노숙인들과 더불어 비정상적이고 파행적인 관계가 형성된다
는 것이다. 하지만 주류사회로부터 단절된 노숙인들의 관계방식을 부
정적인 하위문화로 규정하는 기존의 외부적 시각과는 달리, 본 연구
에서 드러난 노숙인들의 사회적 관계는 비단 노숙세계뿐 아니라 일상
세계의 타인들과도 지속적이고 긍정적인 관계망을 형성하고 유지시
켜 나가고 있었다. 더구나 노숙인의 관계적 성격에서 주목할 만한 발
견은 이들이 그때마다 주류사회와 노숙세계 사이에서 끊임없이 자기

자신을 타자로서 탈바꿈해가고 있다는 점이다. 즉 사회적 관계, 역할, 유대의 상실을 대표하던 '노숙인'에 대한 기존의 논의가 단순히 관계 망의 크기가 축소 내지 고립되는 현상에 주안점을 두었다면, 실제로 노숙인은 노숙 이전에는 경험해보지 못한 낯선 세계에서 다양한 관계망을 접촉함으로써 생존에 필요한 정보들을 확보하였고, 냉혹하고 치열한 환경세계로부터 살아남기 위해 자신의 정체성을 유연하게 변형시키면서 주위세계의 공식적, 비공식적 관계망들을 적극적으로 활용하기도 하였다. 물론 노숙인들에 대한 가장 강력한 영향력을 발휘하는 관계방식은 단연 사회적 보호장치들을 통한 예속화였다. 이러한 사회적 보호자들은 거리를 배회하는 노숙인들을 걸러내고, 통제하는 동시에 이들의 안전을 책임지는 합법적인 대리인으로 주로 배제와 포섭의 전략을 동원해 노숙인들을 관리하였다. 하지만 아이러니하게도 사회적 보호체계를 빈번하게 접촉할수록 점점 형식적으로 변질되는 관리자들의 태도와 배려방식에 대한 '불만'은 높아졌는데, 이러한 사실은 사회복지 실천과 지식에 있어 보다 섬세하고 신중한 태도와 접근방식이 요구됨을 제기하고 있다.

마지막으로 본 연구는 노숙인의 거주의미를 시간적 성격에서 밝혀보았다. 지금까지는 시간과 관련된 선행 연구들은 물리적 시간의 흐름에 따른 노숙경로의 추적과 만성화 과정을 파악하는데 주안점을 두었고, 이때 시간 개념은 노숙의 경로를 설명하는 부차적인 요인으로 밀려나버렸다. 하지만 노숙인들에게 체험된 시간은 물리적인 흐름이나 연속성 차원에서 포착할 수 없는 근원적인 실존의 문제와 직결되어 있고, 더구나 거주의 의미를 밝히려는 연구자의 의도에 가장 근접해 있는 개념이 바로 시간이다. 따라서 연구자는 노숙인들의 거주의미를 심층적으로 밝히기 위해 하이데거의 시간 개념을 도입하여 살펴보았다. 하이데거에게 시간은 존재자가 자신의 존재가능성을 염려할 때 피어오르는 특정한 기분-'불안'-을 통해서 그 존재의미를 포착할 수 있다. 연구 참여자들이 각기 저마다 처해있는 세계로부터 피어오르는 기분은 그들이 머물던 거주세계와 긴밀하게 연관되어 있었고, 노숙인들의 시간의 본질은 세계의 무의미성에 던져질 때마다 솟아오르는 죽음에 대한 불안으로부터 도망쳐 도처에 부유하는 일상적 시간으로 밝혀졌다. 이 같은 노숙인의 시간에 대한 해석은 지금까지 물리적 공간 개념으로 다루어졌던 거주 개념을 인간의 존재가능성이 끝나는 지점인 죽음의 순간까지 밀고 들어가 세계의 무의미성 속에서 드러나는 거주의 본래적 의미를 새로운 각도에서 이해할 수 있는 가능성을 던져 주었다.

이와 같이 연구결과가 지닌 함의는 다양한 전문가집단에 의해 생산되는 정상화 담론에 밀려 정작 자신들의 목소리를 생산하지 못해온 사회적 약자들의 내러티브를 세상 밖으로 드러냄으로써 규격화된 사회복지 관리체계와 일상화된 실천가들의 행위와 태도가 노숙인들에게 어떤 반응을 안겨 주는지 지적하고, 궁극적으로 고통 받는 타인들을 향한 사회복지의 근원적인 가치로부터 우리 스스로가 얼마나 멀어지고 있는지를 성찰할 기회가 될 것이다.

현대사회에서 사회복지는 자본주의 시장경제체계에서 필연적으로 생겨날 수밖에 없는 부의 불평등한 분배로 인한 빈곤문제를 해결하고, 취약계층을 지원하기 위한 사회적 분배 기능을 충실히 담당해왔다. 빈곤층의 안전망으로서 사회복지가 작동되는 방식은 개개인의 심리사회적 기능을 회복하고 자립능력을 갖추어 사회에 적응할 수 있

도록 원조하는 '정상화 원리'로, 대개 사회복지 공공서비스 영역과 정
신보건 실천 영역의 세부적이고 개별화된 대응전략으로 활용되어왔
다. 이에 따라 우리사회에서 최하 빈곤층으로 분류된 노숙인 집단
에게도 주류사회로의 복귀를 목표로 한 정상화 원리가 적용되었다.

그런데 정상화 원리를 표방하는 사회복지 장치들은 배제와 포섭의
원리에 따라 집 없이 거리를 배회하는 노숙인들을 주류사회의 잣대
로 끊임없이 예속화시켜왔다. 머무는 곳이 어디이건 이들은 공권력과
다양한 분야에 종사하는 실천가들의 감시와 통제로부터 벗어날 수
없었다. 불과 몇 해 전까지도 거리를 배회하거나 신분이 의심되면 거
리질서를 어지럽히고 파괴하는 '우범자', '부랑인', '정신병자' 등으로 분
류되어 머물던 일상의 공간으로부터 추방당하거나 보호의 미명 아래
보호소에 갇혀 지내야 했다. 그런데 다양한 사회적 보호 공간들 - 쉼
터, 복지관, 부랑인시설, 보호소 등 - 에서 만난 사회복지 실천가들은
결코 굶주리고 고통 받는 타인에게 윤리적인 책임을 다하는 존재로만
그려지지 않았다. 특히 보호공간의 내부세계가 폐쇄적이고 규율이 엄
격할수록 그곳에 종사하는 실천가들은 부지불식간에 통제력을 상실
하고 폭력을 휘두르는 공포스러운 존재로 탈바꿈하였다. 온갖 부정
적인 속성들을 이들에게 결부시키는 배제의 원리는 분명 참여자들의
담화를 통해서도 재차 확인되었다. 그렇다면 노숙인의 정상화를 위
한 포섭 방식은 주류사회로부터 내치고 밀어내는 배제의 원리와는 달
리, 그 기획한 바를 충분히 달성하고 있는가? 이와 같은 소망스런 정
상화의 기획에 사회복지 실천가들은 응답할 수 없다. 조금만 생각하
면 그 이유는 간단하다. 노숙인들에게 사회구성원의 합당한 자격을
부여하고, 근로능력과 의욕을 육성해 궁극적으로는 자신의 삶을 관
리함으로써 시민사회의 주체로 거듭나도록 훈육하고 길들이는 역할

이 사회복지 실천가의 몫이라면, 이러한 기획의 인수가능성과 노력여하는 실천가가 아닌 전적으로 노숙인 개개인에게 달려 있기 때문이다. 그렇다면 정상화의 가능성에 대한 물음뿐 아니라 그 달성여부 또한 당연히 정상화의 대상인 노숙인들에게 되물어질 수밖에 없다. 하지만 지금까지 정상화 원리가 구현되는 사회복지 실천 현장과 일상세계에서 노숙인들은 자신의 목소리를 제대로 내지 못해왔고, 늘 사회복지 전문가나 실천가의 입을 통하여, 즉 대리자의 언어를 통해 자신의 어려움과 제반 욕구를 승인받아야 했다. 따라서 본 연구의 결과는 사회복지의 책임주체로서 정부와 그 대리자로서 사회복지 전문가들에 의해 생산되어온 정상화 담론과 각종 프로그램에 대해 또 다른 목소리를 중첩시킴으로써 사회복지의 이상과 실천 행위 사이에 존재하는 간극을 여실히 드러내주었다.

  본 연구결과에 따르면 사회복지의 전문적 실천기술에 내재하는 규율체계와 포섭의 장치들은 실제 참여자들에게 늘 미흡하고 불만족스러운 것으로 경험되었고, 정상화의 원리에 따라 주류사회로 복귀하는데도 턱없이 부족한 수준이었다. 이를테면 정부와 민간에서 제공되는 각종 지원책들 - 공공근로, 재활프로그램, 기초수급권 등 - 은 그나마 남아 있는 일에 대한 의지조차 꺾어버렸고, 정상화는커녕 오히려 비참함만 느껴질 뿐이었다. 또한 참여자들의 내러티브는 늘 도덕적 리더십으로 군림해온 사회복지 실천가들의 존재에 적잖은 구멍을 내고 있었다. 참여자들이 접한 사회복지 실천가들은 더 이상 진정한 관심과 온정의 손길을 내밀어주는 고마운 존재가 아닌 자신들의 일거수일투족을 늘 까다롭게 감시만 하는 관료적인 존재로 그려지고 있었다. 이처럼 형식적으로 변질되어가는 사회복지 지원방식과 무성의한 실천가의 태도에 진정한 소통의 자리는 사라져버렸다. 여전히 생존에 필요한 물질적인 지원에 기대어 살아가고 있지만, 사회복지 실천가들에 대한 거리감은 점점 커질 뿐이다. 고통 받는 타자와 열린 소통관계가 유지되지 못할 때, 정상화의 기획은 합리적 이성의 배후에 깔린 유아론적 몽상에 불과하다. 결과적으로 사회복지 제반 서비스들은 사회복지 실천가와 대상자 사이에 지배와 의존관계를 더욱 고착시킴으로써 건강한 시민사회의 주체라는 기획 아래 실제로는 대상을 지배적 관계 속에 순응시키고, 길들이는데 주력하는 정상화 담론의 역설적인 진실을 말해주고 있다. 이러한 역설은 인간에 대한 존엄성과 사회적 약자에 대한 윤리적 책임과 실천을 강조해온 사회복지 실천가들의 정당성에 흠집을 내고 이들이 서 있는 자리를 무색하게 한다. 이제 노숙인의 시선에 비쳐진 사회복지 실천가과 전문가들은 빈민, 장애인, 노숙인 등 사회적 약자들이 존재하는 덕분에 먹고 살아가는 직업인으로 그려지고 있었다. 더욱이 노숙인들은 처해 있는 저마다의 세계 속에서 그때마다 존재방식을 변형시켜가며 능동적인 행위주체로 살아가고 있었다. 대개 자포자기에 빠져 자신의 존재가능성을 타인에게 떠넘기는 부정적인 이미지만이 기존의 이해방식이었다면, 이러한 인식의 잣대를 거두어들이고 노숙현상을 있는 그대로 바라볼 때, 노숙인들은 또 다른 거주방식에 온몸을 던져 낯선 세계에 적극적으로 대처해 나가고 있었다. 이러한 연구결과는 그동안 사회복지의 정상화담론이 다양한 실천 현장에서 만난 '타자들'을 대개 주류사회로부터 낙오된 존재-주로 '클라이언트'(client)라는 언표를 통해-로 앞서 규정하고 이들을 예속화시키는 설명방식과는 달리, 노숙인들은 정상화의 기획에 대해 이중적인 태도를 취하면서 그때마다 자신의 존재가능성을 타인들과 세계 속에 던지고 있었다.

그렇다면 주류사회에 의해 해석된 '빈말'과 '호기심'에 젖어 끊임없

이 타인에 대한 대상화 담론을 생산해온 사회복지 실천가에게 요구
되는 태도는 무엇인가? 연구 참여자들의 이야기를 통해 드러난 결론
은 진정한 '소통'의 회복이다. 여기서 소통은 바로 '말함'을 뜻한다. 그
런데 '말함'은 언제나 누군가에게 말하고 있다는 점, 즉 누군가와 소
통하고 있다는 점에서 '타자의 말함'을 전제하고 있기 때문에 우리의
말함은 타자의 말함에 대한 응답으로서 시작될 수밖에 없다. 하지만
오늘날 사회복지 실천 공간에서 말함은 더 이상 타인의 말함에 귀를
기울이는데 인색해졌고, 이들은 가공된 대상으로, 즉 '말해진 것'으로
종속되고 말았다. 다시 말해 사회복지 실천담론에 의해 생산된 '소유
물'로 출현하고 있는 것이다. 본 연구에서 참여자들은 사회복지의 가
치를 그저 한줌의 양식거리를 전달해주는 일로만 바라보지 않았다.
그들은 우리가 미처 잊고 있었던 사실을 일깨워주었다. 그것은 바로
사회복지의 진정한 의미가 고통 받는 타인에 대한 '보살핌'과 진정한
'소통'의 회복에 있음을 말해주었다. 보살핌과 소통이야말로 사회복지
의 근원적인 본질을 담고 있는 심급의 언어가 아닐까?

　최종적으로 사회복지의 정책적 함의를 살펴보면, 그동안 노숙인에
대한 지원정책은 연구결과에서도 드러나듯이 '배제'와 '포섭'이라는 이
중적인 통제체계를 통해 방향 잡혀 왔다. 전자의 경우는 길거리를 배
회하는 노숙자들을 단속해 보호소나 쉼터 등과 같은 시설에 수용하
는 데 목적을 둔 반면, 후자의 경우는 관할지역 거주지의 '정주(定住)'
를 전제로 최소한의 생계보호와 근로활동에 참여시키는 지원방안이
주를 이루었다. 이처럼 노숙인을 책임지고 보호해야할 의무가 있는
정부와 행정당국은 '정주'를 통한 주거정책을 가장 효과적인 대안으로
삼아왔다. 하지만 거리 노숙인을 위한 사회적 안전망으로 가장 핵심
적인 주거정책은 여전히 시혜적이고 성과중심적인 복지를 수행할 뿐,

그곳엔 타인에 대한 진정한 배려심이 결여되어 있다. 더구나 최근의 노숙인 보호사업은 또 다시 수많은 비판을 받고 있다. 2007년 연초부터 디자인 거리를 운운하고 관광객 유치를 위해 고엽제전우회 등 군대 전역자들을 순찰대로 동원해 거리 노숙인들을 단속하고 이들을 입소시설로 들여보내고 있다. 소규모 쉼터는 지원을 축소하거나 점진적으로 폐쇄를 추진하고 있고, 노숙인의 특성에 맞는 안정된 주거와 지역사회와의 교류와 소통에 기반한 정책 방향과는 점점 거리가 멀어지고 있다. 일자리 사업 역시 열악하기는 마찬가지다. 노동은 고단함 속에도 자기 자신이 살아있음을 일깨워주는 생산적인 활동임에도 대다수 노숙인들이 참여하는 일자리들은 탈노숙은 고사하고 존재의 비참함만 느껴지는 행위일 뿐이다. 이렇게 희망보다 절망이 크게 자리 잡은 노숙인 정책에 개입해온 사회복지 전문가와 실천가들은 윤리적 위기와 도전에 직면할 수밖에 없다. 하지만 절망의 자리에 희망을 전달할 수 있는 역할 또한 사회복지 실천가의 몫으로 남겨져 있다.

결국 수적으로 부족하고 열악한 주거환경과 일자리보다 더 근본적인 문제는 노숙 당사자들이 '거주'의 의미를 어떻게 회복할 수 있을 것인가에 있다. 물론 턱없이 부족한 주거문제가 시급한 선결과제임에는 재론의 여지가 없다. 하지만 집 없는 노숙인에 대한 주택보급이 늘어나고 주거환경이 개선된다 하더라도, 그곳에 거주의 의미를 회복할 수 있는 가족, 동료, 이웃, 더 나아가 지역공동체가 존재하지 않는다면, 주거정책은 고립된 원자들의 삶을 되풀이할 뿐이다. 빈곤계층에 대한 정부의 주거정책이 지역사회, 이웃과 소통하지 못하고 고립된 공간배치에서 벗어나 타인의 고통을 떠안고 서로 어우러진 공간을 마련할 수 있을 때, 비로소 거주의 의미가 되살아날 수 있을 것이다. 이러한 어울림의 공간을 창출하기 위해서는 사회복지 영역의 노력만으로는 역부족이며, 우리사회에서 소외되고 어려운 이웃을 위한 다학제적인 - 사회과학, 인문학, 건축학, 미학 등 - 관심과 참여[1]가 함께 이루어질 수 있어야 한다. 이미 거주지를 상실한 참여자들의 내러티브를 통해 기존의 노숙인 관련 정책들과 제도적 노력은 그 한계를 여실히 드러냈다. 그렇다면 이러한 한계를 극복하기 위해서는 지금까지 관행적으로 되풀이되던 단기적인 지원사업과 성과위주의 프로그램에서 벗어나 장기적인 전망과 기획 하에서 노숙인 스스로 거주의 의미를 회복할 수 있는 지원방안을 구축하는 과제가 우리에게 남겨져 있다. 더불어 그러한 정책적인 노력과 과제에는 반드시 거주함이 우리 자신에게 무엇을 의미하는지에 대한 물음으로 이어질 수 있다. 그런 의미에서 노숙인은 오늘날 우리가 거주의 의미를 다시금 사유할 수 있도록 해주는 우리 자신의 다른 얼굴-타자-이 아닐까?

---

1. 이러한 다학제적인 사례로서 2005년부터 성프란시스 대학에서 운영하고 있는 '노숙인을 위한 인문학 강좌'를 들 수 있다(다시서기지원센터, 2010).

참고문헌

국내문헌

강내원, 2007. 「사회적 배제 대상으로서의 노숙인에 대한 언론의 프레이밍 : 〈조선일보〉와 〈한겨레신문〉을 중심으로」. 『스피치와 커뮤니케이션』 제8호.

강미연·김위정, 2005. 「주거의 관점에서 본 노숙의 사회적 배제: 쉼터 노숙인들의 생활경험을 중심으로」. 『도시와 빈곤』 제74호.

고길섶, 1998. 「노숙자 텐트에서 유목적 주체로: 유목민들은 소수문화 기호체제를 어떻게 바꿀 것인가?」. 『문화과학』 제16호.

구민범, 2006. 「하이데거의 사방(四方) 개념을 통한 현대 도시의 거주에 관한 연구」. 서울대학교 건축학과 박사학위논문.

김경만, 2005. 『담론과 해방』, 궁리.

김두나, 2008. 「홈리스 여성을 찾아서」. 『환경과 생명』 제56호.

김미숙, 1998. 「도시노숙자 현황과 보호」. 『보건복지포럼』 제20호.

김진미, 2005. 「거리노숙 진입과 탈노숙의 장벽」. 『아세아연구』. 통권 120호.

김유경, 2005. 「상실의 관점에서 본 노숙인 문제 : 집을 잃고 거리에서 생활한다는 것의 의미는 무엇인가?」. 『아세아연구』. 제120호.

전병갑·최상근·백은순, 1987. 「학생비행의 제이론 비교분석」. 한국교육개발원.

김수현, 1998. 「홈리스 문제의 구조와 대책」. 『경제와 사회』 제38호.

김선미, 2004. 「미국의 홈리스 지원대책과 민간의 주거지원활동」. 『도시와 빈곤』 제66호.

김윤정, 2000. 「노숙자 쉼터 입소자들의 자활을 위한 사례관리 실태에 관한 연구: 희망의 집을 중심으로」. 가톨릭대학교 사회복지대학원 석사학위논문.

김연숙, 2001. 『레비나스 타자윤리학』 인간사랑.

김진 외, 1998. 「서울시 노숙자문제의 현황과 개선방안에 관한 연구」. 『새서울터전』 제5권 4호.

김한곤, 1999. 「노숙자의 생활실태 및 노숙기간과 건강에 영향을 미치는 요인에 관한 연구: 대구시를 중심으로」. 『우리사회연구』 제6호.

김현옥, 1999. 「한국·미국·일본의 부랑인 발생원인과 복지제도 및 프로그램의 비교연구」. 부산대학교 사회복지학과 석사학위논문.

김형효, 2000. 『하이데거의 마음의 철학』 청계.

남기철, 2000. 「노숙자의 사회적 연계단절에 관한 연구」. 『한국사회복지학』 제42호.

_____, 2000. 「노숙기간에 따른 심리사회적 외상이 보호시설 퇴소에 미치는 영향」. 서울대학교 사회복지학과 박사논문.

남은우 외, 1998. 「실직자와 노숙자를 위한 시민단체의 무료의료봉사 보고서」. 『보건과 복지』 제1호.

_____, 2000. 「부산지역 보호시설 입소 노숙자의 건강생활에 관한 연구」. 『대한보건협회학회지』 제26권 2호.

노대명, 2004. 「노숙자 지원정책에 대한 비판적 검토: 취업노숙자에 대한 주거지원을 중심으로」. 『아세아연구』 제47권 1호.

민소영, 2003. 「정신질환 노숙인의 쉼터입소와 사례관리 효과성에 대한 연구」. 『사회복지연구』 제21권.

문정우, 2006. 「거리노숙 탈피 과정에 대한 사례연구: 쪽방생활자를 중심으로」. 성균관대학교 사회복지대학원 석사학위논문.

문현준, 2005. 「겨울빈민현장활동, 주거권활동을 마무리하며」. 『도시와 빈곤』 제77호.

보건복지부, 1998. 『실업시대 도시노숙자보호 세부집행계획』

_____, 2003. 『부랑인복지시설설치·운영규칙중개정령안』

신현방, 2004. 「영국 홈리스 현황 및 관련 정책 개요」. 해외사회보장제도 정책연구보고서. 한국보건사회연구원.

서종균, 2001. 「노숙자 운동의 방향」. 『도시와 빈곤』 제49호.

서동욱, 2000. 『차이와 타자』 문학과지성사.

_____, 2007. 『일상의 모험』 민음사.

석희정·이혁구, 2004. 「푸코의 권력이론을 통해 조망한 노숙자 담론분석」. 『상황과 복지』 제19권.

신원우, 2003. 「노숙인 음주문제의 심리사회적 예측요인」. 『사회복지연구』 제21권.

신명호 외, 2003. 「사회적 배제의 관점에서 본 빈곤층 실태연구」. 국가인권 위원회.

소광희, 2004. 『하이데거 존재와 시간 강의』. 문예출판사.

송홍지 외, 2000. 「서울지역 일부 노숙자들의 건강상태 및 행태」. 『가정의학회』 제21권 3호.

안준호 외, 2001. 「도시노숙자의 주요 정신장애에 관한 역학연구」. 『신경정신의학』 제40권 2호.

안준희, 2000. 「노숙자의 정체성과 적응전략 : 인지인류학적 접근」. 서울대 인류학과 석사논문.

이기상, 1985. 「M. 하이데거의 현상학적 방법-『존재와 시간』에 나타난 현상학적 분석의 세 단계」. 한국현상학회.

_____, 2002. 「현상학적 간호 연구방법의 재조명」. 제1차 대한질적연구 간호학회 학술대회.

이남인, 2004. 『현상학과 해석학』. 서울대학교출판부.

이종관, 2003. 『사이버 문화와 예술의 유혹』. 문예출판사.

_____, 2005. 『과학에서 에로스까지』. 철학과 현실사.

이태진 외, 2002. 『노숙자 자활지원체계 개선방안 연구』 한국보건사회연구원.

_____, 2004. 「한국 홈리스 주거지원실태와 정책방안」. 『도시와 빈곤』 제66호.

이혁구, 2000. 「권력의 장치로서의 사회복지: 푸코의 권력이론에 입각한 '권한부여'비판」. 『한국사회복지학』 제43호.

인도주의실천의사협의회, 1999. 『노숙자 건강실태보고서』.

윤명숙, 1999. 「노숙자들의 음주문제와 대처방안에 관한 연구」. 『정신보건과 사회사업』 제7호.

원정숙, 2001. 「노숙자의 삶의 경험: 시설노숙자를 중심으로」. 경희대학교 간호학과 박사논문.

전실노협, 2004. 「철도공안에 의한 노숙인 폭행 등 가혹행위 근절을 위한 대책모임」 구성 제안서.

정규식, 2009. 「노숙인의 정치, 경제, 사회적 재해석과 노숙인 운동에 관한 연구: 추방된 자들의 전복적 주체화」. 성공회대 사회학과 석사학위 논문.

정무성, 1998. 「실직노숙자 문제와 지방자치단체의 과제」. 『지방자치』 제121호.

_____, 1999. 「선진국의 노숙자 실태와 대책」. 『사회복지』 제141호.

정혜령, 1999. 「실직노숙자의 경험학습과정에 관한 연구」. 서울대학교 교육 학과 석사논문.

정원오, 1999. 「한국의 노숙원인에 관한 연구」. 『서울시정연구』 제7권 1호.

_____, 1999. 「홈리스의 출현과 빈곤의 재발견」. 『복지동향』 통권 15호.

_____, 2000. 「다시 늘어가는 노숙자」. 『복지동향』 통권 27호.

조광제, 1991. 「미셸 푸코의 권력론」. 『시철논단』. 철학사상연구회.

_____, 2003. 『주름진 작은 몸들로 된 몸』. 철학과 현실사.

_____, 2004. 『몸의 세계, 세계의 몸』- 메를로 퐁티의 지각의 현상학에 대한 강해. 이학사.

최일섭 외, 1995. 『사회문제와 사회복지』. 나남출판.

하태선, 2001. 「노숙자의 범인성 환경과 범죄행위에 관한 연구」. 숭실대학교 사회사업학과 석사학위논문.

허준수, 2002. 「노숙자쉼터 입소자들의 입소기간별 특성 및 입소기간에 영향을 미치는 요인에 관한 연구」. 『사회복지연구』 제19호.

한국도시연구소 외, 2000. 『한국의 노숙자 2년의 흐름과 진단』. 보건복지부.

_____, 2005. 「시민단체가 보는 저소득층 주거문제」. 『도시와 빈곤』 제74호.

한전숙, 1985. 「현상학적 운동의 기원과 전개」. 『철학연구』, 철학연구회.

_____, 1998. 『현상학』 민음사.

홍봉식, 2008. 「쉼터노숙인의 자활에 관한 질적 연구」. 서울기독대학교 대학원 박사학위논문.

황선영, 2004. 「노숙인 정책의 전개과정과 제도개선 방향」. 『사회복지정책』 제18집.

국외문헌

Bahr, H. M., 1973. 『Skid row; an introduction to disaffiliation』. Oxford University Press.

Bauman, Z., 1988. 『Freedom』. 문성원 역(2002).『자유』. 이후.

Baumann, D. & Grigsby. C., 1988. Understanding the Homeless; From Research to Action. Austin, TX; Hoggfoundation for Mental Health.

Baumann, S., 1993. 「The meaning of being homeless." Scholarly Inquiry in Nursing Practice, Vol.7. No.1.

Boydell et al., 2000. 「Narrative of identity : Re-presentation of self in people who are Homeless」. Qualitative Health Research. Vol.10. No.1.

Cohen, M. B. 1994. Overcoming Obstacles to Forming Empowerment Group: A Consumer Advisory Board for Homeless Clients, Social Work, Vol.(39). 742-749.

Corazon R. Lafuente & Patricia L. Lane. 1995. The Lived Experiences of Homeless Men, Journal of community health nursing, Vol.12(4), 211-219.

Daiski, I., 2007. 「Perspectives of homeless people's on their health and health needs priorities」. Journal of Advanced Nursing, Vol.58. No.3.

De Forge et al., 2001. 「Children's perceptions of homelessness」. Pediatic Nursing, Vol.27. No.4.

Foucault, M, 1971. 이정우 역(2000). 『담론의 질서』. 서강대출판부.

_____, 1975. Les Anormaux. Cours au Coll ge de France 1974-1975. 박
정자 역(2001). 『비정상인들』 동문선.

_____, 1979. Discipline & Punish: The Birth of the Prison. 박홍규 역
(1996). 『감시와 처벌』, 강원대출판부.

_____, 1982. The Subject and power. in H. L. Dreyfus and P. Rabi-
now. Beyond Structuralism and Hermeneutics. 정일준 역(1994).
『미셸푸코의 권력이론』새물결.

Gadamer, H. G., 1990. Wahrheit und Methode. 이길우 외 역(2003). 『진
리와 방법』 제6판. 문학동네.

Grigsby, C., Baumann, D., Gregorich, S. E. & Roberts-Gray, C. 1990.
Disaffiliation to Entrenchment; A Model for Understanding
Homeless. Journal of Social Issues, Vol.46(4), 141-156.

Goodman, L., Saxe, L. & Harvey, M. 1991. Homelesssness as
Psychological Trama, American Pyschologist, Vol.46(11).

Heidegger, M., 1952. Holzwege. 오병남, 민형원 역(1998). 『예술작품의 근
원』. 예전사.

_____., 1971. Building, Dwelling, Thinking. Translated by Albert
Hofstadter, New York: Harper & Row.

_____., 1979. Sein und Zeit. 이기상 역(2005). 『존재와 시간』 제15판. 까치.

_____., 1983. DIE GRUNDBEGRIFE DER METAPHYSIK : WELT—
ENDLICHKEIT—EINSAMKEIT. 형이상학의 근본개념들 : 세계-유
한성-고독. 이기상, 강태성 역(2001). 까치.

Hertzberg, E. L. 1992. The Homeless in the United States: Condition,
Typology and Intervention, International Social Work, Vol.(35),
149-161.

Hill, R. P., 1991. 「Homeless Woman, Special possessions, and the
Meaning of "Home" : An Ethnographic Case Study」. The Jour-

nal of Consumer Research, Vol.18. No.3.

Hunter et al., 1991. 「Barriers to providing healthcare to homeless persons: A Survey of providers' perception」. Health Values. vol.15. No.5.

Hodnicki et al., 1992. 「Women's perspectives on homelessness」. Public Health Nursing. Vol.9. No.4.

Howard S. Becker, 1964. The other side : perspectives on deviance. New York : Free Press of Glencoe.

James, F. J. 1992. New Methods for Measuring Homelessness and the Population at Risks. Social Work and Research Abstracts. Vol. 28(2), p.9-14.

Lafuente, C. & Lane, P., 1995. 「The lived experience of homeless men」. Journal of Community Health Nursing. Vol.12. No.4.

Leach, J. 1979. Providing for the Destitute, In J. K Wing & R. Olsen(Ed), Community Care of the Mental Disabled, Oxford University Press.

Levinas, E., 1963. De L'existence à L'existant. 서동욱 역(2001). 『존재에서 존재자로』 민음사.

_____., 1979. Le Temps et L'autre. 강영안 역(2001). 『시간과 타자』. 문예 출판사.

MacCabe, C, 1979. 「On Discourse」. Ecomony and Society. Vol. 8, No. 4.

Mark J. Stern. 1984. 「The emergence of the homeless as a public problem」. social service review.

Martins, D., 2008. 「Experiences of homeless people in the health care delivery system: A Descriptive Phenomelogical Study」. Public Health Nursing Vol.25. No.5.

McCormack, D. & Gooding, B., 1993. 「Homeless persons communicate their meaning of health」. The Canadian Journal of Nursing Research. Vol.25. No.1.

McNaught, A. & Bhugra, D. 1996. Models of homeless Women: In D. Bhugra(Ed.), Homelessness and Mental Health. Cambridge University Press.

Merleau-Ponty, M., 1945. Phénoménologie de la perception. 류의근 역 (2002), 『지각의 현상학』 문학과 지성사.

Mishra, R., 1981. 『복지국가의 사상과 이론』. 남찬섭 역(1996). 한울아카데미.

Montgomery, C., 1994. 「Swimming upstream: The strenghts of woman who survive homelessness」. Advances in Nursing Science. Vol.16. No.3.

Nelson, J, Megill, A, McCloskey, D. (eds.) 1987. The Rhetoric of the Human Sciences: Language and Argument in Scholarship and Public Affairs. Madison, WI: University of Wisconsin Press.

Noberg-Schulz, C., 1985. The Concept of Dwelling: On the Way of Figurative Architecture, 이재훈 역(1995). 『거주의 개념: 상적 건축을 향하여』 태림문화사.

Norman K. Denzin, Yvonna S. Lincoln, 1994. Handbook of qualitative research,

Padgett, D. K., 1998, Qualitative Methods in Social work Research: Challenge and Rewards. 유태균 역(2001). 『사회복지 질적 연구방법론』 나남출판.

Pickvance, C., 2003. 「Housing and Housing Policy In J. Baldock, N. Manning & S. Vockerstaff」. 「Social Policy」(2nd Edition). Oxford University Press.

Pöggeler, O., 1972. Hermeneutische Philosophie. München: Nymphenburger Verlagshandlung. 박순영 역(1993). 『해석학의 철학』. 서광사.

Relph, E., 1976. Place and Placelessness. 김덕현 외 역(2005). 『장소와 장소상실』 논형.

Kearney, R., 2002. Strangers, gods and monsters. Routledge. 이지영 역 (2004). 『이방인, 신, 괴물』. 개마고원.

Shinn, M. & Weitzman, B. C., 1990, Research on Homeless. Journal of Social Issues, Vol.46. No.4.

Snow, D & Anderson, L., 1987. 「Identity work among the homeless : The verbal consrtuction and avowal of personal identites」. American Journal of Sociology, Vol.92. No.6.

_____ ., 1994. 「Distorting tendencies in research on the homeless」. American Behavioral Scientist. Vol.37. No.4. SAGE.

Sosin, M. & Piliavin, I. & Westerfelt, H. 1990. Toword a Longitudinal Analysis of Homelessness. *Journal of Social Issue,* Vol. 46(4), 157-174.

Spiegelberg, H., 1984. The phenomenological movement. 최경호 역 (1992). 『현상학적 운동』이론과 실천.

Spradley, J. P., 1970, You owe yourself a drunk: An Ethnography of Urban Nomads. Boston: Little, Brown and Co.

Sumerlin, J. R. 1996. What have you learned from homeless experience?: A phenomenological approach for counseling unsheltered homeless men. *Psychological Reports,* 79.

Van Manen, M. 1990. Researching lived experience. 신경림·안규남 역 (1994). 『체험연구』. 동녘.

Wen, C. et al., 2007.「Homeless people's perceptions of welcome-ness and unwelcome-ness in healthcare encounters」. Journal of General Internal Medicine, Vol.22. No.7.

Wright, J. D., Rubin, B. A. & Devine, J. A., 1998, Beside the Golden Door. NY: Walter de Gruyter, Inc.

웹싸이트 주소

노숙인다시서기지원센터 www.homelesskr.org.
노숙인인권공동실천단 www.cafe.daum.net/acttogether.

:: 찾아보기 ::

∥ 저자소개

■ 석희정

경남대학교 사회복지학과 조교수

노숙인의 거주상실 체험에 대한
현상학적 탐구

초판 인쇄/ 2012년 2월 8일
초판 발행/ 2012년 2월 18일

저　　자 석희정
책임편집 김민경

발 행 처 도서출판 지식과 교양
등　　록 제2010-19호
주　　소 132-908 서울시 도봉구 창5동 262-3번지
전　　화 02-900-4520 / 02-900-4521
팩　　스 02-900-1541
전자우편 kncbook@hanmail.net

ISBN 978-89-94955-73-5 93330　　　　　　　　　　**정가** 16,000원

이 도서의 국립중앙도서관 출판도서목록(CIP)은 e-CIP홈페이지(http://www.nl.go.kr/ecip)에서
이용하실 수 있습니다. (CIP제어번호: CIP2012001159)